L'ESSENCE DE DIEU EST-ELLE SEULEMENT D'EXISTER ?

DU MÊME AUTEUR :

- *Fascisme et Monarchie : Essai de conciliation du point de vue catholique,* (préface de Claude ROUSSEAU), Éditions Vincent Reynouard, 2001 / Reconquista Press, 2018.
- *Nihilisme, subjectivisme et décadence* (2 tomes), Samizdat, 2009.
- *Présentation de l'institut Charlemagne sous le patronage de l'archange saint Michel,* Éditions Dominique Martin Morin, 2016.
- *Pour une contre-révolution révolutionnaire*, Reconquista Press, 2017.
- *Désir de Dieu et organicité politique*, Reconquista Press, 2019.
- *Paganisme versus catholicisme : Le conflit non surmonté du nationalisme*, Reconquista Press, 2020.
- *Comme un agneau muet...*, Reconquista Press, 2021.
- *Pour un fascisme du jour d'après...*, Éditions Chrysalide, 2022.

Collaboration aux ouvrages :
- *Serviam : La Pensée politique d'Adrien Arcand* (Anthologie), Reconquista Press, 2017. (Essai)
- MISCIATTELLI (Piero), *Le Fascisme et les Catholiques*, Reconquista
Press, 2018. (Postface)

Sous le pseudonyme de STEPINAC :
- *De quelques problèmes politico-religieux contemporains*, Samizdat, 2011.
- *Du problème du rapport entre nature et grâce dans le thomisme et le néo-thomisme, et de ses enjeux politiques contemporains*, Samizdat, 2011.
- *Éléments de philosophie politique* (préface de Claude ROUSSEAU), Éditions Franques, 2013.

Joseph Mérel

L'ESSENCE DE DIEU EST-ELLE SEULEMENT D'EXISTER ?

Éditions Chrysalide

©avril 2022 Éditions Chrysalide
ISBN : 978-2-9581793-1-1

INTRODUCTION

§ 1. Aigre-douceur et charité.

L'auteur de ce travail est un catholique qui s'efforce à philosopher. Les temps presque apocalyptiques en lesquels nous survivons sont générateurs de tant de troubles que l'on est comme sommé de préciser, quand on se dit catholique, qu'il s'agit de catholicisme traditionaliste, ou d'« intégrisme » catholique, antimoderniste et contre-révolutionnaire. Mais, du point de vue de ceux que l'on qualifie de la sorte, la manière adéquate de les définir est de les déclarer catholiques, tout simplement, parce qu'ils sont les seuls à l'être véritablement. Ce qui peut être précisé comme suit :

Ou bien les autorités qui sont à Rome sont celles de l'Église catholique affligée de privation moderniste, et elles font assurément, pour le moins, un mauvais usage du pouvoir qui leur est dévolu ; ou bien elles sont les chefs du modernisme qui n'est pas catholique et constitue une contre-Église, de sorte qu'elles usent, de manière frauduleuse, d'un pouvoir sans autorité ; dans les deux cas, la Tradition catholique subsiste ailleurs que dans les organismes de la hiérarchie officielle de l'Église conciliaire, ainsi dans les groupements fidèles à l'enseignement de toujours, parce qu'il y a solution de continuité entre l'évolution homogène du dogme et le concile Vatican II.

Ces groupements sont plus ou moins homogènes, non préservés contre les tensions doctrinales — non négligeables —, et contre les querelles de personnes — innombrables ; ainsi ne risque-t-on pas, quand on est contraint d'y vivre, d'y trouver le confort, même si l'on y trouve le réconfort des vrais dogmes catholiques, et maints exemples d'admirable dévouement sacerdotal et familial. Partout où il y a des hommes, il y a, comme on sait, de l'« hommerie », même chez les disciples du Christ. Des manifestations de courage héroïque et des actes de charité édifiants voisinent avec un certain pharisaïsme. La crainte obsidionale, l'angoisse, la suspicion y règnent, mais aussi souvent un certain orgueil de Cathare invitant ceux qu'il frappe à absolutiser des opinions privées et à se vouloir plus purs et plus intègres que leurs voisins ; ce qui est compréhensible parce qu'il n'est pas naturel que les autorités romaines trahissent la vraie doctrine, et que les dévots de la vérité catholique soient repoussés hors des frontières visibles de l'Église (ou de cette structure qui se présente comme telle) ; une telle situation suscite en eux un sentiment d'iniquité et d'abandon qui trouve dans divers travers de caractère une illusoire mais au fond bien compréhensible compensation psychologique. Ces tensions doctrinales et psychologiques ne rendent pas faciles les échanges intellectuels. Les procès d'intention se multiplient. Les quiproquos et contresens foisonnent eux aussi.

S'efforcer à philosopher, quand on se veut catholique « de Tradition », c'est nécessairement se vouloir thomiste. Il n'en peut être autrement, semble-t-il, pour cette raison que le thomisme fut présenté, par les dernières autorités religieuses ayant vigoureusement mené le combat antimoderniste (jusqu'à Pie XII) — celui-là même dont les catholiques de Tradition se veulent les héritiers —, comme *la* philosophie de l'Église catholique. Mais l'œuvre de saint Thomas d'Aquin est un monument si imposant, si riche et si complexe, que ses représentants les plus autorisés, auteurs de commentaires fort savants, ne sont jamais parvenus à un consensus suffisant pour qu'il soit possible de parler de « thomisme » selon une acception de ce terme qui pourrait se prétendre univoque. Et la diversité des thomismes fut en quelque sorte exploitée et exacerbée, voire radicalisée, sous l'influence des problématiques tournant autour de la question du modernisme, sans qu'il soit toutefois possible de parler stricto sensu d'un « thomisme des modernistes » et d'un « thomisme des traditionalistes » : les points de divergence précédèrent la crise moderniste, et l'on peut même se demander à cet égard si l'explosion ravageuse du modernisme aurait eu lieu avec une telle facilité dans l'hypothèse où ces points de divergence entre thomistes auraient été résorbés avant la crise de l'Église.

Ajoutons à ces constats qu'une communauté placée en position d'assiégé, dont les membres sont tenus, par les autorités officielles, pour des réprouvés, ne peut s'offrir le luxe de laisser proliférer, en son sein, une diversité de lectures de la même doctrine, parce que cette diversité libéralement consentie n'est possible, sans risque de compromettre l'unité de la communauté, que pour autant qu'une telle communauté est immunisée contre la crainte obsidionale d'infiltrations maudites, de sympathies inavouées pour l'ennemi, de dilections aussi coupables qu'inavouées pour l'erreur contre laquelle, précisément, une telle communauté s'est constituée. Déconnectée par accident de la hiérarchie de l'Église officielle, la communauté traditionaliste, par défaut d'unité juridique, est en quelque sorte mise en demeure de cultiver, à titre presque compensatoire, une unité doctrinale sans faille. Cependant, l'esprit de ce temps troublé n'étant pas à la discussion, on est plus enclin à nier l'existence d'une diversité de manières conflictuelles d'être thomiste qu'à s'efforcer à les dépasser, parce qu'un tel effort suppose discussion, controverses, remises en cause, esprit critique et autres exigences difficilement compatibles avec le souci de se faire obéir sans condition. La nébuleuse traditionaliste est contrainte d'imposer une telle unité non seulement dans le domaine des vérités théologiques relevant du dogme (il n'y a rien là que de normal), mais même encore dans le domaine de la philosophie, et dans les domaines théologiques théoriquement susceptibles d'admettre une certaine liberté d'opinion aussi longtemps que le magistère infaillible ne s'est pas prononcé à leur sujet. C'est dire combien toute discussion relative à la diversité des manières d'être thomiste peut éveiller, en climat traditionaliste, la suspicion.

C'est là cependant un risque que nous embrasserons, en prenant le soin liminaire d'en appeler à la bienveillance de nos lecteurs, c'est-à-dire, plus précisément, en les invitant à ne pas élaborer de procès d'intention : notre propos n'est pas de contester l'unité de la doctrine thomiste, ainsi de nous en prendre à son existence même, mais de suggérer que les conditions d'explicitation de son unité — laquelle est condition de sa vérité — ne jouissent pas, dans la lettre de l'œuvre du Docteur commun, d'une évidence indubitable, et appellent des développements qui, à notre connaissance, n'ont pas encore été formulés. **« Les » thomismes n'en sont qu'un, mais le** principe d'unité d'une telle diversité n'est pas en acte dans saint Thomas.

§ 2. Saint Thomas : théologien ou philosophe ?

Selon nous, la philosophie de saint Thomas est la vraie philosophie, et les propositions qui la constituent sont, pour l'essentiel, vraies ensemble. Mais d'une part toute question philosophique n'a pas été abordée par saint Thomas, même si les grands principes du thomisme sont capables de contribuer à résoudre les problèmes non encore abordés par lui ; d'autre part, puisque le principe de compatibilité entre toutes les propositions constitutives de la philosophie thomiste ne figure pas, selon nous, chez saint Thomas, cela oblige la réflexion philosophique à aller chercher ailleurs que dans le thomisme — parfois dans l'élément de ce qui est tenu pour de l'anti-thomisme — certaines vérités captives précieuses se révélant, de fait, seules habilitées à établir l'harmonie entre tous les aspects de la pensée réaliste. Enfin ce sont, selon nous, les inachèvements du thomisme qui, non reconnus et laissés en l'état selon une méthode bien intentionnée mais confinant parfois au comportement de l'autruche (qui tend à ne voir en toute manifestation de vitalité qu'une imprudente occasion de péché), ont rendu possible l'avènement tant de la philosophie dite moderne que du modernisme religieux. Quand l'Église jouissait du pouvoir — à nos yeux légitime — de brûler vifs les hérétiques pertinaces, obstinément attachés à leurs erreurs et dangereux pour la santé spirituelle du troupeau catholique, il existait dans les rangs de ceux qui faisaient profession de penser une liberté de recherche extraordinaire, une vitalité intellectuelle extrêmement féconde. Il était non seulement permis mais encore recommandé d'ouvrir, en philosophie, des pistes de réflexion variées et audacieuses, et ce qui était erroné pouvait venir au jour afin d'être médité et rectifié, sans être mis en situation d'incubation occulte ; ouvrir une piste qui se révèle être un cul-de-sac est un service rendu à la communauté intellectuelle qui sait par là, grâce à cette tentative, passer son chemin sans perdre du temps à l'emprunter. Et se fourvoyer spéculativement, au terme d'une entreprise hardie, peut permettre, par les démarches et instruments conceptuels convoqués, de frôler certaines vérités dont seul le risque assumé de se tromper a permis de pressentir leur existence. On a l'impression que, depuis qu'ils n'ont plus le loisir de brûler l'hérétique, certains hommes d'Église encore catholiques, par peur de voir proliférer l'erreur sans disposer du moyen d'en juguler la diffusion, se sont recroquevillés sur eux-mêmes en cultivant ce qui ressemble assez à une crainte de penser. La chose se comprend dans l'ordre théologique, pendant les périodes de crise où l'urgence n'est pas à faire progresser le développement du dogme, mais à préserver et à maintenir l'acquis. Elle se comprend moins en philosophie.

Saint Thomas développe des thèses démocratiques (I^a II^{ae} qu. 90 a. 3, qu. 105 a. 1) reprises par Cajetan, Suarez et Bellarmin, faisant le miel des démocrates-chrétiens ; il affirme l'existence d'un désir naturel de Dieu irréductible à une simple velléité ou à l'actuation d'une simple puissance obédientielle (et nous le suivons sur ce point sans réserve), mais il refuse la possibilité d'une saisie de Dieu tel qu'en lui-même purement naturelle (comment alors maintenir la thèse de la gratuité de la grâce ? Il semble exclure dans certains textes l'idée selon laquelle l'ordre naturel aurait pu, sans le péché, subsister sans que lui fût dévolue la vie de grâce) ; il tient pour contre nature l'état de l'âme séparée (*C. G.* IV 79), enseigne que ce qui est contre nature ne peut durer, et que la résurrection de la chair est strictement surnaturelle (*Som. Théol. Supplém.* Qu. 75 a. 3 : cette résurrection suppose l'action divine car elle atteint la substance et non les accidents de l'être) : un état de pure nature lui semble bien impossible, s'il est vrai que l'homme est par nature mortel ; et toutes ces thèses remplissent d'aise les tenants du modernisme matriciel du Père de Lubac.

Il nous paraîtrait donc quelque peu déconcertant, et en vérité assez inique, de nous voir quelquefois imputer l'intention de cultiver une dilection inavouée et latente pour le modernisme, sous le prétexte que notre fidélité à saint Thomas ne serait pas d'essence religieuse, ainsi ne relèverait pas d'une adhésion relevant de l'acte de foi, et s'accompagnerait d'esprit critique précédant l'adhésion, au lieu que, dans les choses qui relèvent de la foi, l'intelligence de la foi suit l'adhésion fondée sur l'autorité de celui qui révèle.

Il va de soi que nous reviendrons sur les réserves que nous venons de formuler, pour montrer qu'elles s'enracinent dans le texte même de saint Thomas. Qu'il soit fortement recommandé par le magistère et la discipline de l'Église ne fait pas du thomisme un article de foi.

§ 3. Thomisme et magistère.

Si l'on entend nous reprocher de n'être pas fidèle à la lettre du thomisme, nous plaidons coupable, mais sans repentir parce que c'est à raison de cette infidélité accidentelle que nous pensons respecter son esprit. Durant des siècles, des esprits plus puissants et plus déliés, plus sages et beaucoup plus érudits que le nôtre se sont échinés pendant toute leur vie à tenter de réduire les tensions conceptuelles intérieures au thomisme, et ils n'y sont pas parvenus ; et quand ils croyaient y être parvenus, d'autres esprits non moins doués qu'eux réussissaient toujours à dénoncer quelque faiblesse dans la prétention des premiers à dissiper toute obscurité dans la doctrine de leur Maître commun ; tous partaient (et partent encore) du postulat suivant : l'édifice majestueux du thomisme est doté d'une cohérence intrinsèque si évidente qu'il ne peut pas ne pas contenir la clé philosophique de l'unité de ses parties. Le temps est peut-être venu de se rendre à l'idée que le principe d'unité de la philosophie de saint Thomas, s'il existe, pourrait n'être pas dans saint Thomas, et que, aussi longtemps que cette clé ne sera pas possédée, il y aura *des* doctrines thomistes difficilement compatibles en l'état, ce qui fera douter de l'existence d'un thomisme canonique.

Après la publication par Léon XIII d'« Aeterni Patris » (1879) qui relançait les études thomistes, le code de droit canonique de 1917, sous l'autorité de Benoît XV, reprit les directives de Léon XIII. En 1947 y fut insérée une loi, stipulant que les professeurs des écoles catholiques devront « traiter en tout point les études de philosophie rationnelle et de théologie (…) selon la méthode, la doctrine et les principes du Docteur angélique, et (…) s'y tenir saintement » (canon 1366, § 2). Dans l'encyclique *Pascendi* (§ 63), saint Pie X avait enseigné que « s'écarter de saint Thomas, surtout dans les questions métaphysiques, ne va pas sans détriment grave ».

Fort bien, mais quel thomisme ? Le magistère ne le précise pas.

A titre d'exemple, on peut évoquer le problème de la possibilité d'une création par Dieu d'une multitude infinie en acte (faire exister en acte des réalités en nombre infini). Dans son *Commentaire des Sentences* (II D1 q. 1 a.5), la réponse de saint Thomas est positive. Elle est fortement négative dans la *Somme théologique* (I^a q. 46 a. 2), et elle est reconsidérée dans son *de Aeternitate mundi* où une réponse positive est à nouveau tenue pour admissible (il n'a pas été démontré que Dieu ne pourrait faire exister une infinité d'âmes spirituelles, ainsi subsistantes et par là coexistantes). On dira que cette question technique est secondaire par rapport aux grandes thèses métaphysiques de saint Thomas ; en fait, il n'est pas interdit de penser que la manière dont un philosophe tranche cette question (que nous n'aborderons pas ici) engage toute la conception que l'on peut se forger de la doctrine hylémorphiste, par là rejaillit sur la métaphysique. Surtout, les tensions que nous évoquerons concernent le cœur même du thomisme.

CHAPITRE I

Il est un art de lire le contenu du magistère

§ 4. Diversité des thomismes.

Dans un intéressant tableau (dont nous ne cautionnons pas tous les contenus) qu'il nomme « tableau des antinomies de la raison thomiste », Géry Prouvost (*Thomas d'Aquin et les thomismes, Essai sur l'histoire des thomismes*, Cerf 1996), auquel nous nous référerons beaucoup, quant aux aspects historiques des conflits entre thomistes, dans le présent ouvrage, montre que les oppositions modernes entre Jacques Maritain et Etienne Gilson, Maritain et Sertillanges, prolongent des oppositions beaucoup plus anciennes sur lesquelles nous reviendrons, et qui sont suspendues au fond au problème suivant : saint Thomas soutint-il une doctrine apophatiste de Dieu et de l'« esse », ou bien pouvait-il se prévaloir de tendances non seulement intellectualistes mais rationalistes induisant aussi une démarche cataphatique ? Une science de l'être en tant qu'être est-elle possible qui, comme ontologie générale, ne se réduise pas en dernier ressort à l'affirmation de l'existence d'un Dieu inconnu ? Or voici ce que déclare Géry Prouvost, en historien de la philosophie :

« Faut-il alors légitimer deux lectures possibles du thomisme ? Chacune repose sur d'excellentes raisons et sur des textes suffisamment clairs pour que chaque commentateur puisse, en toute bonne conscience, se traiter mutuellement d'agnostique ou d'idolâtre <il s'agit de ceux qui en viendraient à idolâtrer la raison et les concepts humains>, de maïmonidien ou de scotiste. Dans le débat contradictoire entre J. Maritain et le Père Sertillanges, ce qu'il y a de pire, vérité terrible, c'est que chacun a raison, c'est-à-dire que tous les deux sont authentiquement thomistes » (p. 165).

L'auteur avait commencé par nous dire (p. 17) : « la diversité des thomismes trouve peut-être <ce n'est plus une hypothèse à la fin de son ouvrage> sa source première dans l'ambiguïté même du texte de saint Thomas ».

« Au moyen âge, dit justement Maritain (*Le Philosophe dans la Cité*, Alsatia Paris, 1960, p. 27)[1], la philosophie était, de fait, ordinairement traitée comme un instrument au service de la théologie ; culturellement, elle ne se trouvait pas dans l'état requis par sa nature[2] ; l'avènement d'une sagesse philosophique ou profane ayant achevé de se constituer pour elle-même et selon ses finalités propres répondait donc à une nécessité historique (…) ». Entendons donc ici par « rationalisme » non la prétention de la raison humaine à se faire l'autorité suprême en tous domaines, même celui du contenu de la foi qui dans cette perspective aurait vocation à se dissoudre dans la raison, mais la manière d'être thomiste consistant à plaider en faveur d'une philosophie séparée de la théologie révélée, ainsi non réduite au rôle de servante de la théologie, mais reconnaissant la valeur de la norme extrinsèque de la vérité révélée, sa « stella rectrix » ; l'idée de philosophie séparée est corrélative de celle de la possibilité d'un état de pure nature, qui fait de la vie de grâce, à strictement parler, un accident contingent de la condition humaine ; elle est solidaire de cette autre idée selon laquelle la

---

[1] L'évocation de cette citation ne signifie pas que nous ferions nôtre le contenu du reste de cet ouvrage qui fait sa part de manière détestable au traitement de la question juive : on peut être un grand esprit et, sous l'effet d'une déviation de la sensibilité, se couler dans le rôle peu gratifiant et politiquement suicidaire de l'idiot utile.

[2] Roger Verneaux (*Introduction générale et logique*, Beauchesne, 1964, p. 11) évoque la définition de la philosophie communément reçue dans l'Ecole thomiste contemporaine : « cognitio rerum omnium per altissimas causas, sola rationis lumine comparata » (connaissance de toutes choses par leurs raisons dernières à la seule lumière de la raison naturelle). « A la seule lumière de la raison naturelle » : la philosophie ne doit donc pas recevoir les prémisses de ses raisonnements des données de la foi, et c'est en cela que l'état requis par sa nature est celui d'une sagesse profane séparée de la théologie. Dès lors, refuser de faire se constituer la philosophie pour elle-même et selon ses finalités propres, ainsi la cantonner dans le rôle d'instrument de la théologie, c'est frustrer l'appétit naturel de l'intelligence humaine, et c'est bien là une modalité du surnaturalisme : on ne se soucie pas de la cohérence intrinsèque de cette philosophie, n'attendant d'elle que des services ponctuels et dispersés au profit de l'exposé des vérités de la théologie révélée.

recherche de l'être en tant qu'être peut en droit être satisfaite par l'office de l'intellect (la raison étant l'intellect en tant qu'il se meut) dont l'objet propre est l'exhibition et la contemplation de l'essence de ce qu'il pense ; connaître, c'est saisir l'essence, de sorte que la tendance rationaliste du thomisme s'applique à développer, au sein de la métaphysique de l'exister, une métaphysique de l'essence. La tendance rationaliste, inchoativement dessinée dans la démarche de saint Thomas, appelait, pour se constituer avec vigueur, des développements qui inviteraient leurs auteurs à s'écarter de certains autres points de la doctrine de saint Thomas, non pour le trahir mais précisément dans l'intention de faire advenir à sa vérité cet aspect de la pensée de l'Aquinate. Mais on verra aussi que les partisans thomistes de l'« apophatisme de l'esse » n'hésitent pas (au vrai sans le dire) à « oublier » certaines déclarations de saint Thomas qui ne vont pas dans leur sens.

D'un côté saint Thomas enseigne (*C. G.* I 30) qu'on ne peut comprendre de Dieu ce qu'il est, mais seulement quelle relation entretient avec lui tout le reste ; il déclare que nos noms ne peuvent exprimer l'essence divine telle qu'elle est en elle-même (I^a q. 13 a. 1). « Cognoscitur <Deus> per ignorantiam nostram, inquantum scilicet hoc ipsum est Deus cognoscere, quod nos scimus nos ignorare de Deo quid est » (*De Divin. Nominibus* VII 4 : Dieu est connu par notre ignorance, en tant que cela même pour nous est connaître Dieu que de savoir que nous ignorons ce qu'il est). On rejoint en effet l'apophatisme juif de Maïmonide. Et le terme logique de ce point de vue radicalisé est ceci : « Le Dieu qui se montre est un Dieu caché et à qui appartiennent les choses cachées (…) Dire que le Dieu qui se montre est le Dieu caché, c'est (…) confesser que la Révélation ne peut jamais constituer un corps de vérités dont une institution puisse se prévaloir » (Paul Ricœur, *Herméneutique de l'idée de Révélation*, dans *La Révélation*, Louvain, Publications des facultés universitaires Saint-Louis, 1977 pp. 33-34)[3] ; si Dieu échappe totalement à la raison, on ne voit pas

---

[3] Le Père Sertillanges n'enseignait pas tout à fait la même chose mais, à sa manière, il développait une thèse qui va objectivement dans le même sens : « Dieu est au-dessus de l'intelligence et de l'intelligibilité, parce qu'il est au-dessus de l'être, comme sa source » (*Les grandes thèses de la philosophie thomiste*, Libraire Bloud § Gay, 1933, p. 37). « Nous ne connaissons les esprits et Dieu qu'à titre de postulats ; nous ne les

qu'une révélation divine usant des mots de la raison humaine pour se formuler puisse jamais nous enseigner quelque chose d'irréformable ; cet apophatisme, fanatiquement enivré par sa puissance négatrice, si soucieux de préserver la transcendance divine, se convertit logiquement en relativisme, en latudinarisme, en modernisme et, à terme, en athéisme, tant il est vrai que la théologie unilatéralement négative aboutit, comme l'enseignait Léon Brunschvicg, à la négation de la théologie. Le Dieu du catholique est un Dieu qui se révèle, qui se manifeste, qui s'incarne, parce que ce Dieu, trinitaire, est en soi, indépendamment du monde qu'il crée librement, révélation de lui-même à lui-même dans la prolation éternelle de lui-même comme Verbe. Adhérer à cette vérité, c'est embrasser une certaine conception du rapport entre intérieur et extérieur, qui prohibe l'apophatisme unilatéral : l'intérieur s'extériorise, parce qu'un intérieur exclusif de l'extérieur serait *extérieur* à lui, ainsi serait infidèle à lui-même, et qu'un intérieur n'est lui-même qu'en se faisant assomptif de son autre ; il n'y a d'intérieur véritable que s'il possède le pouvoir de s'extérioriser sans reste, sans quoi, impuissant à se maîtriser, il se subit, ce qui revient à dire qu'il est extérieur à lui-même. Dire que Dieu, qui est l'Être même, se révèle en tant que trinitaire, c'est reconnaître qu'il est de l'essence de l'être en tant qu'être de se manifester, d'extérioriser l'intérieur qu'il est pour lui-même en tant qu'identité concrète de l'intérieur et de l'extérieur. Que l'essence ne soit essence que dans sa relation à l'existence — sans laquelle elle n'est rien : elle n'est pas la raison suffisante de sa puissance fondatrice — qui l'actualise, la manifeste, l'extériorise et l'explicite, ne l'empêche pas d'entretenir à son égard un rapport d'intérieur à extérieur qui fait d'elle le *fondement* de l'exister autant que ce rapport fait de l'exister la perfection de l'essence ; or l'essence est saisie par le

---

nommons et ne les qualifions que par le moyen et en fonction exclusive de cette postulation » (idem pp. 37-38). Le modernisme prétend réduire les dogmes révélés et les formules dogmatiques à des rationalisations tout humaines et datées, par soi réformables, opérées sur une espèce d'instinct obscur immanent faisant aspirer l'homme à la transcendance avec laquelle l'intériorité humaine serait, sur le mode du sentiment, en relation de presque connaturalité. On voit sous ce rapport que les méfaits de l'immanentisme sont l'envers dialectique d'une exacerbation pathologique de la transcendance, elle-même fruit gâté d'une haine inavouée des pouvoirs de la raison naturelle.

concept ; donc une philosophie unilatéralement apophatiste, abaissant le rôle de la raison dans l'ouverture à la vérité, non seulement trahit le projet même de tout acte de philosopher, mais elle se met en porte-à-faux avec le contenu de la foi catholique. Elle se met en porte-à-faux avec la vérité catholique parce qu'elle en vient à échouer dans les eaux mortes du subjectivisme protestant — témoin l'aveu de Ricœur ; elle tourne le dos au projet même de philosopher puisqu'il n'est pas de véritable philosophie qui ne s'accomplisse dans la forme de la métaphysique ; comme recherche des causes premières, elle est recherche de l'être en tant qu'il est être et prend nécessairement la forme d'une recherche du sens — de la signification — de ce que c'est que l'acte d'exister.

D'un autre côté saint Thomas nous déclare que « les noms attribués à Dieu ne visent pas uniquement sa causalité mais son essence » (« nomina non solum dicuntur de Deo causaliter, sed etiam essentialiter » (Iª qu. 13 a. 6 resp.). « Et ideo aliter dicendum est, quod hujusmodi quidem nomina significant substantiam divinam, et praedicantur de Deo substantialiter, sed deficiunt a repraesentatione ipsius » (Iª qu. 13 a. 2 resp. : on doit parler autrement <que ceux qui prétendent que les noms divins ne désignent Dieu que comme cause des perfections que nous lui attribuons> et déclarer que les noms divins signifient la substance divine, bien qu'ils échouent à nous la représenter). Etienne Gilson enseigne : « Dieu se nomme être, parce que l'être étant suprême dans les choses, à partir desquelles seules nous pouvons le nommer, nous le désignons comme la plus noble des causes, mais c'est en effet comme leur cause que nous le nommons » (*Constantes philosophiques de l'être*, Paris Vrin 1983, p. 208), et Prouvost fait observer (o. c. p. 161) que « cette phrase est en contradiction quasi littérale avec la *Somme théologique*, Iª q. 13 a. 6 : 'les noms attribués à Dieu ne visent pas seulement sa causalité, ils visent son essence' » ; et il est vrai que pour saint Thomas les noms divins sont attribués à Dieu en priorité, de sorte que le premier analogué d'un savoir analogique est le maximum du concept analogue (« St. Paul écrit (*Eph* 3, 14) : 'Je fléchis les genoux devant le Père de Notre Seigneur Jésus-Christ, de qui toute paternité, au ciel et sur la terre, tire son nom'. On peut en dire autant des autres noms attribués à Dieu et aux créatures. Donc ces noms sont attribués à Dieu en priorité par rapport aux créatures » : idem, resp.). Ce qui n'empêche pas Géry Prouvost — que nous suivons en tant qu'il est historien mais non en tant qu'il se veut philosophe — d'embrasser globalement la position de Gilson, considérant que l'accentuation du développement rationaliste de l'intellectualisme thomiste, génératrice d'une distinction plus accusée entre philosophie et foi, ainsi d'une autonomisation de la philosophie, conduirait à la mort de la théologie. Nous pensons exactement le contraire sur ce point.

§ 5. Le thomisme à l'épreuve du scotisme.

L'essence étant, pour saint Thomas, à l'acte d'exister (« esse ») comme l'est la puissance à l'acte, et Dieu étant acte pur, il serait cohérent d'en inférer que Dieu n'a pas d'essence — et un Antonin-Gilbert Sertillanges ne se fera pas faute d'évoquer un « Deus sine essentia » dans sa polémique avec Maritain — mais l'Aquinate préfère déclarer que l'essence de Dieu est d'exister. Il en résulte que si l'essence de Dieu est connue réellement, fût-ce confusément, il faudra, avec Capreolus, « prince des thomistes », déclarer que « Deus includitur sub ente » (*Defensiones theologiae*, t. I, 143 a : Dieu est inclus dans la notion d'étant), en ce sens qu'il faudra reconnaître l'existence d'une « ratio » unique pour l'exister des créatures et celui de Dieu. Maritain parlera plus tard d'« analogue transcendantal » antérieur à la distinction entre « ens finitum » et « ens infinitum », dont l'ouverture universelle permet de l'appliquer également à Dieu et aux créatures (voir Prouvost, o. c. p. 161) ; nous avouons ne pas saisir la différence qui pourrait exister entre cet « analogue transcendantal » et une conception univoque des perfections prédiquées du fini et de l'infini. Cette promotion de l'univocité de l'être, non ablative de son caractère analogique, était déjà accomplie par Duns Scot, hors du thomisme.

Duns Scot enseignait en effet, de manière au vrai peu réfutable, que si l'être se réduit à la quiddité de la réalité matérielle, la métaphysique n'a pas d'objet propre dès lors que l'objet de cette dernière est l'être en tant qu'être (*Opus Oxon.*, d. 3, q. 2, a. 2, n. 1) qu'elle n'atteindrait dans l'hypothèse que par analogie avec l'être sensible, contrainte alors d'aborder l'être de manière purement négative (la « separatio » thomiste), ce qui reviendrait à ne jamais le circonscrire tel un objet de science (ajoutons que si l'être commun est, par ailleurs, réduit à un être de raison, comme le voulait Gilson, alors, contre les intentions de ce dernier, la métaphysique se réduit à une logique qui ne sera nullement ontologique, mais qui se réduira à une physiologie de l'entendement humain, comme l'enseignera Goblot : étude des lois de la pensée humaine, telle la pure facticité opératoire d'un mode d'emploi ; on n'est pas loin du kantisme) ; le concept d'« ens » doit, pour Duns Scot, être univoque, car pour appréhender l'équivocité ou différence de l'essence de Dieu et de l'essence de la créature, il est absolument nécessaire de les référer à un même concept requis pour que s'opère la comparaison (*Ordinatio*, I, d. 3, p. 1, q. 1-2, n. 2, n. 26 q) ; déclarer deux choses différentes suppose qu'elles soient comparables (pour constater leurs différences) et que donc elles aient quelque chose de commun, par là qu'elles s'identifient « secundum quid » et soient subsumées part un concept commun. Le doute présuppose la certitude comme les ténèbres présupposent la lumière, ce qui signifie que l'on doit connaître — au moins confusément — ce dont on doute pour s'habiliter à en douter, de sorte que, en doutant du statut de l'être (univoque ou analogue, fini ou infini), on se réfère implicitement à une unique notion d'être à l'aune de laquelle on réfère les acceptions de l'être tenues pour problématiques ou douteuses. Ce rappel signifie que la critique scotiste fut très tôt intégrée à la spéculation thomiste, dans le sens d'un intellectualisme à saveur rationaliste — c'est-à-dire dans cette ligne si violemment contestée par Sertillanges, Cornelio Fabro et Gilson. Et il est vrai que le danger de ce courant rationaliste, de Capreolus (chez lequel on trouve déjà l'expression « esse actualis existentiae ») à Suarez (Descartes étant élève d'élèves de Suarez), celui de Leibniz et de Wolff eux-mêmes incompréhensibles — comme le rappelle Prouvost (o. c. p. 145) — sans la référence à la scolastique espagnole de la Contre-réforme, est lui aussi justiciable, bien que ce ne soit pas une fatalité, d'aboutir à l'athéisme : si le concept d'être est recevable en tant qu'univoque, quand bien même cette univocité n'est pas exclusive de l'analogie, si donc Dieu est accessible par concepts, la tentation sera grande d'en venir, par souci de systématisation du savoir de l'ontologie, à considérer que le savoir que Dieu a de lui-même est le savoir qu'il a de lui-même en l'homme, dans une perspective hégélienne qui achève, de manière indépassée, à tout le moins difficilement réfutable, l'entreprise rationaliste ; et cela revient à déifier la raison discursive.

Si en effet l'univocité de l'être est recevable, cependant que — au rebours du scotisme qui fait de l'être un « presque rien » et l'effet le plus imparfait de Dieu — l'être est tenu pour l'acte des actes, Dieu étant l'acte d'être et la Cause première de toutes choses, c'est de et dans et par l'être même qu'il faudra partir pour rendre raison de la fondamentale différence opposant l'Incréé au créé. Cela revient à dire que Dieu rendra raison de soi en l'homme ; entendons : le discours du métaphysicien « rationaliste » rendra raison de Dieu à partir de l'idée d'être en montrant que l'être n'est pleinement et absolument être qu'à être le savoir de lui-même, c'est-à-dire Dieu, en qui seul s'identifient l'être et le savoir ; mais parce que Dieu est cause et raison d'être de l'homme, un rendre raison de Dieu par l'homme ne peut être qu'un rendre raison de soi de Dieu en l'homme. Dieu sera défini tel l'acte de rendre raison de soi dans sa différence d'avec les être finis réels ou possibles, et notre raison sera habilitée à formuler le processus de ce rendre raison de soi posant Dieu comme « causa sui » : le savoir que le rationaliste a de l'être est le savoir que l'être a de lui-même en lui, et cette identité rend le processus d'un tel savoir de l'être par lui-même constitutif de l'être même. *En droit*, dans cette perspective, c'est l'impossibilité structurelle de s'objectiver *comme sujet pensant* cet objet qu'est l'être pour la pensée philosophante, qui fera conclure par le philosophe à l'existence du Dieu transcendant ; *en fait*, l'histoire de la philosophie a révélé que le courant rationaliste s'est embourbé dans le panthéisme, et, par suite, le discrédit légitimement porté sur ce rationalisme a favorisé la promotion de l'apophatisme dans les rangs catholiques et plus généralement chrétiens. Si la raison, du fait de cette univocité « secundum quid » de l'être qui l'autorise à se dire capable d'accéder, certes d'une manière fort défectueuse, à l'essence de l'exister, se déclare au moins dans le sillage de la raison divine, alors ce souci de rendre raison, qui l'habite par nature, lui enjoindra d'en appeler à une raison d'être pour Dieu même qui ne sera pour lui-même sa raison d'être qu'en étant le processus intemporel de se poser lui-même : *univocité de l'être, subsomption du concept de Dieu par celui de l'être, principe de raison suffisante,*

Dieu « causa sui », sont des thèses qui s'appellent en droit l'une l'autre. Et la tentation peut être grande, en effet, d'en venir à identifier notre raison faisant se réfléchir en elle le rendre raison de et par soi de Dieu, avec l'acte même de ce rendre raison de soi opéré par Dieu même.

Disons les choses clairement : c'est ce risque que nous invitons notre lecteur à affronter — sans évidemment succomber au danger qu'il enveloppe —, parce qu'il est incontournable si l'on entend sauver la métaphysique en s'interdisant les pétitions de principe : aussi longtemps qu'il n'est pas établi que l'ordre des raisons de connaître est l'ordre des raisons d'être, la raison est impuissante à prouver que ses déductions valent pour l'être en tant qu'être et non seulement pour la pensée de cet être. Défier un tel risque suppose que l'hégélianisme – tentative de conférer une forme véritablement systématique à l'ontologie – ne soit pas contourné mais soit assumé, et assumé pour être dépassé : on ne dépasse pas Hegel sans passer par lui, quelque périlleuse que soit l'épreuve d'un tel passage. Et on ne l'évite, se dispensant de passer par lui, qu'en évitant les questions qui s'étaient progressivement fait jour dans l'élément de la scolastique, que la scolastique n'avait pas réussi à traiter, et dont s'était emparée la philosophie moderne aboutissant, précisément, à Hegel.

Ce n'était pas une fatalité que le rationalisme inchoativement enveloppé par le thomisme en vînt, se radicalisant, à se perdre dans l'athéisme (ou plutôt le gnostico-panthéisme) de l'idéalisme absolu ; la preuve en est que saint Thomas lui-même a posé des jalons pour que cet aspect de sa pensée fût développé : tout ce que nous connaissons avec certitude, enseigne-t-il, procède « ex lumine rationis divinitus interius indito *quo in nobis loquitur Deus* » (*de Veritate*, q. 2 article 1 ad 13 : <procède> de la lumière de la raison placée en nous par l'effet de la puissance divine, et par laquelle Dieu parle en nous).

Pour dissiper une équivoque, nous nous permettrons tout de suite de faire observer qu'accéder à l'essence de l'acte d'exister n'a pas ici pour sens de s'emparer de l'essence divine selon la connaissance que Dieu en a. L'ontologie vise à connaître l'être en tant qu'être, lequel est en son fond l'acte d'être ou l'être comme acte, à savoir l'exister, donc l'ontologie vise à saisir la quiddité de l'acte d'exister (faire, en revanche, de l'être possible l'objet de la métaphysique, c'est subrepticement réduire l'exister à un accident de l'essence, alors qu'elle n'est même pas essence sans lui : il faut être, pour être essence). Nous n'ignorons pas l'objection qui vient immédiatement : Dieu ne peut être connu que par lui-même puisqu'il est son connaître, or Dieu est celui dont l'essence est l'acte d'exister sans limite, donc l'exister échappe à tout concept. Mais nous distinguons entre objectivation de l'acte d'exister et désignation de cet acte, laquelle consiste à indiquer ce que serait cet acte d'objectivation si une telle objectivation était pour nous possible. La simple raison peut selon nous chercher, non en vain, par analogie avec les réalités créées, ce qui la dépasse, si elle dispose de l'appareil conceptuel adéquat l'habilitant à viser son objet sur le mode de la recherche du terme idéal d'une série convergente, aperçu comme résultat d'un passage à la limite. Nous reviendrons sur cette question dans notre conclusion (§ 89).

§ 6. Récupération moderniste du « thomasianisme ».

Se dit aujourd'hui « thomasien » le disciple de saint Thomas qui prétend faire retour à l'authentique pensée de l'Aquinate par-delà les travaux des grands commentateurs de l'Ecole ayant manifesté des tendances essentialistes.

Dans notre « *Nihilisme, subjectivisme et décadence* » (tome I, chapitre 17) auquel nous renvoyons, nous avons jadis illustré cette connivence entre tradition préscolastique et augustinienne d'une part, et modernisme d'autre part, en évoquant l'ouvrage de Mgr Frost (*L'Église se trompe-t-elle depuis Vatican II ?*, préfacé par Mgr Bernard, éd. Salvator, Paris 2007). Le préfacier déclare que Mgr Frost « invite à retrouver l'authentique pensée de saint Thomas d'Aquin <comprenons : le saint Thomas apophatiste> que les auteurs de la '*Lettre à nos frères prêtres*' (publication de la FSSPX à destination du clergé hors-FSSPX), semblent méconnaître, pour s'en tenir à l'essentialisme de Duns Scot », c'est-à-dire à cet univocisme (non ablatif, nous le rappelons, de la doctrine de l'analogie) auquel se sont ralliés (et nous avec eux et dans leur sillage) les successeurs scolastiques de saint Thomas. Nous y observions que la prétendue erreur des Traditionalistes aurait été, selon Mgr Frost, de croire qu'il est possible de donner la forme de propositions conceptuelles valables une fois pour toutes (pour toutes les périodes de l'histoire de l'Église et pour tous les contextes culturels avec lesquels sa mission d'évangélisation est en contact) à ce qui, dans les mystères de la foi que Dieu nous révèle, est exprimable dans un langage à la portée de notre intelligence humaine. Il va de soi que par cette démarche les modernistes entendent relativiser les enseignements dogmatiques de l'Église, et en appellent aux vertus de l'analogie — qui a bon dos — pour y parvenir. Mgr Bernard et Mgr Frost en appellent à un retour « thomasien » à une conception de l'analogie qui la rendrait exclusive de tout univocisme, pour laisser entendre, dans un esprit analogue à celui qui inspirait le protestant Ricœur, qu'aucun discours formé de mots humains, même un discours exprimé dans les formes de l'infaillibilité, n'exclurait d'être révisable ; le dogme de l'infaillibilité, formulé dans des mots humains, devient, à ce titre même, lui-même révisable, et la vérité devient évolutive. Nous croyons au contraire que l'absolu de l'Esprit divin peut se couler dans les mots humains pour dire, par la médiation du discours de l'Église, la vérité absolue ; que ce qui fut infailliblement défini par l'Église était vrai, est vrai, sera toujours vrai, pour nous et pour Dieu même, au point que l'évolution du dogme, en tant qu'homogène, ne sera jamais qu'une explicitation de ce qui fut dit une fois pour toutes, ainsi ne sera jamais une révision ou une remise en cause de ce qui fut défini.

Ainsi, les modernistes en religion (les « conciliaires ») accusent les Traditionalistes d'être modernistes (rationalistes) en philosophie, pour laisser entendre que les vrais Traditionalistes en religion seraient les modernistes. On voit par cet exemple que ce sont l'audace et l'acceptation de la sécularisation de l'effort philosophique, mais aussi la recevabilité de sa prétention à faire s'ériger la philosophie en système (tel est le vœu du rationalisme), qui sont objectivement du côté de la Tradition catholique authentique.

Et il est bien regrettable que certains des clercs et religieux les plus autorisés de cette Tradition aujourd'hui rejetée hors de l'Église officielle, c'est-à-dire conciliaire et/ou moderniste, ne s'en soient toujours pas rendu compte, au point de condamner comme moderniste toute tendance à la laïcisation de la philosophie et toute pulsion intellectuelle rationaliste (entendons : qui accepte le principe de raison d'être sans en repousser les conséquences logiquement obligées).

§ 7. « Fidélité » thomasienne : trahison du thomisme.

Puis donc qu'il existe deux lectures au moins, irréductibles, de l'enseignement thomiste, qui ne se réduisent pas à des chamailleries de spécialistes vétilleux sur des points de détail mais engagent toute la philosophie sur des voies opposées, c'est que — si le thomisme n'est pas un terme équivoque, si donc cette doctrine n'est pas un éclectisme ou une série de contradictions — la conversion à leur identité concrète de ces deux positions est en attente de sa résolution ; et nous pensons que ceux qui ont relancé les études thomistes à la fin du XIXème siècle le pressentaient, voire le savaient, mais ne pouvaient le confesser à peine de présenter comme docteur modèle un auteur dont le pensée définitive donnait l'impression de demeurer encore indécise, ce qui aurait contrevenu à son statut de modèle. **Aussi, dans ce présent « mémoire en défense » contre toute accusation d'infidélité à saint Thomas, et plus radicalement à la doctrine catholique, nous aurons la naïveté — ou l'impudence, selon les points de vue — de tenter d'apporter quelques éléments de résolution à cette exigence de conversion à leur identité concrète des deux grands aspects de la métaphysique thomiste[4].** Parce que cette conversion est une opération rationnelle, c'est évidemment sous l'égide de la deuxième acception du thomisme (« rationaliste ») que nous nous y

---

[4] Faut-il le dire ? Ce qui nous anime, ce faisant, n'est pas cette témérité solidaire d'une estimation désordonnée de nos capacités. La fréquentation livresque des Grands Anciens, mais aussi celle de maints de nos contemporains plus doués que nous, nous en auraient guéri si nous avions eu la faiblesse de céder à de tels travers. C'est essentiellement, pensons-nous, la convoitise intellectuelle qui nous meut. Que cette dernière se révèle exigeante ou vite satisfaite, ce sera au lecteur d'en juger.

efforcerons. En dépit de son caractère audacieux et ambitieux, nous tenterons donc d'esquisser ici une radicalisation du courant rationaliste intérieur au thomisme, dans la ligne de Capreolus. Il ne s'agit pas de se faire happer par la séduction hégélienne, laquelle en dernier ressort, selon nous, parce que panthéiste, en vient à trahir les exigences non seulement du dogme catholique mais même de la simple raison. Il s'agit de procéder à une radicalisation qui assume jusqu'au bout cette exigence rationaliste — dût-elle par là l'inviter à accuser réception de ses propres limites, faisant renoncer la raison à l'ivresse de sa toute-puissance et à ses prétentions totalitaires dans et par l'acte de les assumer et de les laisser, les livrant à elles-mêmes, se retourner contre elles-mêmes. C'est là une chose que la progéniture non apophatiste de saint Thomas ne semble pas avoir jamais osé faire, accordant au courant apophatiste générateur de modernisme des concessions (tel le refus du Dieu « causa sui ») qui fragilisent sa position et risquent de la rendre peu intelligible, en lui faisant adopter des solutions bâtardes telles que la théorie de la double fin (fin naturelle et fin surnaturelle de l'homme), le refus d'un désir naturel de Dieu, l'idée de puissance obédientielle pour expliquer la genèse de ce désir, ou celle du primat de l'analogie de proportionnalité propre sur l'analogie d'attribution.

Selon nous, la grâce étant gratuite, un état de pure nature eût été possible, et c'est lui qu'il convient de définir autant qu'il est possible comme cet idéal naturel auquel la surnature, en tant qu'elle soigne la nature, restitue cette dernière ; la grâce surélève la nature en la restituant à son intégrité naturelle ; or plus la nature est intègre, plus elle est maîtresse de ses actes ; donc plus elle se soumet aux injonctions bienfaisantes de la grâce, plus elle est paradoxalement autonome dans les domaines qui concernent son ordre propre : « Sunt autem quinque effectus gratiae in nobis : quorum primus est ut anima sanetur » (I^a II^{ae} q. 111 a. 3 : la grâce produit cinq effets en nous, et le premier d'entre eux est qu'elle soigne l'âme). La foi, loin d'amuïr la raison, l'invite à se contre-diviser à l'ordre de la foi, à s'y soumettre comme à la mesure *extrinsèque*, comme « stella rectrix », de sa rectitude. D'où cette légitime prétention de la raison — historiquement consacrée par la création, dès le XIIème siècle, d'une faculté des Arts distincte de la faculté de théologie quoique théoriquement soumise à sa tutelle dogmatique —

à faire se déconnecter la philosophie de la théologie, et à développer une philosophie thomiste mais non thomasienne (on parlera alors, si l'on y tient, de « néo-thomisme », mais c'est là pour nous la vérité objective du « thomasianisme », ainsi, de la démarche opérée par saint Thomas et restituée par les historiens de la philosophie). Prouvost rappelle (p. 47 de son livre) que Gilson reprochait aux auteurs de manuels thomistes de reconstruire une philosophie thomiste selon un ordre aristotélicien indépendant de la théologie, et servant de « praeambulum fidei » ; Gilson pensait que, selon saint Thomas, la problématique métaphysique naît et doit naître selon l'ordre que l'« intellectus fidei » lui assigne. Maritain au contraire, dans *Antimoderne* (*Revue des Jeunes*, Paris 1922 pp. 132 à 147), voulait donner à la philosophie thomiste, « restée pendant des siècles enveloppée dans la théologie », « sa nature propre de philosophie ». Et c'est dans le sillage d'un tel projet que nous nous essayons à philosopher. La crise moderniste depuis Vatican II nous a fait comprendre que le caractère réactionnaire de l'augustinisme (celui d'un Etienne Tempier pourfendeur même de certaines thèses de saint Thomas) est objectivement solidaire du modernisme d'un de Lubac. Et il en est de même du prétendu « retour à saint Thomas » par-delà le néo-thomisme ; nous aussi avons cru, un temps — ayant eu accès à saint Thomas par les manuels néo-thomistes —, nourrir l'espoir de nous soustraire aux difficultés inhérentes au néo-thomisme en retournant au saint Thomas historique, mais nous nous sommes progressivement aperçu que ce dernier portait en germe le néo-thomisme qui se contentait d'expliciter diversement les ambiguïtés et tensions du thomisme lui-même.

A force de dire, sans tempérance, que la nature ne peut rien sans la grâce, que les dépositaires de l'autorité naturelle doivent être soumis en tout et sans condition à ceux de l'autorité surnaturelle, on en vient insensiblement (et chez certains de manière intentionnelle) à laisser entendre que la grâce serait constitutive de l'ordre naturel en tant que tel, et c'est alors que s'opère ce basculement dialectique d'un certain « traditionalisme » en modernisme, parce que l'exténuation de la nature supposée faire sa place à la grâce en renonçant à elle-même équivaut à une naturalisation de la surnature. Ce sont encore des forces toutes naturelles que l'homme convoque pour exténuer l'humanité qui est en lui et, ce faisant, faire place, croit-il, à la surnature en attente de l'investir ; aussi un tel homme se contente-t-il de ratifier et d'exalter ses puissances naturelles en croyant les répudier ; mais il croira dans cette opération négative vivre de la vie surnaturelle, et c'est ainsi qu'il en viendra à conférer une valeur surnaturelle à des énergies naturelles.

§ 8. Suite du § précédent.

Si donc l'Église, en sa divine sagesse, a tenu à ne pas condamner Duns Scot dans le moment où elle proclamait saint Thomas « docteur commun », accordant sa préférence au thomisme entendu comme instrument d'intelligence de la foi, c'est précisément parce qu'elle savait que l'aiguillon contestataire du scotisme — doctrine volontariste à laquelle nous n'adhérons pas, mais dont les raisons en faveur de l'univocité du concept d'être ne peuvent pas ne pas retenir notre attention — avait été et continuerait d'être nécessaire à l'approfondissement des positions thomistes et au dépassement de ses tensions internes. Il y a un art de lire le magistère. Si l'Église avait voulu imposer le thomisme en excluant que l'on s'en écartât de quelque façon que ce fût, elle aurait condamné corrélativement le scotisme. Or il était permis même pour Léon XIII et saint Pie X d'être scotiste — ainsi non thomiste — tout en revendiquant d'être intégralement catholique. L'Église a fait de l'Aquinate le docteur commun, non le docteur unique ; elle a invité à la plus grande prudence ceux qui entendent s'écarter de ses positions, elle n'a pas interdit ces écarts ; surtout, autre chose est de s'écarter des positions essentielles de saint Thomas, autre chose est de les compléter ou de les approfondir, quand bien même de tels approfondissements remettent en cause certaines thèses non essentielles de saint Thomas. Trop d'esprits caporalistes usent de mauvaise foi, dans un douloureux mélange de crainte et de suffisance, pour condamner tout ce que ne relève pas de leur conception de la fidélité au thomisme, en prétendant que seule leur conception de cette fidélité serait recevable. Sous le couvert d'inviter à respecter le magistère, ils entendent faire de leurs vues toutes subjectives, de leurs préférences privées, un véritable magistère. Que nous ne soyons pas un thomiste orthodoxe n'autorise ni à nous déclarer doctrinalement hétérodoxe, ni à nous tenir a priori pour coupable d'erreurs philosophiques. Si les objections élaborées par les Traditionalistes et dirigées contre les modernistes n'ébranlent pas ces derniers, ce n'est pas seulement parce qu'ils ont l'esprit tordu (ce dont nous ne doutons guère) ou qu'ils seraient de mauvaise foi. C'est aussi parce que les modernistes, qui connaissent fort bien saint Thomas (mieux que les Traditionalistes), savent que certaines positions thomistes appellent objectivement, considérées en l'état, des conséquences modernistes. L'opposition traditionaliste au modernisme dérange pratiquement les modernistes ; spéculativement, en tant qu'elle se veut armée de la doctrine de saint Thomas, elle ne leur fait pas peur. Si d'ailleurs la Congrégation des Études promulgua, le 27 juillet 1914, la liste des fameuses « vingt-quatre thèses thomistes » (*Acta Apostolicae Sedis*, 6, 1914, pp. 383-386), c'est parce que les promoteurs du renouveau thomiste savaient que les conflits d'interprétations entre thomistes étaient si graves qu'on pouvait douter de l'existence de « la » doctrine thomiste. Les « vingt-quatre thèses » étaient destinées à résorber ces conflits, et elles laissent soigneusement de côté tout ce qui, dans l'œuvre du Maître, est objet de controverses. Il y a plusieurs manières historiquement légitimes, incompatibles entre elles, d'être thomiste, de telle sorte que l'« orthodoxie thomiste » n'existe pas. On peut alors douter de la portée coercitive du contenu du canon 1366 § 2 du code de droit canonique de 1917.

Les « *Vingt-quatre thèses thomistes* » furent rédigées par le jésuite Guido Mattiussi, disciple de Louis Billot et son successeur. Jésuite et cardinal, Louis Billot (mort en 1931), sympathisant d'une Action française dont il n'approuvera pas la condamnation en 1926 opérée par Pie XI au profit du lancement de l'Action catholique démocrate-chrétienne, démissionna de sa charge en 1927 pour éviter de servir de caution ecclésiastique aux monarchistes partisans du « non possumus ». Il avait été choisi par Léon XIII pour contribuer à la reviviscence des études thomistes ; il prit part à l'instruction (soldée par leur mise à l'Index) des livres de Loisy, et rédigea en grande partie l'encyclique *Pascendi* de saint Pie X. Se réclamant de Capreolus, il plaçait dans l'« actus essendi » le constitutif formel de la « subsistence ».

CHAPITRE II

L'essence « menue monnaie de l'être » ?

§ 9. « Esse », seulement acte de l'essence ?

La thèse qui, à juste titre, est tenue pour la base fondamentale du thomisme, c'est celle de la distinction réelle entre essence et existence pour les réalités créées, ou finies, selon laquelle l'essence est à l'« esse » comme la puissance l'est à l'acte, de sorte que Dieu seul est Celui pour qui l'essence coïncide avec son « esse », lequel « esse », « ipsum esse per se subsistens », infini dans sa ligne d'« esse », a pour lui raison d'essence : l'essence de Dieu est d'exister ; toute essence, en tant qu'elle est essence, a raison, semble-t-il bien pour saint Thomas, de récepteur et de participant, et elle réduit la perfection participée qu'elle reçoit à ses limites de participant ; quand, selon de telles prémisses, on dit « l'essence est », l'essence désigne la mesure réductrice d'une participation à l'acte d'être ; dire d'une essence qu'elle existe, c'est dire que cette perfection qu'est l'acte d'exister subsiste, mais affectée d'un coefficient de non-être qui modifie cet acte intrinsèquement et qui, pour cette raison, en fait un « esse » créé ; l'essence est intérieure à son « esse » comme la puissance est intérieure à l'acte, au sens où elle est suspendue à ce qu'elle *conteste*. C'est en particulier autour de cette thèse, ambiguë selon nous, que tourneront nos réflexions, d'où le titre du livre. **Nous nous efforcerons de montrer que, à l'intérieur de la doctrine de l'« esse » comme acte de l'essence, doit être reconnue à l'essence une dignité propre et une consistance ontologique positive, jusques en Dieu.** Ce souci de réhabilitation du rôle de l'essence dans la métaphysique thomiste peut a priori être justifié par la remarque suivante :

Selon la métaphysique de l'acte d'être, tout l'office d'une essence, en tant qu'elle est essence, est de diminuer cette perfection qu'est l'acte pur d'exister, et l'essence est en fin de compte, selon ce point de vue, le mot qui désigne cette diminution même, laquelle est opérée par l'exister qui *se* contracte ; l'essence désigne essentiellement un manque d'exister, un néant d'exister qui pourtant jouit d'une forme d'existence en tant même que néant relatif, et tel est l'être en puissance qui, ici, est la puissance à être, à exister ; et il s'agit de puissance *passive* car la puissance active, loin de connoter un manque, est pleine de l'acte ou perfection qu'elle exerce et dont elle maîtrise l'exercice.

Mais alors, s'il est de la raison de toute essence d'être puissance passive, Celui dont l'essence est d'exister est celui dont la puissance est son acte, et cela nous paraît, en l'état, contradictoire, parce que cela revient à dire qu'il existe un vide qui est sa propre plénitude, un manque qui est ce dont il manque, telle une identité des contraires.

Dans « *L'Être et l'essence, le vocabulaire médiéval de l'ontologie*, deux traités *de ente et essentia* de Thomas d'Aquin et Dietrich de Freiberg » (Seuil, 1996, pp. 34-36), Alain de Libera et Cyrille Michon, traducteurs et auteurs d'une présentation des textes, nous expliquent que cette distinction entre l'essence et l'« esse » procède d'Avicenne qui invite à distinguer entre l'essence réalisée et l'« esse » qui est le « quo » de cette réalisation. Le créé est un « possibile esse », Dieu est simple, il est le seul « necesse esse ». Le possible, dit Avicenne, ne peut exister par lui-même parce que l'acte précède la puissance (Aristote, *Métaph.* IX 8). Pour le philosophe iranien, ce qui est dit nécessaire ne peut être tenu pour possible, car il n'appartient d'être possible qu'à ce à quoi il revient d'avoir une existence contingente reçue d'un autre. Dans son commentaire de la sourate CXII du Coran, Dieu, désigné comme « l'impénétrable » est ainsi compris par lui : Dieu est sans creux, ce qui pour lui signifie que Dieu n'a pas de quiddité, car avoir une quiddité suppose un creux dans lequel l'essence reçoit l'« esse » en le limitant du fait qu'elle le reçoit. Le possible, c'est l'essence, la cavité ; les créatures matérielles ont, de plus, un autre creux, à savoir leur matière entendue comme réceptacle de leur forme. Saint Thomas n'a pas connu ce commentaire coranique mais il a épousé cette thèse avicenienne de la composition d'essence et d'« esse », sans épouser celle (d'Avicenne mais repoussée par Averroès) de l'accidentalité de l'exister.

En fait, selon nous, si tout l'office de l'essence est de limiter — ainsi de nier partiellement — l'exister auquel elle est suspendue, c'est qu'elle a au fond raison de privation à laquelle ne peut, dès lors, revenir qu'un « esse » accidentel :

L'« esse » a raison d'acte, de perfection, quand il est tenu pour advenir à quelque chose qui est en manque de perfection, qui l'attend et qui peut l'appéter, à la manière dont — selon le mot d'Aristote — la matière désire la forme comme la femelle désire le mâle, aspirant à être fécondée. Encore faut-il être, pour être sujet récepteur, et c'est ce statut de récepteur qui fait qu'on ne peut réduire une essence à une simple privation ; dans le même ordre d'idée, saint Thomas, contre les Platoniciens, se refuse à réduire la matière à une simple privation de la forme, parce qu'elle est sujet récepteur de la forme. Il demeure que si l'essence n'était que privation, ainsi non-être, l'« esse » d'un tel non-être serait nécessairement accidentel. Il en serait ainsi parce que l'être d'un non-être est l'être dont il est le non-être, quand l'être de l'accident est celui de la substance dont il est l'accident : tous deux sont tels qu'ils n'ont pas d'être propre, alors que la substance même créée, quoique n'ayant pas d'être par soi, jouit d'un être propre. Or ce qui n'a pas d'exister propre ne jouit que d'un exister accidentel ; il ne peut qu'être accidentel à l'homme normal de se trouver aveugle, et l'être de la cécité (qui est un non-être pourtant affreusement réel) est l'être d'une déficience dans l'être normal ; l'être de la cécité est un être accidentel puisqu'il ne saurait relever de l'essence ou normalité de cet être. Aussi, si d'aventure il se révèle que la double fonction attribuée à l'essence — celle de sujet récepteur et celle de manque ou de creux — présente une difficulté conceptuelle rendant problématique leur conjugaison, il faudra en conclure que l'exister est en effet accidentel à l'essence, au rebours des principes du thomisme ; ou encore : faire de l'exister l'acte de l'essence suppose que les deux fonctions dévolues à l'essence (limitateur et récepteur) soient capables de se conjuguer. Et nous verrons qu'il ne va pas de soi d'identifier un manque à un réceptacle. Dire qu'un trou dans la terre reçoit de l'eau, c'est dire que la terre est ainsi disposée pour en recevoir, non que le manque de terre, en tant que tel, recevrait quelque chose, puisqu'il faut être pour recevoir, et que le manque en tant que manque n'a pas d'être propre.

On pourrait tenter d'écarter ces mises en garde en faisant observer, pour être fidèle au thomisme de l'acte d'être, que le concept de ce dont l'essence est d'exister n'est nullement contradictoire, parce que dans ce cas l'essence ne désigne, en aucune façon, un principe de limitation ; elle désigne ce qui répond à la question « qu'est-ce que c'est ? », « qu'est-ce que cela est ? », et il se trouve précisément, répondra-t-on, que cela est l'acte même d'exister pris en son état de perfection illimitée. Ainsi donc, en toute réalité finie, autre est l'essence qui reçoit et mesure en limitant, autre est l'exister qui est reçu en actualisant : l'essence est puissance et l'exister est l'acte ; en revanche, pour ce qui est de Dieu, l'essence est l'acte même d'exister, l'acte d'exister subsistant sans mélange ou composition avec une essence limitatrice. Seuls les esprits chagrins qui, pour d'inavouables raisons, se refusent à l'autorité du thomisme, peuvent — nous rétorquera-t-on — y voir une difficulté.

Nous voudrions bien être convaincu ; mais que l'essence, entendue comme ce qui répond à la question « qu'est-ce que c'est ? », ne soit pas ici principe de limitation ou puissance réceptrice, ne la laisse pas d'être ce qui, désignant *ce* qui est — dût-il être corrélativement identique à ce qui *est*, ainsi à ce « *est* » du « ce qui *est* » —, désigne le sujet d'exercice de l'acte d'être : on dit bien « Dieu est », soit : « l'acte d'être est », et c'est bien ce que signifie le caractère « subsistant », par là « existant » de ce que l'on dit être l'acte d'être, l'« ipsum esse » (« per se subsistens »); « Dieu est » signifie : « Dieu exerce l'acte d'être », ou encore « l'acte d'être appartient à Dieu » ; or autre est ce qui exerce, autre ce qui est exercé ; autre ce qui possède, autre ce qui est possédé ; dès lors, ce dont l'essence est d'exister prend le sens suivant : ce dont le sujet d'exercice de l'exister est cet exister même qui par là se fait sujet d'exercice de lui-même, se résout à se faire puissance à l'actualité qu'il est ; quand bien même un sujet d'exercice n'est pas une puissance limitatrice ou réceptrice, il ne laisse pas d'être une puissance exerçant un acte. Et l'on retombe bien dans cette contradiction plus haut évoquée dans ce § : ce dont l'essence est d'exister n'est peut-être pas grevé d'une essence qui limiterait l'exister, mais il a raison de puissance exerçant l'exister, ainsi d'exister qui est puissance à lui-même, par là *d'acte qui est puissance.*

Comprenons bien que si l'essence de l'absolu est d'exister de telle sorte que cet absolu n'aurait pas d'essence *exerçant* cet exister, alors toute essence qui n'est pas cet exister — soit encore toute essence de créature — a raison de privation d'exister, et l'on ne voit pas qu'une privation puisse être sujet récepteur de son exister puisque tout l'être d'une privation est de n'être pas ce dont elle est privation : son être est un non-être, or il faut être pour recevoir. Si en revanche c'est à raison de son statut de récepteur que l'essence est douée du pouvoir de limiter l'exister qu'elle reçoit, c'est qu'elle est déjà constituée dans son être de récepteur pour exercer son pouvoir de limiter l'exister, et cela contrevient à la thèse thomiste selon laquelle les composants hylémorphiques n'ont d'être que dans et par leur composition, n'étant principes d'être que par l'être dont ils sont les principes. Notons encore que si le statut de l'essence est celui d'un degré de privation d'exister, alors — quand bien même, par nous ne savons quelle ruse ou prodigieuse performance ontologique, une telle privation parviendrait à contracter la vertu de sujet récepteur —, nous ne voyons toujours pas comment ce dont le constitutif formel est celui d'une privation pourrait contracter, en tant que forme destinée à perfectionner cette puissance qu'est la matière, la consistance positive d'un principe d'actuation[5]. Notons

---

[5] Cornelio Fabro déclare (*Participation et causalité selon saint Thomas d'Aquin*, Louvain-Nauwelaerts 1961 p. 66) : « Je ne sais qui — en dehors de l'idéalisme métaphysique — réduirait la limitation de l'essence finie par rapport à l'esse au pur non-être, et admettrait qu'il soit au pouvoir de ce non-être de limiter l'esse : sans aucun doute l'essence, dans son ordre, dit positivité — elle est forme, ou contient la forme qui est acte, perfection dans son ordre — parce qu'autrement elle ne pourrait être ; on ne peut donc accepter sans plus le principe spinoziste selon lequel 'omnis determinatio est negatio' ». Le célèbre commentateur rappelle légitimement que ce qui n'est pas limitateur sans être récepteur ne saurait limiter, n'étant pas ; il faut être, pour être limitateur ; mais il faut être récepteur pour être limitateur, en ce sens que le limitateur ne contracte son statut de limitateur qu'en puisant aux ressources du statut

enfin que si c'est l'acte de composition qui fait être les composants supposés — cependant que leur différence est réelle et objective — n'avoir d'être que dans leur composition même, c'est-à-dire recevoir leur être de composants du fait même d'être posés ensemble, alors, une composition de deux termes consistant en une *relation* instaurée entre eux, il faudra expliquer qu'il puisse exister une relation qui fût positionnelle de ses termes ; cela même ne peut être que le fait d'une *réflexion*, laquelle, fondatrice ici d'être et non de connaître, sera réflexion *ontologique* et non noétique. Si l'on observe que la réflexion définit une activité absolument immanente et circulaire faisant poser son origine par son résultat, on sera bien sommé de convenir que la doctrine de l'hylémorphisme, particulièrement celle de la composition de puissance et d'acte étendue à celle de l'essence et de l'exister, est objectivement solidaire de la doctrine de l'« ens causa sui » que pourtant répudie la doctrine thomiste. Dans sa critique du Père Geiger (p. 73, o. c.) qu'il soupçonne de suarézisme, Fabro enseigne que la limitation de l'être par participation ne vient nullement de l'« esse » ; « tout au contraire, elle vient de l'essence, qui est finie par rapport à l'esse, lequel tiendra donc de l'essence qui le reçoit sa limitation, comme tout acte de son sujet propre ou de sa puissance ». Ainsi donc, pour le thomisme de Fabro (lequel thomisme est certainement dans saint Thomas, mais est-il le seul à y être, et est-il intelligible s'il est effectivement tout le thomisme ?), l'« esse » n'est limité, ne contracte son statut d'« esse » créaturel que par la puissance limitatrice de l'essence qui tient elle-même ce pouvoir de son statut de récepteur, lequel en dernier ressort n'est récepteur que parce qu'il est, et n'est que par l'« esse » qu'il reçoit ; c'est bien l'« esse » qui fait être l'essence qui en retour fait être cet « esse » fini, dans une réciprocité d'action causale enveloppant de manière implicite l'idée de réflexion, par là l'idée de cause de soi : tout être en tant qu'il est être a la forme d'une cause de soi parce qu'il a celle d'une réflexion, même si seul l'Exister subsistant est effectivement cause de soi, étant raison suffisante de sa réflexion.

---

de récepteur ; dès lors, il est nécessaire, pour ce limitateur, d'être récepteur pour s'habiliter à être ; mais précisément, s'il faut être récepteur pour être habilité à limiter, on ne voit pas comment ce qui a pour office de limiter tiendrait son être de récepteur de sa vertu limitatrice, à moins d'avoir recours au concept de cause de soi.

§ 10. Les enjeux du statut de l'essence dans le thomisme.

Il nous semble que le thomiste unilatéralement partisan du thomisme de l'acte d'être joue sur l'ambiguïté du mot « essence » » pour éviter la contradiction qui vient d'être évoquée. Si l'on entend par « essence » la quiddité — ainsi la réponse à la question « qu'est-ce que cet étant est ? » » —, alors il n'est pas contradictoire de déclarer que ce qu'est Dieu n'est autre que l'acte même d'exister ; mais ici, évidemment, cette essence désigne quelque chose d'éminemment positif, elle n'a rien d'une limitation et, selon cette acception positive de l'essence, on est amené à conférer à l'essence d'une créature une valeur elle aussi positive, qui sera celle de sujet d'exercice de son exister, à la manière dont on dit que le coureur exerce l'acte de courir : dire qu'une chose est, c'est bien dire que ce qu'elle est — son essence — exerce l'exister ; et il s'agira d'une puissance active : l'essence s'actualise dans son exister qu'elle pose et dans la position duquel elle se pose, en même façon qu'on dit de la vue qu'elle s'actualise dans la vision qu'elle exerce. Si en retour il est de l'essence ou de la quiddité de l'essence en général d'avoir raison de limitation de l'exister, alors l'essence a raison de puissance passive qui limite ce qu'elle participe ; mais on ne voit pas pourquoi, sinon par un choix opportuniste, ce statut de l'essence devrait changer quand il s'agit de parler de Dieu : l'essence désignant par essence un manque, et Dieu excluant tout manque, force est alors de déclarer non que l'essence de Dieu est d'exister, mais que Dieu n'a pas d'essence.

Dès lors : ou bien Dieu est son exister, mais l'essence n'est pas réductible à un manque (et l'acte absolu d'exister est son propre sujet d'exercice, ce qui est problématique mais non incohérent) ; ou bien l'essence est un manque d'exister, mais alors Dieu n'a pas d'essence (ce que ne professe pas le thomisme et qui est en fait peu intelligible : quand bien même une personne — dont on dit volontiers, dans le langage courant, qu'elle est « la bonté même » — serait effectivement, par impossible, « la » bonté, elle ne laisserait pas d'être une personne qui est bonne, qui exerce la bonté ; Dieu est son exister *et* Dieu existe ; en tant qu'« Ipsum esse per se *subsistens* », Dieu est bien cet acte d'exister qui subsiste, ainsi qui existe : « subsister », c'est se maintenir dans l'existence).

Les enjeux que conditionne cette thèse d'une dignité propre et d'une consistance ontologique de l'essence sont — nous le verrons — considérables. Il en va de la possibilité d'établir que les lois de la raison sont les lois de l'être en tant qu'être, et ainsi de la possibilité de développer sans pétition de principe un discours métaphysique non arbitraire ou illusoire. Il en va de la possibilité d'élaborer une ontologie. Si en effet la recherche de l'être en tant qu'il est être — qui prend nécessairement, pour qui ne contourne pas les problèmes[6],

---

[6] « La déviation, selon Heidegger, s'origine précisément dans le fléchissement ou déchéance de l'être de son signifié originel de 'phusis' <à savoir le réel dans l'acte de sa manifestation, la 'phusis' comme 'alétheia' ou dévoilement> qu'il a chez Parménide et Héraclite, à celui de l''idéa' de Platon, bientôt suivie de la distinction aristotélicienne du 'ti estin' (Was-sein = ce que la chose est) et de l''oti estin' (Dass-sein = le fait que quelque chose est), dont l'aboutissement final a été la distinction d'*essentia* et d'*existentia*. **En effet, aussitôt que l'essence de l'être consiste dans le 'ce' qu'une chose est, dès lors le 'ce' en tant qu'il est l'être de l'étant est aussi l'élément le plus important de l'étant (das Seiendste am Seienden)** » (Cornelio Fabro, *Participation et causalité selon saint Thomas d'Aquin*, Louvain-Paris 1961, p. 24).
Il nous semble au contraire que s'enquérir de l'essence de l'acte d'exister n'équivaut pas nécessairement à réduire, par confusion occultant la « différence ontologique », l'acte d'exister à l'essence dont on dit qu'elle existe. Affirmer une telle équivalence définit cette pétition de principe évidente dont sont justiciables les heideggériens et les thomistes de l'acte d'être (tel Cornelio Fabro embouchant sur ce point, comme on vient de le voir, les trompettes de la problématique heideggérienne sur l'être se manifestant dans l'acte de son disparaître), — pétition de principe qui revient à déclarer a priori l'exister inconnaissable, de sorte que chercher l'essence de l'acte d'être, ainsi le supposer connaissable, serait le dénaturer et le faire dégénérer en essence. Tout thomiste concède que le degré d'être d'une chose est solidaire de son degré d'intelligibilité ; or il y a plus de densité ontologique dans l'exister que dans l'essence puisque l'exister est son acte ; donc il y a en droit plus d'intelligibilité dans l'exister que dans l'essence ; or l'intelligibilité s'appréhende dans la formulation d'un concept. Donc, pour autant qu'on se décide à méditer en métaphysicien, et plus précisément dans la ligne de la métaphysique prise comme ontologie, il est licite, il est légitime, il est nécessaire de se mettre en quête de l'essence de l'exister en tant qu'exister.
On ne conclut jamais à l'apophatisme de l'« esse » que parce que, subrepticement, on a décidé de partir de cette thèse. On postule cette thèse soit dans le pieux souci de préserver la transcendance d'un Dieu que compromettrait, croit-on, la convoitise de l'intellect humain, soit pour laisser entendre, renouant avec les thèses juives — et d'abord gnostiques — de l'indétermination intrinsèque de l'absolu, que l'être comme

la forme d'une recherche de l'essence de l'exister en tant qu'exister — s'épuise et confesse ses limites en se convertissant en affirmation du Premier Étant dont l'essence échappe à l'esprit fini quand cette essence est d'exister, alors l'objet de l'ontologie est à jamais insaisissable ; or l'affirmation du Premier Étant n'est pas sans requérir une certaine compréhension de l'être en tant qu'être, parce que dire que Dieu est et que Dieu est l'être, ainsi qu'il est son acte d'être, c'est dire que l'acte d'être est, et l'on conviendra que ce n'est guère informatif aussi longtemps que l'essence ou quiddité de l'acte d'être est méconnue : être est un acte, être est un acte d'être ; mais alors, déclarer que l'acte d'être est, c'est déclarer que l'acte d'être est acte d'être, et c'est là une tautologie. Réduire l'interrogation ontologique à une affirmation unilatéralement théologique (l'être est le Premier étant) est un constat d'échec puisque l'affirmation théologique prend son sens seulement à partir d'une donnée ontologique. Quand on dit « Dieu est », on signifie que celui qui est son acte d'être existe, on signifie donc que l'acte d'exister existe. Or on est en droit de se demander si l'expression a un sens, s'il est vrai que l'acte d'être est comme l'acte de courir ; ce n'est pas la course qui court, c'est le coureur ; ce n'est pas l'acte d'être qui est, c'est l'étant ou l'essence, à savoir *ce* qui est. Supposé que l'essence soit, dans un cas unique, une même chose avec l'acte d'être qu'elle exerce, encore faut-il que cet acte d'être soit aussi bien le sujet exerçant cette perfection que la perfection exercée. Il faut donc que l'acte d'être jouisse du pouvoir, pour être ce qu'il est, à savoir acte d'être — « esse ut actus : existence en tant qu'acte d'exister » —, de s'éclipser (sans se perdre) en tant qu'acte pour se constituer tel le sujet qui exerce un tel acte. « Prima operatio respicit quidditatem rei, secunda respicit esse ipsius » (*In I Sent. Lib. I* dist. 19 q. 5 a. 1 ad 7um), nous rappelle Etienne Gilson dans *Le Thomisme* (6ème édition, 3ème tirage, Vrin 1979 p. 184), qui ajoute : l'exister est un acte, il faut donc un acte pour l'exprimer. Si donc seul le jugement, en tant qu'il est un acte, est habilité, comme le rappelle Gilson, à

---

exister ne contracterait son intelligibilité que dans la pensée qu'il éclaire, ainsi aurait besoin de l'homme pour s'achever dans son être d'exister : pour Heidegger, l'être n'est pas sans sa manifestation, laquelle a besoin de l'homme en tant qu'il est le lieu où l'être se manifeste ou apparaît comme tel, c'est-à-dire dans sa différence d'avec l'étant.

signifier l'exister, quand il est définitionnel d'un acte d'être exercé (l'acte est, dans l'ordre de l'être, ce qu'est l'activité dans l'ordre de l'opération), c'est qu'il n'est pas d'exister qui ne soit celui d'une essence qui l'exerce, quand bien même, par un privilège unique, Dieu est celui dont l'essence est d'exister. Et cette essence doit avoir une consistance ontologique d'essence pour être déclarée sujet de l'exister.

Chercher l'essence de l'acte d'être, c'est chercher l'essence de l'étant en tant qu'il *est*, c'est-à-dire non pas chercher l'essence de cet étant telle qu'elle se définit en dehors de toute référence à l'acte d'être (est-elle encore quelque chose de définissable en ce cas, n'étant même pas essence, du fait qu'elle n'est pas ?) ; bien au contraire, c'est chercher l'intelligibilité de l'acte de cette essence, lequel acte est, tout autant, l'essence en tant qu'elle est en acte, et de ce fait l'acte d'exister se donnant en elle sa manière de subsister, posant ce par quoi il se fait exercer, et se posant en le posant :

Ce qu'est une chose, c'est ce qu'elle *est*, en ce sens que le fait d'exister de cette chose qui est là devant nous fait bien partie de ce qu'elle est, il est même ce sans quoi elle ne serait rien du tout, au point qu'elle est cet acte même : elle est bien un acte d'exister déterminé ; mais elle est cet acte d'exister déterminé parce que c'est l'acte d'être qui se fait cet acte d'être en s'intronisant essence de lui-même. Une chose qui est là devant nous est adéquatement définie tel un certain acte d'exister, mais enfin, l'acte d'exister qui n'est l'exister de rien n'est pas ; l'acte de courir ne court pas aussi longtemps qu'il n'est qu'acte de courir, il n'est habilité à courir qu'en se convertissant en coureur ; l'acte d'être n'est pas aussi longtemps qu'il se révèle incapable de se faire étant. Ce n'est pas seulement parce que l'acte de courir est un accident de la substance (le coureur) et que l'exister de l'accident est celui de la substance, que cet acte de courir n'est pas sans un coureur qui l'exerce. Il en est ainsi d'abord parce qu'il est définitionnel d'un acte — même entitatif — d'être exercé ; c'est à être exercé qu'il est constitué comme acte, et c'est en tant que constitué qu'il est reçu ; il est donc reçu parce qu'il est exercé.

Chercher l'essence de l'acte d'être revient donc à chercher ce que *fait* l'acte d'exister — et, puisque rien n'est en dehors de l'exister, ce qu'il *se* fait — pour subsister, pour ne point se convertir en néant : il se convertit en essence sans cesser d'être de l'exister, et c'est à raison de cette conversion qu'il est effectivement un acte d'exister ; Hegel dira, dans son langage, que l'être n'est être qu'à proportion de son consentement à s'intérioriser, à se faire l'essence de lui-même, et tel est le contenu de la première partie de sa logique ontologique (Logique de l'Être). Il en est de l'exister par rapport à l'essence comme il en est du sens par rapport aux signes : remonter du signe à sa signification, c'est l'envers du chemin — le même chemin, mais à l'envers — qui consiste, pour le sens, à se « signifier », à se faire signe, à s'incarner, à se poser paradoxalement comme sens dans et par l'acte de s'aliéner en signe, s'affirmant, pour cette raison, dans sa négation ; le langage ne se réduit pas au simple véhicule de la pensée, il est intrinsèque à la pensée en acte, et il ne devient véhicule sans contenu qu'en se réduisant à la matérialité de signes qui, comme tels, ne sont plus que du « flatus vocis », des choses et non des mots, de la matière illisible et non des signes ; de même, l'essence n'est ce que la pensée abstractive se représente comme complément de l'exister, comme extrinsèque à l'exister qui l'actualise, que dans la mesure où elle est d'abord intrinsèque à l'exister en tant qu'exister ; et elle lui est intrinsèque en tant qu'il se fait l'acte d'exister qu'il est par l'acte de se donner sa modification particularisante. Aussi, chercher l'essence de l'acte d'exister n'est pas glisser subrepticement de l'acte d'être d'une chose à ce que c'est que cette chose sans référence à son exister ; ce n'est pas substituer son essence à son exister ; chercher l'essence de l'acte d'exister, c'est comme chercher la « signi-fication » du sens, à savoir chercher le processus « essencifiant » que s'impose l'exister pour subsister, ainsi pour être de l'exister. Nous comprendrons, en avançant dans le cours de notre réflexion, que l'essence de l'exister est, en dernier ressort, cette essence dont il est l'exister, mais seulement pour autant que cette essence exerce sa vocation — qu'elle reçoit d'un tel exister — de fondement de ce dernier, dans une réciprocation de causalité (entre fondant et fondé) dont le dévoilement des conditions d'intelligibilité permet seul d'échapper au dilemme suivant : choix unilatéral d'un oubli essentialiste de l'existence (oblitération de la différence ontologique) ; ou choix de la fascination muette, consommée en nescience, de cette différence ontologique (apophatisme de l'exister).

§ 11. Suite du § précédent.

Avant de poursuivre, notons que réduire l'essence au statut de puissance de l'« esse », laquelle désigne le coefficient d'exister dont peut se prévaloir un étant créé, c'est se rendre solidaire d'un certain nombre de thèses :

D'abord, il n'y a, d'une certaine manière, que de l'existence puisque, en dehors de l'existence il n'y a que de la non-existence, à savoir du néant. Pourtant, autre chose est le déterminant à raison duquel une chose est, autre chose est celui à raison duquel elle est ce qu'elle est : l'acte d'exister n'est pas l'essence ; si les deux se confondaient, alors ou bien il suffirait d'être pour être ce que l'on est (l'acte d'être expliquerait, à raison de lui-même, l'être que l'on est), ce qui est impossible puisque toutes les choses ont en commun d'être, alors qu'elles se différencient et s'opposent par ce qu'elles sont, autrement dit par leurs essences respectives ; ou bien il suffirait d'être ce que l'on est pour être, et tout possible serait réel par là qu'il est possible, ce qui est démenti par l'expérience et par la raison (il y a des possibles qui sont de vrais et réels possibles mais qui demeurent à l'état de possibles, autrement il faudrait donner raison aux Mégariques et prôner un déterminisme universel excluant toute contingence et toute liberté) ; dans cet ordre d'idée, le philosophe persan néo-platonicien Al-Farabi, maître d'Avicenne, enseigna, comme le rappelle Gilson (o. c. p. 179), que si l'essence de l'homme impliquait son existence, le concept de son essence serait celui de son existence et il suffirait de savoir ce que c'est que l'homme pour savoir qu'il existe. Dès lors, l'essence n'étant pas l'acte d'exister, l'essence est une forme de non-être, cependant qu'elle n'est pas du néant purement et simplement, autrement elle se réduirait à un « flatus vocis ». On reconnaît en elle le caractère de l'être en puissance, lequel est une manière de n'être pas, mais qui est ; il est un mode d'être du non-être, il est l'être sur le mode du n'être pas ; il est cette instance de négativité intrinsèque à l'être en tant qu'il est être. L'essence, c'est l'être en puissance, l'exister en puissance, c'est la puissance de l'exister ; l'exister, c'est l'être en acte, c'est l'acte d'être de cet être qui est, et qui est en tant qu'il est capacité d'être, c'est-à-dire puissance d'exister, non-exister qui tient son « exister de puissance » de l'exister dont il est la puissance. Et supposé qu'il existe un Être pour qui l'essence est une même chose avec l'exister, en ce sens que son essence ne serait pas principe de limitation de son acte d'exister, la dualité des fonctions d'essence et d'existence subsistera en lui.

Il y a en effet la fonction d'essence : déterminant à raison duquel on est ce que l'on est, en répudiant tout ce que l'on n'est pas ; le chêne est le non-être du hêtre, mais tout autant Dieu a pour particularité d'assumer toute perfection, ce qui le distingue de tout le reste : sa particularité est d'épuiser l'universalité de la richesse de l'être en tant qu'être ; et que cette particularité soit un universel ne la laisse pas de demeurer une particularité : parmi les transcendantaux, on trouve celui nommé « aliquid », « quasi aliud quid », quelque chose de particulier, convertible, en tant que transcendantal, avec l'être en tant qu'être ; tout être est un « aliquid », même Celui qui épuise toute la perfection de l'être ; l'universalité doit se particulariser pour être ce qu'elle est : si l'universel était exclusif du particulier, il se laisserait à être considéré, juxtaposé au particulier, telle la partie d'un tout formé de l'universel et du particulier, mais de ce fait, ayant raison de partie, l'universel serait particulier, renoncerait à son universalité ; il n'est, en tant qu'universel vrai, que comme unité de lui-même et du particulier, comme demeurant identique à soi dans l'acte de sa particularisation obligée.

Et il y a la fonction d'existence : déterminant à raison duquel quelque chose est posé hors de ses causes ou, n'ayant pas de cause parce qu'il est cause première, déterminant à raison duquel quelque chose voit et fait se convertir son « pouvoir-être ce qu'il est » en acte d'être exercé par ce pouvoir ; que Dieu soit nécessairement existant n'empêche pas la déité d'être possible, mais d'une possibilité dont le référent ontologique est celui de la puissance active. Avicenne considérait (confer notre § 9) qu'il n'appartient d'être dit possible qu'à ce à quoi il revient d'avoir une existence contingente, obtenue par une cause, et que ce qui est nécessaire, excluant par définition d'être contingent, ne peut être dit possible.

On enseigne pourtant en logique que « ab esse ad posse valet illatio » : ce qui est, nécessairement, peut être, puisqu'il est ; il en a le pouvoir puisqu'il l'exerce. Pour Avicenne, Dieu n'est pas possible parce que Dieu est nécessaire, étant l'acte même d'être ; nous croyons comprendre que pour Avicenne le possible est ce qui peut être et qui peut n'être pas, ainsi ce qui, comme être en puissance, fait s'identifier les contraires ; puisque ce qui peut être est ce qui peut n'être pas, et que Dieu ne peut pas ne pas être, alors il ne se peut pas que Dieu *puisse* être, précisément parce que Dieu est nécessairement. Si l'on maintient, comme — pensons-nous — on doit le faire, que le possible désigne le non-contradictoire et non seulement le contingent ; si l'on considère que le possible désigne la capacité positive à être et non le pouvoir indifférent d'être ou de n'être pas ; si donc on maintient que le référent ontologique de la possibilité logique est toujours l'être en puissance, alors on doit admettre que Dieu est la puissance à être Dieu, et que cette puissance à être Dieu est Dieu, non sans être l'acte de cette puissance, et telle est la *puissance active* : identité concrète de la puissance et de l'acte. Nous avons pourtant entrevu dans ce même § 9 que l'identité de la puissance et de l'acte est contradictoire, et cela vaut autant pour la puissance active que pour la puissance passive, car enfin, si la puissance dit — même sur le mode de l'actualité — le pouvoir-être ou pouvoir-faire quelque chose, elle ne désigne pas la même chose que l'être ou le faire dont il y a pouvoir. *Nous entrevoyons ici un problème dont les données se préciseront à mesure que nous avancerons dans nos investigations, qui sera celui de maintenir l'identité dans la différence de la puissance et de l'acte, de l'essence et de l'exister ; le possible est le non-contradictoire, et tout autant le possible est le référent logique de cette réalité ontologique qu'est l'être en puissance, lequel consiste à faire s'identifier les contradictoires ; dès lors — à peine d'opposer les ordres logique et réel, par là d'enfermer la connaissance dans une sphère transcendantale (au sens kantien) et d'en venir à rendre la métaphysique impossible (tel est en son fond, au reste, le sens non pudiquement oblitéré de l'apophatisme de l'« esse » : l'être en soi est inconnaissable, l'« esse » est « chose en soi ») —, force sera de **reconnaître une rationalité au contradictoire** en lui assignant le statut de moment obligé du non-contradictoire en son effectuation* *nécessaire victorieuse de l'irrationnel en lequel il se risque*. Nous épousions plus haut dans ce même paragraphe les leçons de saint Thomas sur la différence réelle de l'essence et de l'« esse ». Mais on peut dire tout autant ceci : cette chose qui est là devant nous, ce crayon singulier posé sur notre bureau, pourrait assurément ne pas être, il n'est pas son acte d'exister que précisément il peut perdre en tant qu'il est corruptible, lui qui a commencé d'être ; on peut le définir en tant que simple possible. Cependant, si l'on entend le penser sans rien omettre de ce qu'il contient, en tant qu'il est ce singulier, le fait d'exister fait bien partie de lui ; *cet* acte d'exister, c'*est* lui. Et donc, en s'interrogeant sur *ce* qu'il est, on ne peut mettre entre parenthèses son acte d'exister qui, dans cette perspective, fait partie de sa définition ; il est cette essence qui exerce cet acte d'être et, étant une essence existante, l'exercice auquel elle se livre fait partie d'elle ; on peut bien dire par exemple qu'un intellect humain n'est pas son opération, et cela est indubitable. Mais si l'on entend définir *ce* qu'il est (ainsi viser son essence, laquelle est ce qu'est une chose), en tant qu'il est cet intellect au moment où il pense, alors son opération fait partie de lui, il ne serait pas défini tel cet intellect en train de penser si l'on omettait son acte d'opérer. Puis donc que l'acte d'être, ou exister, relève d'un exercice, l'acte d'être sous ce rapport fait partie de l'essence qui est, en tant qu'elle est, et il se confond avec elle. On voit bien que le problème auquel nous sommes confrontés est celui des conditions à raisons desquelles est pensable l'identité dans la différence de l'essence et de l'exister. Est puissance active cette puissance qui, à l'inverse d'une puissance passive, d'une part est riche de l'acte qu'elle pose et par lequel elle se perfectionne, d'autre part exclut de rester à jamais à l'état de puissance non actuée ; mais ces deux différences ne l'empêchent pas d'être une puissance, un sujet d'exercice de son acte.

§ 12. Différence réelle dans l'identité de la simplicité divine.

Que, pour celui qui connaît (au sens de comprendre) l'essence divine (ce qui n'advient qu'à Dieu puisque Dieu est son connaître), la possibilité qu'est la déité soit exigitive de son acte d'exister, n'empêche pas cet acte, réel, d'être tout autant possible, selon les exigences d'une réelle possibilité en tant que possibilité.

Il existe du possible s'il y a du réel, puisque l'être en puissance, qui est un mode du n'être pas, est suspendu à l'être en acte : il existe des trous dans le gruyère parce que le gruyère existe, et c'est l'être qui fait qu'il peut y avoir de la décompression d'être.

Il existe du réel parce qu'il y a du possible, parce que s'il n'y a pas de fromage, il n'y a certes pas de trous, mais il n'y en a pas moins du néant : il n'y a pas de néant suspendu à l'être, ou de néantisation partielle d'être, mais il y a du néant qu'aucun être ne fonde, de sorte que sous ce rapport le néant n'est pas suspendu à l'être, et c'est l'être qui se détache sur fond de néant et se révèle en attente de sa raison d'être, laquelle est la possibilité d'être intrinsèque à l'être en acte, grevée d'une exigence de réalisation plus ou moins parfaite selon le degré de perfection d'une telle possibilité ; si le néant *est*, cependant qu'il est néant *d'être*, il est aussi, nécessairement, néant de son être de néant, par là il est immédiatement conversion en être mais, ce dernier se révélant suspendu au néant, il demeure en attente de son fondement et bascule derechef en néant aussi longtemps qu'il n'est pas fondé : n'ayant pas en soi de raison suffisante d'exister, il se révèle indifférent à être ou à n'être pas, accuse sa contingence et se laisse aller au néant ; il est contradictoire que ce qui pourrait n'être pas soit toujours, car un possible qui exclut de se réaliser sur un temps infini (ou qui, hors du temps, exclurait par essence d'être réel), n'est pas réellement possible ; s'il peut n'être pas, vient un moment où, s'il est livré à lui-même, il ne sera pas.

Les deux points de vue (c'est parce qu'il y a du réel qu'il y a du possible ; c'est parce qu'il y a du possible, entendu comme raison d'être, qu'il y a du réel) sont également justifiables et doivent être tenus ensemble. Mais alors, s'il y a essence *et* existence, fonctionnellement distinctes quoique confondues en Dieu, comment rendre raison de cette différence réelle dans l'identité de la simplicité divine ? Tel est le problème que nous nous proposons de résoudre. En tenant compte des contenus de nos §§ 9 et 11, nous pouvons préciser les données de ce problème :

comment Dieu peut-il être son acte infini d'être, *et* la puissance à l'exercer ?

§ 13. Savoir ce que c'est pour savoir que cela est.

Ensuite (nous prolongeons ici notre § 11), si le concept est ce par quoi l'intellect s'empare de l'essence du réel, alors, l'exister étant l'acte de l'essence, tenu pour réellement distinct, *sous tous les rapports*, de la puissance à être qu'elle est, l'exister échappe aux prises du concept, l'« esse » est « extra genus notitiae » (*de Veritate* q. 5, a. 3 ad 8 : il excède l'ordre du concept), ce qui revient à dire que l'être considéré dans sa consistance positive (et non dans cette instance de négativité qui le définit en son être en puissance) échappe à la connaissance. Les thomistes enseignent que le jugement atteint et signifie l'exister, mais atteindre et signifier n'est pas saisir l'étoffe de ce que l'on atteint : il faudrait se résoudre à admettre que l'essence ou quiddité de l'exister en tant qu'exister serait en droit hors des prises du savoir humain. Gilson l'affirme pour s'en réjouir (*Le Thomisme*, p. 153) : « nous ne pouvons aucunement concevoir une essence qui ne soit qu'un acte d'exister ». Mais puisque tout n'a de réalité que par son exister en lequel tout se résout, alors, si l'exister échappe au concept, c'est au fond que le savoir humain est suspendu en son entier à une inconnue qui, condition de cognoscibilité de tout, n'est pas pour nous connaissable. Et si Dieu est « ipsum esse », alors il faut dire que, pour toujours, du point de vue des facultés naturelles de connaître, Dieu est l'Inconnu par excellence ; l'apophatisme de l'« esse » conduit à l'apophatisme tout court. Et l'on pourra toujours craindre que cette théologie négative en vienne à se reconnaître telle la négation de la théologie, et que cette métaphysique négative en vienne à se réduire à une négation de la métaphysique. Saint Thomas, au reste, le concède lui-même : **« Et tamen sciendum est quod de nulla re potest scire an est, nisi quodammodo sciatur de ea quid est, vel cognitione perfecta, vel saltem cognitione confusa. Sic ergo et de Deo »** (*In Boeth. de Trinit.* Q. 6 a. 3* : il faut savoir qu'on ne peut connaître l'existence d'une chose si l'on ne sait pas ce qu'elle est, soit d'une connaissance parfaite, soit d'une connaissance au moins confuse, et ainsi en est-il de Dieu dont on ne peut affirmer l'existence qu'en sachant au moins confusément ce qu'Il est)[7]. Et cet enseignement nous fait comprendre, puisque le

---

[7] « Cognoscere Deum esse in aliquo communi sub quadam confusione, est nobis naturaliter insertum, in quantum scilicet Deus est hominis beatitudo ; homo enim naturaliter desiderat beatitudinem ; et quod naturaliter desideratur ab homine, naturaliter cognoscitur ab eodem » (Iᵃ qu. 2 a. 1 ad 1 : connaître, d'une connaissance générale et de manière confuse que Dieu est, c'est vraiment inscrit en nous, parce que Dieu est la béatitude de l'homme ; l'homme en effet désire naturellement la béatitude, et ce qui est naturellement désiré par l'homme est naturellement connu de lui). L'Aquinate s'empresse ensuite de préciser que si ce propos est vrai, ce n'est pas vraiment là, cependant, savoir que Dieu existe, de même que ce n'est pas savoir que Pierre vient quand on se contente de savoir que quelqu'un vient ; et c'est pourtant dans cette situation que se trouve l'homme, puisque maints hommes, explique-t-il, croient trouver la béatitude dans les richesses ou dans les voluptés. Il n'empêche.

En Iᵃ IIᵃᵉ qu. 109 a. 3, saint Thomas précise que, dans son état de nature intègre, l'homme n'aurait pas eu besoin de la grâce pour aimer Dieu par-dessus toute chose, ainsi pour référer son amour de soi à l'amour de Dieu comme à sa fin ; ce qui signifie que l'homme aurait su s'identifier « celui qui vient » comme étant Dieu et non seulement « quelqu'un » ; l'homme ainsi constitué n'eût pas cherché la béatitude ailleurs qu'en Dieu. Et pour ne point confondre l'absolu et le relatif, il faut savoir ce qui manque au relatif pour être l'absolu, ce qui revient à confesser qu'il faut, d'une manière ou d'une autre, connaître l'absolu. Tout appétit suit une connaissance. S'il y a appétit naturel de Dieu, il y a connaissance naturelle de Dieu, aussi confuse qu'on la veuille, néanmoins assez précise dans sa confusion pour que son objet soit distingué de tout autre. Par ailleurs, la béatitude naturelle ne peut se réduire au fait de savoir que Dieu existe, autrement tout déiste serait béatifié. Elle consiste dans la connaissance de ce qu'est Dieu. Enfin, il n'est possible d'aimer Dieu par-dessus toute chose, ainsi de référer à Dieu son amour de soi et de tout ce qui se rapporte à soi, que si l'on sait que Dieu existe ; autrement, on se bornerait à dire que l'on aimerait Dieu plus que soi-même si l'on était certain qu'il existe. Il en résulte que la connaissance requise pour qu'il y ait désir naturel de Dieu enveloppe *et* l'affirmation de son existence *et* quelque aperçu sur son essence. Mais le fait d'aimer Dieu comme fin, ainsi tel un Bien auquel on est rapporté, est analytiquement contenu dans cet amour naturel de Dieu, quand bien même un tel amour, naturel et non surnaturel, n'est pas encore un amour d'amitié (lequel suppose la grâce). Dès lors, sous la pression d'un désir infini d'infini, l'homme intègre se reconnaît comme connaissant confusément quelque chose de ce qu'est Dieu : pour se vouloir subordonné à quelque chose, il est nécessaire de posséder quelque idée de ce qu'il est ; aussi, puisque l'amour de soi est subordonné effectivement à l'amour de Dieu considéré comme fin, c'est que l'on s'est appuyé sur la connaissance de ce qu'est Dieu pour accéder à la certitude de son existence. C'est en effet la connaissance de ce qu'est Dieu qui, dans l'homme intègre — ainsi dans l'homme pleinement homme ou non tronqué par le péché — met en branle le désir naturel de Dieu, car la connaissance de l'existence de Dieu n'éveille pas le désir si l'on ne sait rien de Dieu ; et la conjonction de ces mouvements inchoatifs de connaître et d'aimer se révèle gravide de l'affirmation de l'existence de Dieu. Dès lors, on doit bien chercher à savoir ce qu'on cherche pour chercher à savoir concept saisit les essences et que l'exister de Dieu n'est affirmable qu'à partir d'une connaissance au moins confuse de ce que l'on affirme, que Dieu pur « esse » n'en est pas moins un Dieu doté d'essence, quand bien même, en Dieu, les deux choses coïncident ; l'essence ne se réduit pas, du seul fait qu'elle est essence, au statut de récepteur et principe de limitation de l'exister, c'est-à-dire d'une dimension de négativité rongeant la plénitude de l'exister ; et si l'essence est l'objet du concept, le contenu de l'intelligibilité de ce qui est à connaître, alors c'est en termes d'essence que l'exister — qui fait l'étoffe de Dieu — doit se laisser appréhender. Si l'on affirme l'existence de quelque chose dont on est supposé ne rien connaître, on affirme une existence qui pourrait être celle de n'importe quoi pourvu qu'il fût autre que tout ce que l'on sait, et ainsi, ignorant par définition le contenu et l'étendue de ce qu'on l'on ignore, on n'affirme pas l'existence de cette chose précise dont on prétend parler ; et puis, comment peut-on savoir que ce dont on dit ne rien savoir est réellement et absolument autre que tout ce que l'on sait, si, précisément, on affirme ne rien savoir de lui ? Quand on

---

s'il existe. Ainsi comprenons-nous la formule célèbre de Pascal : « Console-toi, tu ne me chercherais pas si tu ne m'avais déjà trouvé » (*Pensées* § 553 Brunschvicg) ou celle de saint Bernard (*de Deo eligendo*) : « celui-là seul peut te chercher qui t'a déjà trouvé ».

On dira que le désir est manque, et que la conscience de soi du désir est conscience de ce manque, conscience d'une absence qui, à ce titre, ne saurait mettre le désir en branle et convertir le désir de Dieu en désir de recherche de Dieu ou de quête de son existence. Répondons.

Il y a en l'homme intègre, et dont l'homme déchu conserve quelque nostalgie, un désir de Dieu, lequel désir suppose la connaissance de son existence et de son essence, mais c'est une connaissance qui tout autant, certes, doit être absence de connaissance, puisqu'un tel désir est désir de connaître, de posséder par la connaissance, dans le moment où tout désir est manque : on sait depuis le Platon du *Phédon* que l'on doit savoir ce que l'on cherche pour le chercher, tout en l'ignorant puisque l'on cherche à le savoir. Sous ce rapport, nous semble-t-il, on doit répondre, à l'objection ci-dessus formulée, que l'absence de Dieu en l'homme est encore présence de Dieu, *pour autant que Dieu se révèle être victoire sur sa propre absence à lui-même*. C'est là une idée que la Révélation invite à creuser, qui nous enseigne que le Christ, qui est Dieu, est la Voie, la Résurrection et la Vie. Dieu *est* résurrection, indépendamment de l'Incarnation qui la révèle mais ne la constitue pas : ressusciter est encore une révélation de ce qu'est Dieu en lui-même indépendamment de sa Révélation. Et la vie est en soi victoire sur la mort, comme l'être est victoire sur le néant qu'il assume. Ces remarques s'éclairciront plus loin, à mesure que nous avancerons dans notre travail.

dit « Dieu est », on doit savoir ce qu'est Dieu pour le dire, au moins confusément. Et déclarer que Dieu est son acte d'être alors que les autres se contentent de l'avoir, cela ne renseigne pas sur ce qu'est Dieu, à moins de disposer d'une notion quidditative de l'exister, mais ce serait précisément, d'une manière ou d'une autre, accéder à l'essence de Dieu. En interdisant tout accès à l'essence du divin dans l'intention pieuse de préserver sa transcendance, on prend le risque de chuter dans l'athéisme, risque qui sera conjuré par le fidéisme en sa version moderniste : l'ordre naturel de la raison, indépendamment du péché originel, ne pourrait décemment fonctionner sans le don de la foi, et la raison serait en exigence de la grâce. Evidemment, nous reviendrons soigneusement sur ces points.

Pour l'heure, contentons-nous de constater qu'au tout début de la *Somme théologique* (Iᵃ qu. 2 a. 2), à propos de la démonstrabilité de l'existence de Dieu, l'Aquinate rappelle que la seule voie qui soit offerte pour cette démonstration est la démonstration de type « quia », parce que nous ignorons, dit-il, l'essence de Dieu. Pour démontrer une cause par son effet, on doit user de l'effet et non de la définition de la cause ; on s'interroge sur l'existence de ce dont on ignore l'essence mais dont on a quand même une préconception pour que la recherche ait un sens (on doit bien savoir ce que l'on cherche pour chercher à prouver qu'il existe) ; on doit donc prendre comme moyen non la définition de ce dont on entend prouver l'existence (ce qui reviendrait à partir de son essence et à développer une démonstration « propter quid »), mais la signification que l'on donne au mot qui le désigne.

Le problème est que la seule signification que l'on puisse, dans cette perspective, donner au mot « Dieu » est qu'il est cause des effets créés, puisque son essence est supposée nous échapper à tous égards et qu'il est censé n'être connu que par ses effets. On part donc de la signification du mot « Dieu » pour remonter à la cause à partir d'effets.

C'est un problème en effet : qui ne voit qu'il y a là, si l'on ne dispose d'autre donnée complémentaire liminaire, une implicite pétition de principe ?

Tout effet a une cause », cela est bien entendu, parce qu'il est dans la définition d'un effet d'être produit par une cause ; « être causé » est analytiquement contenu dans le concept d'effet. Mais ce qui est donné à notre expérience, ce sont des êtres *contingents* (leur essence n'enveloppe pas leur existence), et la question est de savoir si *tout être contingent peut a priori être tenu pour un effet* : est-il, en d'autres termes, assuré que le principe de causalité (« l'être contingent est causé ») serait analytique ? Est-il contradictoire qu'un être puisse être contingent sans être causé ? C'est un problème sur lequel nous reviendrons (§ 23 ici plus bas). Si la réponse à cette question est négative (et c'est bien ce que nous établirons), on devra conclure que partir de la définition du mot « Dieu » fait bien de ce mot le moyen convoqué pour donner sens à l'acte de remonter des effets (dont on connaît l'essence et l'existence) à leur Cause première (dont on est supposé ne pouvoir connaître que l'existence) ; mais on devra convenir que cette démarche consiste à partir de ce qui sera tenu pour cause de ce monde de réalités contingentes en lesquelles — du fait même d'être subrepticement parti de ce qui est tenu pour une cause — on s'autorisera à identifier des effets.

Pour que la démonstration a posteriori (« quia ») soit recevable, il faut, compte tenu de ce qui précède, tenir pour acquis que tout être contingent est un effet ; mais pour tenir cela même pour acquis, on doit, si le principe de causalité n'est pas analytique (si donc « être causé » n'entre pas dans la définition de « être contingent »), avoir déjà admis que Dieu est cette Cause des réalités contingentes dont on part : il faudra bien l'admettre puisque c'est, pour un entendement humain terrestre, le sens du mot « Dieu », ainsi ce dont la possession donne sens à la recherche d'une existence dont on ignore l'essence. Et c'est bien là tenir pour acquis ce qui est en question : on s'autorise de l'existence d'effets pour remonter à leur Cause, mais c'est l'acceptation préalable de l'existence de cette Cause qui autorise à identifier, dans ce dont on part, des effets.

Sans un savoir — aussi confus, aussi ténu, aussi analogique qu'on le veuille — *préalable,* ou a priori, de quelque aspect de l'essence de Dieu, la démonstration de l'existence de Dieu par ses effets se révèle invalide.

§ 14. Quelques éléments d'histoire des idées thomistes.

Avant que de nous consacrer au programme défini ici au § 9, pour complément d'information et afin de confirmer ce que nous avons déclaré plus haut concernant l'ambiguïté du concept de thomisme, nous nous permettrons de revenir sur le contenu du livre fort bien fait de Géry Prouvost (o. c.), qui met en évidence la diversité des thomismes historiques, qui par là bat en brèche la prétention de quelque courant thomiste que ce soit à faire du thomisme une doctrine close qu'il conviendrait de recevoir tel un dogme révélé. Notons au passage que si un Paul VI salua en Etienne Gilson le restaurateur du vrai thomisme entendu comme « métaphysique de l'Exode (III 14) », Cajetan fut choisi par Léon XIII en tant que commentateur privilégié de la *Somme théologique*. Or Gilson déclara que « le pire ennemi de saint Thomas, même dans l'ordre dominicain, a été Aristote dont Cajetan est le prophète » (*Lettre à Jacques Maritain* du 6 avril 1953) ; Gilson entendait revenir à saint Thomas, au-delà de Jean de Saint-Thomas, au-delà de Cajetan lui-même « dont le célèbre commentaire est un parfait *corruptorium Thomae* réussi » (*Lettre à Henri de Lubac*, 8 juillet 1956). Avouons tout de même, dans ces conditions, qu'une invitation magistérielle à se soumettre à la lettre de saint Thomas devient pour le moins problématique pour ses destinataires.

Quand on sait que Cajetan ne croyait même pas à la démonstrabilité de l'immortalité de l'âme humaine, et qu'il fut choisi (son commentaire de la *Somme théologique* fut publié en accompagnement du texte de l'Aquinate dans l'édition léonine) par un pape pour être considéré comme le modèle des commentateurs de l'œuvre de saint Thomas, on peut s'interroger sur la valeur des monitions de saint Pie X exigeant que les décisions de Léon XIII fussent reprises et que les principes du thomisme fussent suivis « religieusement ». C'est le modernisme rampant dans l'Église, ce sont les manœuvres insidieuses des modernistes qui contraignirent les papes modernes à durcir, prudentiellement, les exigences de fidélité à la lettre du thomisme ; ce durcissement fut disciplinaire et circonstanciel ; il ne signifiait pas que, pour toujours, pas un iota du discours thomiste ne devrait être changé. Et puis, et surtout, il est deux manières de n'en pas rester à la lettre du thomisme. La première est celle des modernistes qui, sous couvert de modernisation, d'adaptation pédagogico-pastorale ou d'approfondissement doctrinal, touchent à la lettre pour changer le fond, s'ingénient à corrompre les principes vrais de la philosophie pérenne. La deuxième est celle que les grands commentateurs mirent en œuvre pendant des siècles : changer la lettre pour faire accoucher le fond de ses richesses latentes ; se pénétrer de la sagesse de saint Thomas et l'intérioriser, la faire sienne et la reformuler, c'est-à-dire la réinventer, au double sens de la redécouvrir et de la faire renaître. Depuis soixante ans, la crise de l'Église sévit effroyablement et déstabilise les esprits les plus solides et les plus sereins. C'est un fait que maints modernistes revendiquent la paternité du thomisme, au point qu'ils en viennent à justifier certaines positions modernistes par le thomisme. Pour l'observateur extérieur, qui voit les savants des deux bords s'entre-déchirer au nom du même maître, ce spectacle navrant n'est pas sans susciter sa perplexité. Et il s'efforce à comprendre comment une chose pareille a été rendue possible. On peut, comme dit l'adage, tromper beaucoup de monde pendant peu de temps ; on peut tromper peu de monde pendant longtemps, mais on ne peut tromper tout le monde indéfiniment. Pour cette raison, on ne peut faire croire à tout le monde et sur une longue période le contraire de ce qu'un auteur aurait effectivement dit : l'habileté maligne des modernistes à faire dire à saint Thomas le contraire de ce que les traditionalistes lui font dire ne saurait expliquer à elle seule ces conflits d'interprétations. Et quand on en vient à penser que les ambiguïtés sont dans saint Thomas lui-même, on est véritablement contraint de faire taire ses scrupules relativement au souci d'en rester à la lettre des œuvres de son maître, parce que c'est cet attachement à sa lettre qui entretient les ambiguïtés du texte, celles-là même qui favorisent la récupération moderniste du réalisme thomiste.

Quand le cardinal de Saint-Sixte use de toutes les ressources de sa subtilité pour nous persuader que « naturaliter » signifie « obedientialiter » (et nous ne l'approuvons pas sur ce point), il est clair qu'il interprète et que, sur un point de doctrine qui n'a rien de futile, son interprétation est une réinvention. Les Traditionalistes ne lui reprochent pas de « réinventer » le discours du maître dans ces cas-là. Comment peuvent-ils ensuite, sans arbitraire, exciper du devoir de ne pas s'écarter de saint Thomas pour condamner toute tentative de philosopher dans son sillage, en tant que cette tentative porte sur des sujets que saint Thomas n'a pas traités et qui, s'il les avait traités, l'eussent peut-être invité à revenir sur certains points mineurs de sa propre doctrine ?

§ 15. Suite du § précédent.

Godefroid de Fontaines (mort en 1308) rejeta la différence réelle entre l'essence et l'« esse », tout en se disant thomiste : si l'on se refuse à réifier des principes d'être *un* être, tout en maintenant l'interdit sur le concept de « causa sui » solidaire du concept de réciprocation de causalité (ces principes d'être *un* être se présupposent réciproquement), il semble bien qu'il soit difficile de maintenir leur distinction réelle. Les thomistes faisant prévaloir l'acte d'être sur l'étant furent, pour les plus représentatifs : Thomas de Sutton (XIIIème siècle), Bernard d'Auvergne (XIVème siècle), Bañez (XVIème siècle), Gilson et Fabro (XXème siècle). Les thomistes plus essentialistes, développant certains points de convergence avec Duns Scot, furent entre autres : Pierre d'Auvergne (opposé à Sutton), Gilles de Rome (opposé à Bernard d'Auvergne), Hervé de Nédellec, Cajetan (opposé à Bañez), Suarez et Jean de Saint-Thomas, Maritain (opposé à Gilson et à Sertillanges). C'est à Duns Scot que Cajetan emprunta les concepts d' « esse essentiae » et d'« esse actualis existentiae », « être de l'essence et être de l'existence actuelle », ce qui aurait fait perdre la compréhension authentique de l'« esse ». Telle est au reste la position de Géry Prouvost lui-même, antirationaliste, plébiscitant un retour « thomasien » à saint Thomas, et se réjouissant de l'apophatisme en lequel ce dernier serait supposé se résoudre.

§ 16. Suite du § précédent.

Le rationalisme qui culmina dans le hégélianisme, en passant par Descartes, Spinoza, Leibniz et Wolff, et qui s'enracine dans les spéculations scolastiques en particulier développées dans l'Ecole de Salamanque, commence à s'affirmer au XIVème siècle (Prouvost p.

17) par l'adoption des notions d'« esse essentiae » et d'« esse existentiae » préparant l'émergence progressive de l'ontologie et la dissociation de la métaphysique en « metaphysica generalis sive ontologia » et en « metaphysica specialis (cosmologia rationalis, psychologia rationalis, theologia rationalis) », selon une partition tenue pour valable jusqu'à Hegel inclus ; au XVIᵉᵐᵉ siècle par le privilège accordé à l'analogie de proportionnalité au détriment de l'analogie d'attribution, et par la systématisation théologique de la nature pure (Adam fut créé en état de grâce, mais Dieu aurait pu créer l'homme en état de pure nature, la grâce est gratuite) développant une conception dualiste de la nature et de la grâce ; au XVIIᵉᵐᵉ siècle par l'adoption du principe de raison suffisante (lequel sera cautionné par Pie XII dans *Humani generis*) ; au XVIIIᵉᵐᵉ siècle par celle des grandes divisions wolffiennes de la philosophie qui viennent d'être évoquées. A partir du XVIᵉᵐᵉ siècle, donc, se serait produite l'émergence d'un âge laïc provoquée par la naissance de l'ontologie. Et ce destin interne à la scolastique lui aurait fait préparer sa propre mort ; dès lors, un retour à saint Thomas apophatiste s'imposerait, par-delà la période rationaliste de la scolastique, retour qui non seulement réhabiliterait le « vrai » saint Thomas, mais encore conjurerait le destin du rationalisme lui-même : l'athéisme, le scientisme, le matérialisme etc.

§ 17. Dieu « désessencié ».

Dans la *Somme contre les Gentils* (II 4), le Docteur commun enseigne qu'en philosophie on part des créatures pour aller à Dieu (le Dieu de la Révélation), alors qu'en théologie on part de Dieu pour envisager les créatures dans leur rapport à Dieu. Or saint Thomas n'adopte pas l'ordre d'exposition philosophique aussi bien dans la *Somme théologique* que dans la *Somme contre les Gentils* (à partir du livre IV) ou que dans le *Compendium theologiae*, lesquels se déploient selon l'ordre théologique d'exposition. Il en résulte que sous ce rapport la philosophie a vocation à s'exposer à l'intérieur du travail théologique et sous les réquisits de la foi. La raison est ainsi supposée être si corrompue par les effets du péché originel qu'elle en deviendrait strictement incapable, sans la foi, d'être encore raisonnable ; à moins que, même sans le péché originel, elle ait été tenue pour incapable de fonctionner sans la foi. Il ne serait pas nécessaire de forcer beaucoup l'inclination des partisans de ce point de vue pour aboutir à l'idée luthérienne de raison « putain du diable ». A moins, dans une optique d'inspiration baïaniste, ainsi moderniste, qu'on n'en vienne à déclarer que la nature spirituelle serait par essence en exigence de la grâce et que Dieu ne pourrait créer des esprits sans leur donner la grâce (doctrine condamnée par Pie XII dans *Humani generis*), de sorte que toute manifestation humaine de spiritualité serait déjà, en tant que spirituelle, inspirée par l'Esprit-Saint : avec de telles présuppositions, on en arrive à l'idée que l'Esprit-Saint souffle dans toutes les religions, et que tout homme est sauvé — en état de grâce — du seul fait d'être homme. L'idée même d'état de « pure nature » devient alors inconcevable. Reproduisons la note 1 de la page 16 de l'ouvrage de Prouvost :

« 'In nominibus (…) quae Deo attribuimus, duo est considerare : scilicet ipsas perfectiones significatas, ut bonitatem, vitam et hujusmodi ; et modum significandi' (I^a q.13 a. 3 : Dans les noms (…) que nous attribuons à Dieu, deux choses sont à considérer : les perfections signifiées elles-mêmes, telles que la bonté, la vie, etc. ; et le mode d'expression). A partir de cette distinction, Jacques Maritain, insistant sur la connaissance affirmative des perfections de Dieu, affirme que nous connaissons 'de manière plus ou moins imparfaite, mais toujours vraie, ce que Dieu est' (*Distinguer pour unir ou Les degrés du savoir*, 5ème édition, Paris, DDB, 1946 p. 834). Au contraire, A.-G. Sertillanges, insistant sur le mode inconnu des perfections divines, écrit : 'nous ne savons nullement, en rien, à aucun degré, ce que Dieu est' (*Renseignements techniques* suivant sa traduction du traité *de Dieu* de la *Somme théologique*, tome II p. 383). Le thomiste se trouve ici à la croisée des chemins : il doit prendre une option philosophique et jouer sa compréhension du thomisme ».

Sertillanges entendait « désessencier » (le néologisme est de lui) Dieu pour pouvoir le nommer sans le connaître. Et ce point de vue aboutit aux fantaisies contemporaines de Jean-Luc Marion partisan

d'une acception de Dieu entendu comme « Dieu sans l'être »[8] :
l'être est connaissable, Dieu est inconnaissable, donc Dieu n'est pas
être mais amour au-delà de l'être ; l'amour de la sagesse devient
sagesse de l'amour. Marion tient pour une « idolâtrie conceptuelle »
toute prétention à se soustraire à l'apophatisme le plus radical, parce
qu'elle conduirait à la négation de Dieu en déifiant la raison. Ce qui
revient à faire se confondre le christianisme avec le judaïsme,
lequel, de manière conséquente, refuse à la fois l'Incarnation, la
Trinité, et le pouvoir reconnu à la raison de connaître Dieu.
L'envers de cette apparente humilité, trop hargneusement formulée
pour être honnête, est qu'on en vient à laisser entendre que Dieu est
inconnaissable non seulement pour nous mais en soi, et cela, par un
retournement dialectique prévisible, permet à la convoitise d'une
raison devenue folle d'orgueil de se forger, à partir d'un Dieu
informe, la conception de l'absolu qui lui convient, à savoir celle de
la gnose qui rend la créature consubstantielle à Dieu — ce que le
judaïsme talmudique et kabbaliste ne s'est pas privé de professer.
L'apophatisme est la ruse de la volonté révoltée, ivre de liberté, par
quoi cette dernière se soustrait à la férule coercitive du rationnel,
afin de s'habiliter à vouloir n'importe quoi en décrétant la différence
du bien et du mal. A force de tenir pour vide tout savoir humain de
Dieu, on en vient à « oublier » toute raison de le tenir pour cause
première ; il est l'indéterminé pur, tellement indifférent à toute
détermination qu'il en devient « in-différent », n'ayant plus rien qui
le différencie du monde ; tellement autre que le monde qu'aucune
comparaison n'est plus possible, au point que même la comparaison
requise pour attester sa différence est récusée ; et c'est ainsi qu'on
en vient à le tenir pour immanent au monde, tel cet Amour qui
palpiterait en tout être : le Saint-Esprit est Amour, mais, déconnecté
de la mesure du Verbe dont il ne procède plus, sans finalité
rationnelle, il est la pulsation intérieure de toutes les amours, il est
tel que tout amour est l'Esprit-Saint, ce qui aboutit à la divinisation

---

[8] Avant les productions de ce médiatique philosophe académicien, le Père
Sertillanges enseignait déjà : « (…) Dieu ne peut être défini, ni en tout, ni en partie,
d'une définition positive. A cet égard, il est exact que parler de Dieu, en parler dis-je
avec la prétention de définir, c'est toujours exprimer une erreur partielle ; le penser
dans ce même esprit c'est inévitablement le déformer, l'abaisser, et pour tout dire le
nier. **Devenu vérité en nous, il n'est plus alors le Dieu vrai, et la pensée ne
s'adresse qu'à une idole** » (*Les Grandes thèses…* », o. c. p. 68).

contemporaine du sentiment, délectation vénéneuse du subjectivisme consommé.

§ 18. La tendance rationaliste du thomisme s'est levée pour préserver la gratuité du surnaturel.

D'un certain point de vue, il est manifeste que saint Thomas, dans la *Somme théologique*, suit l'ordre théologique d'exposition des données philosophiques. Pourtant, dans les trois premiers livres de la *Somme contre les Gentils*, il suit la voie de la simple raison, c'est-à-dire enquête sur ce que la raison humaine peut découvrir de Dieu. Dès lors, faire de la philosophie une discipline autonome ne reconnaissant que la norme extrinsèque du dogme, et réduire la philosophie au rôle d'« ancilla theologiae » sont deux options également recevables pour un thomiste. Une telle ambiguïté peut être illustrée par l'hésitation de saint Thomas à propos de la démonstrabilité de l'acte créateur. La notion de création du monde dans le temps, ou plutôt d'un commencement temporel du monde, peut faire l'objet d'une démonstration rationnelle dans les *Sentences* (I, *Sent*. q. 1 a. 2), mais, dans la *Somme* (I^a qu. 46 a. 2), la création n'est connue que par la foi. Il y a donc ambiguïté quant au statut de la philosophie par rapport à la théologie. Aussi Géry Prouvost peut-il affirmer de manière fondée (p. 33 o. c.) :

« Le modèle de la philosophie séparée qui accorde à la raison — désormais autonome de toute révélation — une place accrue va être tenté d'admettre la possibilité d'une connaissance atteignant la quiddité même de Dieu. *Elle va récuser la théologie négative qui, en posant le principe de l'ineffabilité radicale de l'essence divine, assigne à la raison humaine une délimitation critique de ses pouvoirs. L'histoire des thomismes allait gérer l'**ambiguïté** initiale de saint Thomas d'Aquin et **servir de laboratoire expérimental des tendances secrètes ou impensées de sa doctrine** ».*

Quelle que soit sa manière de se vouloir philosophe, un thomiste, et plus généralement un catholique, reconnaîtra toujours dans le magistère extrinsèque de la foi une source de certitudes plus puissante que tout ce qui pourra procéder de sa raison naturelle, parce que, si la foi est plus obscure que la donnée rationnelle, elle est en revanche dotée d'une autorité plus grande que la raison, puisqu'elle procède directement de Dieu. Mais il précisera — et déjà parce que sa foi lui enjoint de le croire — que sa raison peut en droit, sans la foi, prouver que Dieu existe, à partir des choses créées (concile Vatican I), ce qui est déjà considérable en fait de vertus reconnues à la raison, parce qu'il en va sur cette question, au fond, de toute la métaphysique, et de la possibilité même d'une métaphysique. Il est de foi de croire qu'il existe des « preambula fidei » ; on n'a pas vraiment la foi si l'on ne reconnaît pas l'existence de raisons de croire et, conséquemment, si l'on ne reconnaît pas à la raison une vocation à développer une intelligence de la foi. Dans cet ordre d'idée, le philosophe catholique, et tout particulièrement le disciple de saint Thomas, tiendra pour certain que les données de la foi et celles de la raison ne peuvent se contredire, ayant même divine Origine, et que la raison, quoique impuissante à prouver les données de la foi, est néanmoins capable de montrer en quoi elles la dépassent sans la violenter. Mais il y a plus : la grâce étant gratuite, un état de pure nature eût été possible, et c'est au XVIème siècle que la chose commence à être affirmée avec force, en tant que tenue comme conséquence directe de données de foi. Certes, la nature humaine depuis le péché originel est blessée, requiert la grâce comme condition de son fonctionnement intègre, mais cela est accidentel à la nature en tant que nature, laquelle ne saurait, à peine de compromettre la gratuité de la grâce, en appeler au droit de recevoir la grâce en vertu de sa constitution naturelle, et encore moins au nom de sa blessure. Cela dit, si la grâce est « sanans » et « elevans » dans un même acte, elle surélève en soignant, et restitue la nature à son intégrité en la déformant. Or cette intégrité de la nature en tant que nature est précisément celle de la nature considérée en état de pure nature, qui n'eut jamais d'existence historique mais dont la connaissance est expressément requise si l'on entend bien distinguer entre les deux ordres naturel et surnaturel, afin de se donner le modèle idéal de ce à quoi la nature doit tendre dans son ordre propre dans le moment où elle est surélevée. Et, bien sûr, admettre la validité d'un tel idéal naturel aujourd'hui, cela conduit à se poser la question dérangeante de la manière dont doivent s'articuler la recherche des fins immanentes et celle de la fin transcendante : le naturaliste tend à oblitérer la seconde, le surnaturaliste à oublier la première ; et l'homme est tronqué dans les deux cas. Sur ce sujet, on entend volontiers dire dans les milieux ecclésiastiques que les considérations sur l'état de pure nature sont vaines, parce que cet état n'eut jamais d'existence historique :

« A quoi bon spéculer sur ce qui ne fut ni ne sera jamais ? De plus, se sachant désormais ordonné à une fin strictement surnaturelle, le croyant n'a pas à se préoccuper de ce qu'eût été sa fin naturelle à laquelle l'autre s'est substituée et qui se trouve incomparablement plus digne et désirable que la précédente ». L'auteur de tels propos les tient en général sur un ton tantôt las tant la question lui paraît idiote, tantôt excédé tant cette question lui paraît relever de la curiosité vaine, mais sur un ton toujours accompagné d'un soupçon de mépris, comme si c'était là une question oiseuse dépourvue du moindre intérêt. Notre avis est au contraire que cette question est fort importante. Si d'aucuns évacuent cette question — avec une ostentation trop marquée pour relever de la spontanéité — comme on chasse une mouche d'un revers de main, c'est parce qu'elle contraint celui qui se la pose à éviter les travers, séduisants pour beaucoup, du surnaturalisme : à quoi bon, nous dit-on avec commisération, s'intéresser encore à la nature quand on a la surnature en partage ? A la philosophie quand on peut s'enivrer du vin de la théologie révélée ? A la raison et à ses œuvres quand on dispose de la foi ?

S'il existe un désir naturel de Dieu, comme semble bien l'enseigner saint Thomas, cependant que la grâce est gratuite, il faudra bien envisager la possibilité d'une connaissance naturelle de Dieu, dans la ligne « rationaliste » d'un refus de l'apophatisme unilatéral des Pères et du Dieu « dont l'essence <n'> est <que> d'exister », de ce Dieu qui serait sans essence existante. Nous reviendrons plus bas sur la manière dont saint Thomas semble résoudre le problème du rapport entre nature et grâce, en rappelant le contenu d'un passage de la *Somme contre les Gentils* (IV 52). Nous avons traité de ces sujets (point de jonction ou de suture entre fini et infini, nature et surnature, fin naturelle et fin surnaturelle, désir naturel de Dieu et conditions de sa satisfaction), dans divers travaux antérieurs. Nous reviendrons succinctement sur ces questions après que nous aurons exposé *C. G.* IV 52, parce que nous ne nous adressons pas au même lectorat, d'autant que ceux de nos lecteurs auxquels nous nous adressons ici tout particulièrement ne nous ont certainement pas lu dans nos travaux anciens.

Ce sur quoi nous désirerions attirer ici l'attention, c'est le fait que les audaces « rationalistes » et le surgissement de développements, dans l'Ecole, assez nouveaux par rapport au thomisme primitif, accompagnés de l'avènement d'un âge laïc pour la philosophie, sont allés de pair avec le souci de préservation de la gratuité de la grâce. Un tel souci, pour le moins, n'étouffe pas les modernistes qui par là ont beau jeu, pour faire admettre leur sympathie pour de Lubac, de se poser en champions de la tradition philosophique thomasienne, et de dénoncer, avec des airs d'inquisiteurs indignés, les méfaits supposés naturalistes de la déconfessionnalisation de la philosophie. Sous le couvert d'accuser le besoin que, de fait, à cause de la chute originelle, la nature a de la surnature pour demeurer nature, on entend rendre la surnature tellement coextensive à la nature qu'on en viendra à naturaliser la surnature. Et cette dialectique est aussi illustrée par le destin du judaïsme qui, de fanatiquement apophatiste par pseudo-souci de transcendance, en est venu à intégrer les données du gnosticisme pour finir par enseigner que le Juif est Dieu et que la raison juive est la raison divine, dans une adoption sans réserve de la thèse de l'immanence totale de Dieu au monde, mais dans le Juif.

Les données de la foi excèdent les pouvoirs de la raison naturelle bien que, avons-nous rappelé, le dogme catholique, par son affirmation de l'existence de préambules de la foi — dont la possibilité rationnelle d'affirmer l'existence de Dieu —, tienne aussi pour certain que la raison et la foi ne peuvent se contredire et que la raison est douée du pouvoir d'établir que ce qui la dépasse ne la violente pas. Que la raison puisse établir que ce qui l'excède ne la violente pas, qu'elle puisse se savoir outrepassable, cela suppose une chose bien déterminée : le savoir ne peut savoir qu'il existe un au-delà du savoir qu'en s'objectivant sa limite, or s'objectiver sa limite consiste à se mettre à distance d'elle, et ainsi, « in actu exercito », à l'avoir dépassée. Dès lors, la limite du savoir naturel, accessible à ce dernier, doit déjà « secundum quid » relever de ce qui le dépasse sans cesser d'appartenir à ce qui lui est proportionné, ce qui revient à admettre qu'il existe en effet, de manière obligée, un « point de suture » entre nature et surnature. Et le problème de la nature d'un tel point de suture se posait, en droit sinon en fait, dès le début de la carrière de saint Thomas, et même, à la limite, dès la publication de l'Épître aux Romains (1, 20) : « Les attributs invisibles de Dieu nous sont rendus manifestes au moyen de ses œuvres » ; si la simple raison peut prouver que Dieu existe et qu'il est cause première, cause de la raison elle-même dont à ce titre il contient les vertus sur un mode infini et suréminent par lequel il la *transcende*, c'est que la raison se sait outrepassable, par là qu'elle sait s'objectiver sa limite. Or chercher la nature d'un tel point de suture, c'est chercher la fin naturelle de l'homme naturel ; c'est tendre à définir la béatitude naturelle de l'homme.

§ 19. Du fini à l'infini par le fini. Orthodoxie et géocentrisme.

Il y a en retour, opposées certes aux impudences modernistes compromettant la gratuité du surnaturel, des crispations traditionalistes qui, génératrices d'illusions d'optique, sont objectivement porteuses d'esprit révolutionnaire. Pour illustrer ce propos, évoquons par exemple l'attachement de maints traditionalistes à l'égard du géocentrisme, même aujourd'hui : tout ce qui relèverait de la science serait œuvre du démon, et serait une machine de guerre contre le dogme. Voyons les choses de plus près dans le bref développement qui suit.

L'épistémologue Pierre Duhem rapporte que François de Meyronnes, contemporain de Duns Scot, aurait déclaré ceci : la lettre de la Bible semble s'accorder avec la thèse du géocentrisme, mais enfin, si l'héliocentrisme se révélait scientifiquement exact, les choses iraient pour le mieux du point de vue même de la crédibilité des Ecritures. On peut retenir de cette observation la leçon suivante :

Il est dans la vocation de la Tradition d'évoluer, non pour se renier, mais pour s'approfondir ; non parce que la vérité serait évolutive, mais parce qu'on n'en a jamais fini avec elle ; non parce qu'elle se dérobe indéfiniment, mais parce qu'on la trouve ; on ne cesse pas de la (re)découvrir ; ce n'est pas elle qui change, c'est le savoir que nous en avons, lequel change pour redresser ses erreurs accidentelles, mais aussi et surtout parce que la vérité intangible, surnaturelle (évolution homogène du dogme sous l'inspiration du Saint-Esprit) ou naturelle, nous invite à l'approfondir à mesure qu'elle se dévoile. L'évolution n'est pas dans la vérité même, mais dans le degré d'actualisation de son dévoilement. Quand, par confort intellectuel ou paresse, ou conformisme ou crainte de l'erreur, les dépositaires de la vérité freinent des quatre fers devant le changement nécessaire, ce sont les affidés du mensonge qui s'en emparent et qui tantôt confisquent la vérité pour la travestir, tantôt, fascinés par le désir de changement, font objectivement et comme malgré eux progresser le dévoilement du vrai. Les serviteurs du « bonum certamen » sont alors invités à recueillir ces résultats, sans crainte de se faire contaminer par l'erreur, chez ceux qui sont subjectivement leurs ennemis ; et c'est, en l'occurrence, l'esprit réactionnaire qui, unilatéralement réactionnaire — c'est-à-dire trop enclin à ne se poser qu'en s'opposant aux nouveautés, comme si son contenu propre n'avait ni consistance ni vie — serait — est — l'allié objectif de la subversion. Le « bonum certamen », c'est la cause du catholicisme ; le catholicisme est la vérité ; tout ce qui est vrai est catholique, même les vérités qui dérangent le confort des catholiques.

Cela dit, revenons au propos de François de Meyronnes.

§ 20. Suite.

Ce qui a raison de cause relève du participé ; ce qui est effet s'apparente au participant. Le participé est imité, le participant imite. Mais, de son modèle, le participant aspire à tout imiter, afin de s'assimiler au mieux à ce modèle, et cela jusqu'à l'acte, propre au participé, d'être imité. Voyons pourquoi.

Si le participant est effet, il doit à sa cause non seulement les perfections du participé — perfections qu'il reçoit à sa mesure finie —, mais encore l'aptitude même à prendre part à ces perfections, laquelle est constitutive du participant ; il en est ainsi parce que le pouvoir même de participer à une perfection — ainsi à un bien — est lui-même un bien (un être est d'autant meilleur qu'il est plus à même de jouir de biens plus élevés), par là quelque chose de participable, qui par définition relève du participé. Si donc le pouvoir d'imiter, immanent au participant, trouve sa raison et son origine dans le participé, c'est que s'enracine dans le participé lui-même non seulement le pouvoir d'être participé ou imité, mais encore le pouvoir même de participer. Le pouvoir de participer et le pouvoir d'être participé sont eux-mêmes participables.

Il en résulte que le participant aspire à imiter, de son modèle participé, jusqu'à sa propriété d'être participé. Dans l'exemple astronomique évoqué par François de Meyronnes, on obtient que le monde créé tend à reproduire dans son propre élément la césure entre participé divin et participant mondain : le soleil, créé, intérieur au monde, fait figure, analogiquement, du Participé divin.

La relation de dépendance — qui définit le créé — à l'égard de l'Incréé, est elle-même intériorisée par le monde créé qui, analogiquement, la reproduit, en son propre sein, en faisant tourner le monde autour du soleil entendu comme principe monarchique universel de vie (il fait tout croître) et de connaissance (il illumine tout) ; mais cette reproduction s'établit de telle sorte que, intériorisée, une telle relation devient dépendante du créé lui-même (la dépendance du monde à l'égard du soleil est intérieure au monde) qui, tendant par là à s'introniser maître de sa dépendance, se révèle, autant qu'il est possible, indépendant, par là assimilé au mieux, autant qu'il est en lui, au Participé, ainsi à l'absoluité de l'absolu. Il y a là, évidemment, un paradoxe : plus le participant fait l'aveu de sa dépendance et la plébiscite, plus il se soumet au devoir d'imiter le Participé, plus il se rend maître de sa dépendance, accède à l'indépendance et par là parachève son désir de participer à l'Indépendant, c'est-à-dire de s'assimiler à l'Absolu. Par analogie, l'élève n'est véritablement fidèle à son maître que s'il ne se contente pas de répéter les leçons de ce dernier, mais les assimile, les intériorise, les reproduit en les réinventant à partir de lui-même ; il n'est fidèlement élève soumis au maître qu'en devenant lui-même un maître, il ne plébiscite sa dépendance qu'en tendant à reposer sur soi.

Ces considérations ont une conséquence morale et politique immédiate. Si le soleil, image de Dieu autour duquel tourne la création, est ce autour de quoi tourne le monde, c'est en consentant à épouser le magistère du soleil que le monde se conforme aux vœux divins, s'assimile à Dieu selon sa mesure à lui fixée par Dieu. Et cela revient à dire que l'on ne tend vers Dieu tel ce Bien absolu à quoi l'on se rapporte, que si l'on trouve en ce monde des biens à quoi l'on se rapportera aussi et qui auront raison de fin. Et tel sera le bien commun politique. En court-circuitant le service de biens immanents voulus pour eux-mêmes, au nom du souci non éclairé de se réserver pour Dieu seul — comme si tout bien créé devait avoir raison unilatérale de moyen que par définition l'on se subordonne et auquel on exclut de se rapporter —, on fait comme ce monde qui prétendrait s'insurger contre l'ordre solaire sous le prétexte que le soleil usurperait le trône de Dieu. Ce serait, en désordonnant le cosmos, choisir le suicide, et de ce fait cela reviendrait à refuser d'imiter Dieu dans son pouvoir d'être imité ; ce serait au fond, en se revendiquant d'une fausse conception de la transcendance, se soustraire au devoir de participer au Bien.

Plus la nature est soumise à la grâce, plus elle est naturelle ; plus elle est naturelle, plus elle est parfaite ; plus elle est parfaite, plus elle est autonome ; plus elle est autonome, plus elle est souveraine ; et cela vaut aussi pour ce qui relève du souci philosophique. Pourquoi la philosophie devrait-elle être confisquée par les clercs, au point de réduire les laïques au rôle de répétiteurs de la spéculation ecclésiastique ? Du fait qu'elle se veut chrétienne, au sens recevable où elle se veut conforme aux exigences de la vision catholique de la vie, il ne résulte pas que la philosophie devrait être dirigée, dans les phases de son élaboration, par les seuls prêtres.

§ 21. Suite.

Par ailleurs, si le pouvoir même de participer, qui honore le participant, est un bien, c'est qu'il est lui-même participable, et pour cette raison il trouve, comme tout ce qui est participable, son modèle dans le Participé qui, de ce fait, prend part, réflexivement, à sa propre perfection, indépendamment des participants que ce dernier invite à s'assimiler à Lui. Dire que le Participé prend part à sa propre perfection, c'est dire qu'il se fait participer par lui-même en tant qu'autre et qu'il fait se réaliser en lui tous les degrés de la perfection absolue et infinie qu'il est ; il se fait moins que lui-même pour prendre part à lui-même en tant qu'autre ; il exige, en tant que le meilleur de tous, de faire en lui-même l'épreuve des bontés limitées qui participent de lui ; il requiert, en tant qu'il est le parfait, d'être maître de sa perfection. Or c'est là signifier que le bien commun créé de la société politique préexiste idéellement en Dieu, selon un mode divin, avant la création du monde. Mais alors, en tendant vers lui pendant sa vie mondaine, la créature spirituelle tend vers un bien participé qui, trouvant son modèle en Dieu, renvoie à ce modèle et se révèle telle la condition obligée d'une tension vers Dieu et de l'itinéraire qui mène à Lui : c'est en s'ordonnant au bien commun immanent selon le mode qu'exige un tel bien, c'est-à-dire en se rapportant à lui, que l'homme vertueux se dispose à aimer Dieu par-dessus toute chose. S'il est définitionnel de l'absolu, en tant qu'absolu, d'éprouver, sans cesser d'être absolu mais précisément pour l'être, la condition du relatif, ainsi d'aimer cette condition sans s'y perdre, alors, en retour, ce qui est relatif, dans son effort de participer à l'absolu, ne saurait se dispenser de plébisciter sa propre condition pour, sans se perdre, aller au-delà de lui-même. En allant jusqu'au bout de lui-même en tant que fini, le relatif épouse le vœu de l'absolu et, par là, il participe à la perfection de l'absolu, s'habilite ainsi à aimer au-delà de la sphère des biens naturels qui lui désigne sa finitude.

Mais il y aura toujours des théocrates compassés trop heureux de détruire les pouvoirs politiques forts, pour dénoncer dans l'héliocentrisme une résurgence sournoise et satanique du paganisme, et pour stigmatiser dans l'État fort une statolâtrie insultant à la dignité de l'Église. L'enfer est pavé de bonnes intentions. Il y aura toujours des théocrates pour asphyxier la pensée des laïques en prétendant à penser à leur place.

Nous avons dit ce que nous entendions par « rationalisme » dans notre § 4. Il nous est permis maintenant d'observer qu'il y aura toujours des thomistes hostiles au rationalisme parce que ce dernier fut historiquement développé plus volontiers hors du thomisme, et en vint à s'achever en négation de la religion. Né dans l'élément de la scolastique, le rationalisme avait vocation à se développer en son sein ; n'ayant pas trouvé dans sa terre natale, du fait de l'absence de cultivateurs audacieux, le terrain propice à son épanouissement, il s'est développé ailleurs, en terre étrangère, ce qui finit par le faire se dénaturer. Mais une telle dénaturation factuelle ne doit pas faire porter l'anathème sur son essence. Il a vocation à réintégrer son giron d'origine.

§ 22. Image, modèle et réflexion.

Ce qui vient d'être esquissé est une variante de l'analogie de l'image et du modèle. La créature spirituelle est à l'image de Dieu. L'image aspire à ressembler au modèle qui est son bien, mais en même temps elle entend se différencier de lui car, sans cette opposition, elle se fondrait en lui et ne serait plus là pour l'imiter. Or ce double mouvement d'attraction et de répulsion, qui définit l'essence de l'image, est encore une imitation du modèle puisque l'image est de part en part imitation de son modèle ; donc ce dernier est en soi, indépendamment de l'image, mais en tant même que participable ou imitable, un acte de s'imiter lui-même, d'être pour lui-même son modèle, de faire se réaliser une unité d'attraction et de répulsion, un acte de se repousser pour s'attirer, ainsi de s'arracher à soi pour se poser, c'est-à-dire une *réflexion ontologique*. Voilà encore un thème sur lequel nous reviendrons attentivement, qui sera la clé de notre résolution.

La volonté est actualisée par l'intellect, elle est d'autant plus « voulante », maîtresse de ses actes, qu'elle est plus soumise à l'intellect ; et, la surnature étant « sanans » et « elevans », la nature est d'autant plus naturelle, d'autant plus « naturante », d'autant plus dominatrice sur ses propres pouvoirs, que plus soumise à la surnature qui la renvoie à elle-même de l'intérieur du plébiscite de sa dépendance à l'égard de la première ; exactement dans le même ordre d'idée, l'image est d'autant plus fidèle au modèle que plus capable de se distinguer de lui qui par là, en retour, est d'autant plus identique à sa propre perfection que mieux à même de se mettre à distance de lui-même ; et le monde fini est d'autant plus semblable à son Modèle divin, d'autant plus soumis à ce dernier, qu'il est plus capable d'imiter l'autarcie ontologique de son Modèle, ainsi d'intérioriser sa dépendance et de promouvoir, de l'intérieur de sa dépendance plébiscitée, une indépendance l'invitant à se fixer en lui-même et à trouver en lui-même sa raison d'être immédiate. Mais si le Parfait n'est tel qu'en faisant l'épreuve d'une mise à distance de soi qui l'invite à surmonter sa déhiscence, c'est qu'il est le rendre raison de soi : il n'*est* ce qu'il est qu'à proportion de son pouvoir de se *faire* ce qu'il est ; il tire de ce qu'il est le pouvoir de le faire, mais il ne l'est que parce qu'il le fait.

CHAPITRE III

Le concept de cause de soi est-il absolument irrecevable ?

§ 23. Le principe de causalité n'est pas analytique.

Nous venons, pour étayer le thème thomiste du rapport paradoxal entre nature et grâce, de convoquer la doctrine de la participation, ce qui nous a enjoint de parler de réflexion, ainsi d'identité à soi réflexive ; cette dernière est processus circulaire, et ce qui n'est ce qu'il est qu'en tant qu'il le fait, c'est ce qui consiste dans l'identité du processus qu'il inaugure et du résultat de ce dernier : l'acte de faire ce qu'il est, est intrinsèque à l'être qu'il est. S'il est donc un point de doctrine à propos duquel il nous semble difficile de ne pas prendre quelque distance à l'égard de la lettre du thomisme, bien que ce soit pour demeurer fidèle à son esprit, c'est celui, précisément, de la notion de *cause de soi*. Notre esprit laborieux a entrevu — nos contradicteurs nous le concéderont peut-être — que l'idée de cause de soi est contradictoire, et à la limite nous n'avions pas besoin de l'étude du thomisme pour nous en rendre compte : il faut *être* pour être cause, et n'être pas pour être cause *de soi*, il faut être et n'être pas en même temps et sous le même rapport ; un enfant comprend cela et il faut, nous dira-t-on avec condescendance, avoir l'esprit faussé d'un idéaliste pour ne pas se rendre à une telle évidence ; mais nous avons aussi, hélas !, entrevu que l'idée de Celui dont l'essence est d'exister est elle-même contradictoire (§ 9) ; c'est là, au reste, une chose dont Gilson fait l'aveu en observant que cette essence dont l'unique contenu est un acte d'exister est inconcevable (§ 13). Dès lors, s'esquisse pour nous la redoutable épreuve de saisir — à peine de sortir du thomisme en abandonnant l'idée d'une identité en Dieu de l'essence et de l'exister — la rationalité du contradictoire, l'intelligibilité de l'irrationnel entendu comme moment, ou comme détermination obligée du rationnel. Or si cette rationalité de l'irrationnel est admise pour Celui dont l'essence est d'exister, pourquoi ne le serait-elle pas si l'on entend le définir telle une cause de soi ? Et l'un n'implique-t-il pas l'autre ? S'il existe un être tel que s'identifient en lui le manque et ce dont il manque, c'est que cet être se donne ce qu'il est : il en manque puisqu'il a besoin de se le donner, et il le possède éminemment puisqu'il est doué de la puissance de se le donner. Et ce qui est capable de se donner ce qu'il est, c'est ce qui est cause de soi. Étant parfait, il ne manque de rien, pas même de l'acte de manquer.

Le principe de causalité — nous l'avons souvent rappelé —, sur lequel reposent les preuves classiques de Dieu, n'est pas analytique (jugement « per se primo modo » dans lequel le prédicat est inclus dans le sujet), ce qui revient à dire qu'il n'est pas réductible au principe de contradiction. « L'être causé est contingent » est analytique, mais non « l'être contingent est causé ». « L'être contingent est causé », c'est un jugement du même type que « le nez est camus ». Tout camus est nez mais tout nez n'est pas camus. Il n'est pas contradictoire d'affirmer d'un être qu'il est contingent sans être causé ; le simple constat de ce que le monde est incapable de se faire exister ne prouve pas ipso facto qu'il aurait été causé, et c'est précisément l'hiatus entre un tel constat et les vraies raisons — non immédiates — d'affirmer Dieu, qui rend possible le sentiment de délaissement, de déréliction s'emparant de l'âme face au monde hostile parce qu'il est indifférent, qui semble feindre de renvoyer l'âme à Dieu pour finir, aussi longtemps que le principe de causalité n'est pas fondé, par nous avouer que ce renvoi à Dieu n'a peut-être que la valeur d'un appel déprécatoire au néant. Et c'est selon nous l'angoisse résultant de ce silence momentané qui enjoint à l'intelligence de fonder le principe de causalité.

On dira que « le nez est camus » est un jugement « per se secundo modo » (c'est le sujet qui est inclus dans le prédicat, à titre de sujet), et que le fait d'être causé est un accident propre de l'être contingent ; cela est vrai, mais il faut se placer de point de vue de l'origine de l'être contingent pour s'apercevoir que le fait d'être causé est son accident propre. De même, le rire est le propre de l'homme mais ne fait pas partie de sa définition, il n'est pas déductible du concept d'homme ; il faut se placer hors du concept d'homme, du point de vue de l'origine de ce concept, c'est-à-dire du point de vue de la réalité dont le concept a été tiré, pour constater que ces hommes concrets dont l'idée d'homme fut abstraite sont des êtres qui rient ; c'est l'expérience qui permet de savoir que l'homme rit, et alors seulement on est en mesure de reconnaître dans le rire un accident propre de l'homme. Dès lors, se placer du point de vue de l'origine de l'être contingent pour s'assurer que le fait d'être causé est son accident propre et qu'un tel être causé requiert une cause, c'est, si l'on n'a pas fait (chose évidemment impossible : Dieu n'est pas objet d'expérience) l'expérience de l'existence de la cause première, tenir pour acquis ce qui est en question, à savoir qu'il est causé ; et cela revient à commettre une pétition de principe, car on ne peut s'efforcer à saisir un être dans son origine, à le tenir pour doté d'une origine, que si l'on a préalablement accepté de le tenir pour causé. Aussi doit-on en appeler au principe de raison d'être, traditionnellement nommé principe de raison suffisante (le mot « suffisant » ne signifiant pas que ce dont il est le principe exclurait d'être contingent : il peut être rationnel qu'il y ait de l'irrationnel), pour fonder le principe de causalité : tout être a sa raison d'être, or ceci n'est pas pour lui-même sa propre raison d'être, donc il l'a d'un autre, donc il est causé. Cela dit, il faut établir que tout être, en tant qu'être, requiert une raison d'être, et la chose est acquise si et seulement si *l'être, en tant qu'il est être, est cause* : la causalité est convertible avec l'être, l'être absolument être est cause de soi, et ce qui est sans être cause de soi requiert une cause précisément parce qu'il n'est pas cause de soi. Sur ce point, on quitte la lettre du thomisme qui n'admet de cause qu'à ce qui est contingent ; quand il admet (ce qui n'est pas souvent le cas, même si Pie XII revendique la pertinence du principe de raison suffisante dans *Humani generis*) l'idée d'un principe universel de raison d'être, ainsi d'un principe qui vaut même pour la Cause première, le thomiste strictement attaché à la lettre de l'enseignement de son maître ne concède que ceci :

Dieu est sa raison d'être, Dieu est pour lui-même sa fin, et il n'est pas question de laisser entendre, déclare le thomiste vétilleux, que Dieu puisse être mis en demeure, pour être Dieu, de s'introniser fondement de lui-même, au sens de cause efficiente de soi-même.

Mais avoir en soi-même sa raison d'être, être pour soi-même sa raison d'être, c'est être l'acte même de rendre raison de soi, c'est se faire positionnel de son propre fondement, dans une action réciproque où l'être qui est sa raison d'être fait de son acte d'être le résultat de sa puissance à être — ainsi de la causalité de son essence —, cependant que c'est de son acte d'être qu'il tire une telle puissance. Et c'est la réflexion ontologique qui l'explique : est réflexion ce qui se pose et s'atteint soi-même, ce qui est origine et résultat de soi-même ; est cause de soi dans l'ordre de l'efficience, sans contradiction, ce qui est réflexion ontologique.

§ 24. Dieu cause de soi et preuve ontologique.

Saint Thomas, de manière implicite, concède que Dieu est sa raison d'être quand il enseigne au début de la Q. D. *De Potentia* qu'il existe de la puissance (active) en Dieu : il convient à Dieu d'agir et d'être puissance d'agir, cependant que cette puissance d'agir est son essence, que l'opération de cette puissance est aussi son essence, et que cette essence est encore l'acte d'exister ; Dieu agit et Dieu est son agir ; la puissance divine d'agir est l'acte d'agir, et cet acte est l'acte d'être divin ; et pourtant certains actes d'agir sont contingents, tel l'acte de créer. Tout ce que dit là saint Thomas est vrai, mais il n'explique pas comment cela est possible en même temps. Si Dieu est puissance active d'agir *et* acte d'agir, s'il agit et est son agir, s'il est aussi son acte d'être, c'est que sa puissance d'agir est son acte d'agir et que cet agir est son essence et son acte d'être ; mais alors force est d'en déduire que cette puissance active est à la fois l'essence divine et la puissance de cette essence (essence ici considérée, en tant qu'acte de la puissance qu'elle est pour elle-même, comme existence) ; elle est à la fois acte pur d'être et puissance exerçant et posant cet acte ; ce qui revient à dire que Dieu est cause de soi. Il reste à établir que ce n'est pas contradictoire. Revenons donc plus en détail sur le texte que nous venons d'évoquer.

L'idée de cause de soi n'est pas recevable, de fait, pour le thomisme historique : saint Thomas la refuse explicitement en la tenant pour absurde (*Somme théol.* Iᵃ qu. 2 a. 3). Mais ce n'est pas à dire qu'elle serait en droit à exclure par un hylémorphisme créationniste qui serait constitué en philosophie autonome. Une telle philosophie serait ce dans quoi le thomisme a vocation à se reconnaître aujourd'hui sous la pression de ses propres principes. Il en est ainsi parce que cette autonomisation des vérités thomistes naturellement accessibles éviterait que la philosophie thomiste fût comme éparpillée en de multiples problématiques théologiques obéissant à leur propre mode d'exposition. Un tel foisonnement de problématiques théologiques oblitère la solidarité entre thèses philosophiques convoquées par des besoins théologiques, au point que ces thèses en deviennent peu soucieuses de la cohérence mais aussi des conséquences obligées de leur coexistence ; autant d'enjeux qui sont visibles seulement du point de vue d'un mode strictement rationnel d'exposition. Observons donc au passage que si l'idée de cause de soi est recevable, il est clair que la formule « l'essence de Dieu est d'exister », toujours vraie, appelle, au lieu de l'exclure, que l'essence divine soit le fondement et la raison d'être de l'existence divine.

Les thomistes « intégraux » (nous entendons ici, par ce vocable, ceux qui revendiquent la paternité de la doctrine de saint Thomas mais qui refusent d'en rien modifier, fût-ce pour rendre compatibles toutes les exigences des thèses maîtresses de l'Aquinate) admettent que le principe de finalité s'applique à Dieu : Dieu est sa propre fin, et en ce sens Dieu est sa raison d'être. Mais ce qui est doté d'une fin a raison de moyen au regard de cette fin : couper est la finalité du couteau et ce dernier est le moyen de l'opération du boucher. Quand bien même un être est pour lui-même sa fin, il a raison de moyen au regard de sa fin, il est moyen de lui-même en tant que fin pour lui-même. Il se pose, en tant que fin, tel le moyen d'avènement de lui-même en tant que fin, ce qui revient à dire qu'il se médiatise avec lui-même en tant qu'autre pour se faire le résultat de sa propre activité ; la fin s'anticipe en elle-même dans la forme de sa propre efficience pour se faire procéder d'elle-même, et un Sertillanges enseigne quelque part, en ce sens, que « la cause finale n'est que la cause efficiente définie, et définie naturellement par ce qu'elle doit faire, par ce qu'elle cherche à faire » ; autant dire que ce qui a raison de fin pour soi-même a tout autant raison de cause de soi, se conférant la forme syllogise d'un rendre raison dont la conclusion est positionnelle de la prémisse ; et telle est la réflexion ontologique, référent ontologique de la forme logique du syllogisme. Même un Paul Grenet (*Ontologie*, Beauchesne, 18ème édition 1959 p. 201), thomiste et cajétanien convaincu, a recours, pour parler de Dieu, à la formule suivante, après avoir rappelé que toute cause est « id quod influt esse » (la cause est ce qui influe l'être) : « Seul, le Premier Être n'a pas de causes : son existence ne dépend d'aucun influx, mais **se pose elle-même**, sans d'ailleurs qu'on puisse dire qu'elle est 'cause de soi' (comme parle, à tort, Spinoza) ». Et nous confessons ne pas voir en quoi ce qui se pose soi-même pourrait différer d'une cause de soi. Qu'un thomiste éprouve le besoin de rejeter l'idée de cause de soi parce qu'il ne voit pas le moyen de surmonter la contradiction que semble contenir cette idée, cela n'exténue pas en lui le désir inavoué de récupérer une telle idée en la débaptisant, parce que ce même hylémorphisme, auquel il est attaché à bon droit, la requiert au moins implicitement : **si des principes d'être (matière et forme, substance et accident, puissance et acte, faculté et opération, essence et existence)** *un* **être ne sont êtres que par l'être dont ils sont les principes, c'est qu'ils se posent eux-mêmes en posant l'être dont ils sont les principes** ; si l'essence de Dieu est d'exister, tout autant Dieu exerce un exister dont il est maître et dont son essence rend raison, par là exerce un « esse » qui est posé par cette essence, laquelle, identique à l'exister, fait qu'il se pose lui-même. Un thomiste reconnaît que Dieu est sa propre fin ; mais il est de la raison de toute fin de contenir l'idée d'ordination à quelque chose, et c'est pourquoi ce qui est fin pour soi-même est ordonné à soi-même en tant qu'autre, entretient à son propre égard une relation réelle. Mais il ne lui est pas accidentel d'être fin pour lui-même puisqu'il est cause première, donc cette relation n'est pas accidentelle ; or une relation accidentelle est posée par ses termes, donc une relation essentielle ou substantielle pose ses termes et se pose par là elle-même. Ce dont l'essence est son exister, ce dont le faire est un agir et ce dont l'agir est son être, c'est ce qui, maître de son agir, est maître de son être qu'il exerce et, plus radicalement, qu'il pose.

Le propre d'une fin est d'être réalisée ou effectuée par une cause efficiente. Si une chose est pour elle-même sa fin, elle est le moteur de sa propre réalisation, selon l'exigence d'une relation réelle de causalité réciproque entre efficience et finalité : l'efficience pose la finalité sans laquelle l'efficience serait vide et virtuelle, de sorte que la finalité pose aussi l'efficience ; chacun des extrêmes dépend de l'autre et le présuppose, de sorte que tous deux présupposent la relation qui les unit et qui en dernier ressort les pose et se pose en les posant. On ne peut faire l'économie, à propos de la cause première, du concept de cause de soi. Si l'idée selon laquelle Dieu est fin pour lui-même n'enveloppe pas celle d'autoréalisation, il n'y a alors ni efficience ni finalité et l'être tenu pour cause première est frappé de facticité : il est, il est cause première des autres, mais il est sans raison d'être ; il n'est pas sa propre raison d'être, il se subit. Et ce qui est raison de tout se révèle sans raison, donnant ce qu'il n'a pas, ce qui est peu intelligible.

On retiendra donc que le statut du rapport entre essence et existence n'est pas sans relation avec l'exigence, propre aux pouvoirs métaphysiques de l'esprit humain, de reconnaître l'identité des raisons de connaître et des raisons d'être. Quand, dans le *Proslogion*, saint Anselme nous enseigne qu'il est plus parfait d'exister dans la pensée et dans la réalité que d'exister dans la pensée seule, il affirme là, à sa manière, que le réel ou l'existence est plus parfait que le possible, et donc il souscrit par avance à la thèse thomiste qui veut que l'exister soit l'acte de l'essence. Et c'est pourtant ce même saint Anselme qui propose par déduction ce qu'on nommera la preuve ontologique, élément central du rationalisme : penser Dieu comme n'existant pas revient à penser contradictoirement ; cette solidarité logique entre les deux enseignements de saint Anselme confirme à nos yeux l'affinité que nous voulions souligner entre thèse thomiste et thèse rationaliste. Il était dans la logique du thomisme de déployer un rationalisme complet, mais à l'intérieur de la thèse de la relation hylémorphique entre l'exister et l'essence (ce que les rationalistes historiques n'ont pas voulu faire). Nous pensons, naïvement peut-être, que cette conjugaison non ratifiée par l'histoire eût été possible moyennant l'usage du concept de réflexion substantielle.

Tirer l'existence de Dieu du concept que nous en avons (l'idée d'un être tel qu'on n'en peut concevoir de plus grand) consiste à épouser l'acte à raison duquel l'essence de Dieu pose son existence, ce qui évidemment, pour être recevable, supposerait que notre concept de Dieu fût l'essence même de Dieu, le concept que Dieu a de lui-même, ce qui n'est pas le cas. Il reste que l'on peut établir, à partir de l'existence de cette chose créée qu'est notre raison, que penser Dieu comme n'existant pas est contradictoire, et c'est là une forme atténuée mais recevable de la preuve ontologique, en quoi consiste pour l'essentiel la « quarta via » de saint Thomas : je ne puis me forger l'idée d'un être absolument parfait qu'en le pensant comme existant puisque l'idée d'un être tel qu'on n'en peut concevoir de plus grand ne serait pas telle si cet être n'existait pas, dès lors qu'il est plus parfait (plus « grand ») d'exister dans la pensée et dans la réalité que d'exister dans la pensée seule ; si donc on pense à Dieu, c'est que Dieu existe, qui seul peut nous livrer l'idée que nous avons de lui. Que l'épreuve de cette contradiction dans la pensée (penser Dieu sans affirmer son existence) nous autorise à conclure à l'impossibilité de la non-existence en soi (et non seulement pour nous) de ce qui est pensé, cela suppose que soit établi que les lois de la raison sont celles de l'être. Reprenons :

Penser le fini, l'identifier comme fini, suppose référence implicite à l'idée d'infini (ou de parfait) parce que, en dépit de la forme grammaticale, ce n'est pas l'infini qui est obtenu par négation du fini, c'est le fini qui est acquis par négation de l'infini, si l'infini est l'infini actuel, à savoir le parfait : ne peut être jugé imparfait que ce qui avoue être la négation partielle du parfait qu'il faut bien connaître pour identifier son absence dans les choses dites imparfaites. Or cette idée a priori du parfait ne peut être pensée telle une simple idée sans référent réel, comme simple possible sans actualité, puisque ce qui n'est que possible relève de l'être en puissance et que l'être en puissance est moins parfait que le parfait. Si l'on pense à Dieu, comme l'enseigne Malebranche, il faut qu'il soit. Le raisonnement qui vient d'être rappelé est selon nous recevable, mais seulement à condition que soit établi que ce qui est *pensé* comme nécessaire (dans « l'idée de Dieu appelle nécessairement l'affirmation de son existence ») soit *réellement* nécessaire, — en d'autres termes : seulement si les lois de la logique sont les lois ontologiques ; dans le cas contraire, nous ne parviendrions qu'à une existence nécessaire « en idée », à l'idée d'une existence nécessaire et non à une réalité. Reste que si ce point est acquis, la preuve ontologique en contexte thomiste devient recevable ; mais il s'agit d'un thomisme de l'essence autant que de l'« esse ». Si les lois de la raison sont les lois de l'être, la forme syllogise de la raison (unir les extrêmes par un moyen) est celle de l'être (s'identifier à soi en se médiatisant avec soi-même en tant qu'autre), et elle est réflexive, faisant s'identifier l'origine et le résultat : ce dont part alors la raison (l'essence ou idée) pour affirmer la réalité (ou existence) est déjà, d'une certaine façon, la réalité même, et c'est pourquoi on ne parvient pas à une existence qui serait seulement « en idée ». Nous reviendrons sur ce point dans notre § 91.

Quant à la nécessité de démontrer que les lois de la raison sont les lois de l'être, nous n'allons pas nous engager dans cette démonstration qui, en rigueur, supposerait que fût assumée la démarche systématique de l'hégélianisme. Mais nous nous souviendrons que sans la présupposition de l'identité des lois de la pensée et de celles de l'être, la métaphysique est impossible. Nous entendions seulement ici établir qu'un développement rationaliste du thomisme était non seulement possible mais nécessaire : si les lois de la pensée ne sont pas les lois de l'être, même les démonstrations de type « quia » sont invalides, parce qu'elles font conclure à quelque chose qui n'engage que la pensée.

§ 25. Lois de l'être, lois de la raison.

C'est parce qu'à la forme syllogise de la raison correspond quelque chose de réel dans le réel lui-même que les exigences de la raison en quête d'une cause première peuvent se prévaloir d'une légitimité.

Les thomistes, dans le sillage d'Aristote, admettent que les *catégories* de la raison sont celles de l'être, rejetant a priori toute idée — en effet débilitante et en son fond incohérente — de « chose en soi » : si la « chose en soi » n'est pas la « chose pour nous », à savoir sa manifestation, alors les catégories de la pensée ne valent que pour le domaine des phénomènes ; mais à la chose en soi — qui par définition, dans l'hypothèse, échappe au regard de la raison — doit être reconnue une consistance ontologique excluant qu'elle soit une simple idée de la raison, la simple supposition d'un envers des phénomènes, car si elle s'y réduisait, le moi serait condamné à se reconnaître comme seul existant, projetant des phénomènes sans arrière-fond objectal distinct du sujet qui les pense ; or si la chose en soi existe bien « en soi », elle est tenue pour cause des phénomènes, et l'on procède là à un usage de la catégorie de cause supposé ne valoir, en contexte kantien, que pour les phénomènes (puisqu'une catégorie est supposée avoir pour seul office de lier des phénomènes afin produire une expérience d'objet), ce qui revient à dire que l'on se contredit.

Mais ces thomistes « orthodoxes » ne se préoccupent guère de savoir si les *lois* de la raison sont les lois de l'être en tant qu'être ; ils font « comme si », parce que la validité de la portée ontologique de telles lois est requise pour rendre recevable l'usage des preuves de Dieu. Mais ils soutiennent que ces lois ne valent que pour l'entendement humain, parce que la raison se réduit à l'intellect en tant qu'il se meut, en tant qu'il passe de la puissance à l'acte, de telle sorte qu'un intellect parfait, pour eux, étant toujours en acte, est intuitif et non discursif, et se dispense de lois mesurant la validité des scansions logiques de la raison. En d'autres termes, le caractère intuitif d'un intellect actuel exclurait qu'il assumât — fût-ce pour les dépasser — les lois de la discursivité. Cela est pour nous problématique, parce que réduire de telles lois à celles de l'entendement humain et seulement humain, cela revient à les désolidariser des lois de l'être, ainsi à dissocier le chemin qu'emprunte la raison pour parvenir au vrai (aller du réel à l'idée du réel, de l'existence à l'essence) du chemin qu'emprunte l'essence du réel pour être la réalité. Mais alors, quand notre raison se soucie de réalités qui dépassent l'expérience sensible, comment peut-elle être assurée que ses conclusions engagent la réalité même, ou que ce qu'elle dit de la réalité est effectivement réel ? Y aurait-il autant de formes de rationalités qu'il y a d'espèces d'êtres pensants ? Et comment pourrions-nous le savoir, si c'est par l'office de notre forme de rationalité que nous sommes à même de parler de celle des autres ? Aussi longtemps qu'il n'est pas acquis que les lois de la raison sont les lois de l'être, par là que l'ordre des raisons de connaître est l'ordre des raisons d'être, les conclusions de nos syllogismes n'engagent que notre manière de penser la réalité, et non la réalité que nous aspirons à penser. En revanche, si ces lois de notre pensée sont celles de l'être en tant qu'être, elles valent même pour Dieu qui, nonobstant l'immobilité de son acte pur d'être et de penser, les tient pour valides en ce qu'elles sont par lui dépassées en tant qu'assumées, ce qui signifie que, en Dieu, l'intuition absolue coïncide avec la discursivité radicalisée, celle qui, idéalement, pose ce qu'elle présuppose. Et cela est le propre de la pensée systématique. Cela, tout autant, invite à penser l'immobilité de l'acte pur tel un dépassement de toute mobilité.

§ 26. Suite du § précédent.

S'il n'est pas acquis, avons-nous dit, que non seulement les catégories de l'intellect (chose admise par le thomisme et tenue pour une évidence), mais encore les formes de la raison logique sont les catégories de l'être en tant qu'être et les lois du chemin qu'emprunte l'être pour être ce qu'il est, alors les conclusions des raisonnements portant sur l'être en tant qu'il est être pourront toujours être suspectées de ne valoir que pour la raison pensant l'être et non pour l'être que la pensée pense. Il est vrai que rien n'est en dehors de l'être, fors le néant, lequel n'est pas, et l'on ne voit pas, dans ce cas, que l'être en tant qu'être puisse se reconnaître un fondement qui par définition, différent de ce qu'il fonde (au moins sous un certain rapport), devrait être pris hors de l'être.

L'unique solution est que l'être en tant qu'être se voie doté du pouvoir de s'affirmer dans sa négation, ainsi de se nier sans cesser d'être être, de se faire néant sans renoncer à lui-même, de se perdre sans cesser de se posséder, de renoncer à soi sans cesser de s'appartenir et même de conquérir cette possession par le fait même de faire l'épreuve du risque de se perdre : l'être, alors, se reconnaît fondé par le néant, par un néant qui est, et qui est en tant qu'il est l'être même considéré dans et comme sa propre puissance à être. Ce qui *se* nie, c'est ce qui s'appuie sur soi pour se libérer de soi, ce qui requiert d'être pour exercer sa puissance quand bien même il exerce une telle puissance contre son être, ainsi ce qui se fait procéder de l'auto-négation du néant en lequel il s'éclipse — lequel néant, comme néant de toute chose, est aussi, par radicalisation, néant de lui-même —, mais de telle sorte qu'il soit déjà retourné à soi, se posant par là, pour s'habiliter à renoncer à lui-même. Et selon cette démarche l'être se reconnaît, comme fondement, le non-être, un non-être qui est, qui est non-être par là qu'il est, mais qui, par là qu'il est, est déjà la négation de soi du non-être qu'il est. Si l'on convient de reconnaître dans l'essence (de l'être) le non-être de cet être, mais non-être entendu comme une puissance à être, on peut bien dire que l'essence est le fondement de l'être entendu comme acte d'exister. L'être se reconnaît une raison d'être s'il a la forme éternelle d'une victoire sur le néant qu'il assume. Le néant est, par définition, un néant d'exister qui, immédiatement néant de soi-même, est position de cet exister s'éclipsant en retour en néant, et donc est, par là, position ou confirmation de soi-même comme néant dans et comme l'acte de se néantiser ; l'essence est la puissance à être, comme telle elle est néant (d'exister) sans cesser d'être ; est puissance d'être ce qui est doué du pouvoir de se maintenir en son être de non-être dans l'acte où il se convertit en être par réflexion sur soi de sa propre négativité. Si un verre vide est dit avoir la puissance d'être plein — une telle puissance à être plein n'ayant pour elle-même que le fait de n'être pas du plein — , en retour l'acte d'être rempli ne laisse pas le verre de conserver — et même d'enrichir — sa puissance à être plein dans l'acte où il est plein, autrement il se viderait aussitôt que rempli ; ainsi donc, une telle puissance est bien un non-être doué du pouvoir de se maintenir en son être de non-être dans l'acte où il est pourtant nié, se reniant par le fait de ce qu'il est. Ce qu'est Dieu, c'est son acte d'être, mais c'est en vertu de ce qu'il est qu'il exerce cet acte si parfaitement qu'il en vient à être ce qu'il exerce ; sous ce rapport l'essence divine est fondement de son existence.

§ 27. L'acte pur est puissance active.

A l'article 1 (« Y a-t-il de la puissance en Dieu ? ») de la question 1 de la Question Disputée *de Potentia*, saint Thomas enseigne ceci :

L'acte est double : forme et opération ; se disant d'abord de l'opération, il fut étendu au principe de cette dernière, à savoir la forme. La puissance est double : la puissance active répondant à l'acte opératif ou second, et la puissance passive répondant à l'acte formel ou premier. Rien n'agit qu'en raison de l'acte premier qui est la forme. Puisque le nom d'acte vient d'abord de l'action et que Dieu est acte pur et premier, il lui convient éminemment d'agir et de diffuser sa ressemblance dans les autres, et c'est pourquoi la puissance active lui convient éminemment, car on nomme ainsi la puissance active au titre de principe de l'action (unde ipsi convenit maxime agere, et suam similitudinem in alias diffundere, et ideo ei maxime convenit potentia activa ; nam potentia activa dicitur secundum quod est principium actionis).

§ 28. Dieu agit, Dieu est son agir.

Avant de poursuivre, souvenons-nous que Dieu est acte pur, absolument simple, et que Dieu *agit* mais seulement en tant que Dieu *est* son agir, puisque Dieu est simple (Iª qu. 25 a. 1 ad 2). Or, pour le thomisme, Dieu est son essence et son essence est son exister ; donc d'une part l'agir divin est son essence, d'autre part l'existence de Dieu est nécessaire puisque son essence est d'exister, de sorte que l'acte d'exister ne lui survient pas mais le constitue et ne peut ni lui être enlevé ni lui être donné. Qu'en faut-il déduire, sinon que l'agir divin est nécessaire ? Pourtant, Dieu est maître de son agir, en particulier de cet agir créateur que Dieu maîtrise et fait dépendre de sa volonté libre : Dieu aurait pu ne pas créer, la création est contingente. Force est donc de confesser ceci : Dieu est Celui dont l'essence est d'exister, mais tout autant Dieu maîtrise son agir, les deux choses doivent être professées. Dieu est son agir et maîtrise son agir, par là on est fondé à considérer qu'il maîtrise son être ; il est le sujet d'exercice de son agir et de son être, ainsi de son « esse » qu'il *a* autant qu'il l'est. Il est de la raison de tout agir d'avoir des termes, mais l'agir parfait est parfaitement immanent, l'origine coïncide avec le terme ; un tel agir ressemble bien à une réflexion ; mais parce que Dieu est son agir, une telle réflexion est ontologique (mais cela, saint Thomas n'en dit mot). Et toute la question est de savoir si le thomisme contient des éléments rendant possible la conjugaison réussie de ces deux exigences ; Dieu est celui dont l'essence est son exister, et en même temps Dieu est cette essence qui est sujet de l'exister que pourtant il est, cependant qu'il l'exerce ; Dieu est pur exister auquel se réduit son essence, *et* Dieu est essence et existence ; Dieu est simple et duel, et il est simple à raison de sa dualité. Saint Thomas nous enseigne bien deux thèses vraies, mais il nous laisse à notre réflexion en ce qui concerne la question du « comment » de leur compatibilité.

Cette remarque sera tenue pour un sacrilège, à tout le moins sera reçue telle une accusation grave, et c'est pourquoi nous prendrons soin d'évoquer les réponses de l'auteur à ce sujet. Voici donc quelques éléments de réponse dans le reste de l'article :

§ 29. Cela rend-il Dieu parfait que de lui attribuer toutes les perfections ?

L'esprit humain, explique saint Thomas, ne peut atteindre Dieu que par une ressemblance prise dans ses effets, aussi ne peut-il se représenter Dieu que de manière inadéquate. Il reste qu'on peut parler de Dieu si l'on exclut de Dieu tout ce qui est imparfait dans ces perfections tirées du fini par lesquelles on tente de qualifier Dieu. Dans les choses finies, l'« esse » est quelque chose de complet et de simple, mais de non subsistant ; la substance désigne quelque chose de subsistant mais qui est substrat pour quelque chose d'autre. Dès lors, substance et « esse » seront dits de Dieu, mais la substance en sera dite du seul fait de sa subsistance et non du fait qu'elle est substrat ; l'« esse » sera dit de Dieu à cause de sa simplicité mais non en raison de sa vocation à inhérer dans un sujet essentiel. L'opération sera attribuée à Dieu en raison de sa perfection ultime, non en vertu de ce en quoi elle passe (elle sera strictement immanente, et non transitive) ; et la puissance est dite de Dieu en raison du fait qu'elle est permanente et assume la fonction de principe, mais non du fait qu'elle est complétée par l'opération.

Telle est la « résolution » de saint Thomas. Dieu est la perfection même, aussi toutes les perfections doivent lui être attribuées. Or ces perfections existent dans le monde fini, mais accompagnées d'imperfections obligées ; donc on est fondé à attribuer à Dieu, de manière suréminente, toutes les perfections découvertes dans le monde fini, mais libérées de cette dimension d'imperfection qui en ce dernier les accompagne de manière obligée.

§ 30. Le contradictoire se nie dans la radicalisation de son affirmation de soi.

Ce que, devant une telle solution, l'esprit spéculatif ne peut pas ne pas méditer, c'est la chose suivante : est-il accidentel, lié au seul fait de la finitude du monde en lequel de telles perfections se réalisent, que ces perfections soient comme flanquées d'imperfections ? Si l'agir (qui relève de l'actualité et donc du parfait) est maîtrisé, n'y a-t-il pas de manière obligée une puissance d'agir (qui relève de l'imparfait en tant même que puissance) qui sera maîtresse de son actuation ? Mais n'est-ce pas là suggérer que ce qu'il y a d'imparfait (la puissance) dans l'accompagnement du parfait (l'acte), lui étant intrinsèque, est un aspect obligé du parfait en tant que parfait, lequel, sans ce consentement à l'imperfection qu'il assume, ne serait pas parfait ? S'il en est ainsi, ne faut-il pas chercher une solution du côté d'une définition du parfait selon laquelle le parfait est essentiellement victoire sur l'imparfait qu'il assume et dont il se libère dans et par l'acte de l'assumer ? Mais ce serait là reconnaître à l'acte pur la forme d'une réflexion, d'une négation de négation : est purement acte ce qui se pose, ainsi ce qui s'atteint par réflexion, ce qui consiste dans l'acte de se poser — ainsi ce qui *est* cet acte — mais qui, posant son *être*, par là est la position de l'acte de se poser qu'il est. Ce qui est l'acte de se poser, se posant par l'acte de renoncer à soi pour faire réflexivement retour à soi, c'est ce qui, s'achevant dans son départ, relance le processus réflexif (le résultat du processus est son propre lancement), de telle sorte que ce qui consiste dans l'acte de se poser fait s'identifier le processus entier avec son résultat, lequel est unité de lui-même et du processus qui s'achève en lui. **Le résultat du processus de la réflexion est la réflexion même** ; or ce qui consiste dans l'acte de se poser est tel qu'il se fait le poser de l'acte de se poser qu'il est : **il *est* l'acte de se poser, cependant qu'il pose son *être*, donc il pose l'acte de se poser qu'il est**. Donc, dans le moment où il se boucle sur soi dans le pôle supérieur de son orbite (que nous nommerons « O »), s'étant fait poser par l'auto-négation du pôle inférieur (« − O ») de cette même orbite, le processus réflexif redouble (selon le demi-cercle qui va de O à – O) la position du moment négatif de son parcours, et ce moment négatif de la réflexion est cette même réflexion mais lue à l'envers : la réflexion est « O, − O, O », et son envers est « − O, O, − O ». Ce qui revient à dire que le résultat du processus, qui est le processus même, s'objective dans lui-même, ou **fait du résultat du processus − ainsi de lui-même − un moment du processus dont il est le résultat**.

Il est contradictoire, selon la représentation (par opposition au concept), d'être cause de soi, mais ce n'est plus le cas du point de vue du concept, c'est-à-dire si la position du contradictoire est identiquement l'acte de s'émanciper de soi-même, ainsi de se libérer de sa contradiction : ce qui s'objective se libère de soi-même, se met à distance de soi, se soustrait à soi-même. Dans cette perspective, il est contradictoire d'être acte pur *et* d'être son agir, puisque l'agir suppose la maîtrise de l'agir, laquelle en appelle au jeu de l'être en puissance (de sorte que l'acte pur est aussi puissance d'agir, puissance et acte en même temps et sous le même rapport), mais cette contradiction est levée du fait même d'être assumée jusqu'au bout, parce qu'elle se détruit en se radicalisant. L'acte pur n'est pas mouvement, en tant qu'il *est* le devenir de lui-même (ce qui est l'identité du résultat et du processus, c'est bien ce qui est le devenir de soi), lequel est devenir de son *être*, par là un devenir de devenir et de ce fait une immobilité pure (cette « activité de l'immobilité » dont parle Aristote au livre VII de *l'Ethique à Nicomaque*). Ce n'est pas là, nous le savons bien, ce qu'enseigne saint Thomas. Le problème est de savoir si l'on peut faire l'économie de ce raisonnement pour rendre raison de la concomitance de deux thèses thomistes : Dieu est acte pur, Dieu agit en tant qu'il est son agir.

Nous pouvons étayer ce propos par la dialectique élémentaire suivante : si l'immobile était, à tous égards, exclusif de toute mobilité, c'est par un mouvement − ainsi un devenir − qu'il faudrait passer pour aller de l'un à l'autre, pour que l'un succédât à l'autre, ainsi pour expliquer la position de l'être en devenir ; mais ce mouvement, n'étant que la médiation entre l'immobile et le devenir qu'un tel mouvement précède et rend possible, ne serait pas lui-même de l'ordre du devenir puisqu'il le précède, et l'on serait condamné à le placer dans l'élément de l'immobile qui, de ce fait, basculerait en devenir, se convertirait en son contraire et se contredirait : ce qui est unilatéralement immobile sans assumer le devenir se résout en devenir pur ; par conséquent l'immobile ne se contre-divise adéquatement au devenir qu'en tant qu'il est en soi victoire sur ce devenir pur auquel il s'identifie, en lequel il dégénère aussi longtemps qu'il se refuse à l'assumer. Est immobile en vérité ce qui fait devenir le devenir auquel il s'identifie pour le sublimer ; est immobile ce devenir-soi, réflexif, pour autant qu'il sache se réduire à un moment de lui-même. Et c'est à cette condition que ce qui est acte pur peut être à la fois son agir et le sujet d'exercice de cet agir.

On pourra nous rétorquer qu'un changement substantiel ne s'accomplit pas dans le temps mais dans l'instant ; que la corruption d'une substance est la génération d'une autre, qu'il n'y a pas de mouvement entre l'immobile et le départ de sa transformation, que donc cette dialectique est spécieuse ; que même dans le cas d'un changement accidentel, il n'est pas contradictoire d'être une chose en acte sous un certain rapport et en puissance sous un autre.

Nous sommes en demeure de répondre ceci :

Si le « terminus a quo » d'un mouvement est le terme en lequel se repose l'acte de cette réalité en acte qui s'apprête à changer, un tel « terminus a quo », intrinsèque au mouvement puisqu'il est son départ, relève à la fois de l'immobile et de la mobilité, ce qui est contradictoire et donc impossible, à moins que ce « terminus a quo », en tant qu'acte de l'immobile, soit corrélativement confirmation de la puissance en tant que puissance dont il est lui-même l'acte, car alors cette puissance à un tel acte (celui de l'immobile) peut être puissance actuée à l'acte de l'immobile *et* puissance actuée par ce nouvel acte auquel elle est en train de s'assimiler, puisque, aussi bien, la puissance fait s'identifier les contraires. Or, que l'acte de l'être en acte, dans le moment où il actualise une puissance en comblant une privation, revitalise ou confirme corrélativement cette puissance en tant que puissance (le vase vide est plein en puissance, il est en puissance à être rempli, et le remplissement, qui supprime la privation, confirme tout autant cette puissance à être plein, d'autant plus effective que mieux actualisée), cela exige que l'acte de ce qui est en acte ait précisément la forme d'une réflexion : l'acte se fait poser par la puissance qu'il pose. Or ce qui est réflexion, ainsi qu'on l'a vu, c'est ce qui, comme acte circulaire de devenir soi-même, nécessairement accompli dans une réduction du processus réflexif entier à un moment de lui-même, consiste à faire du devenir entier un moment — qui par définition passe, ainsi devient — de lui-même, et cela revient bien à faire de l'immobile le devenir d'un devenir.

Le même problème que celui qui est attaché à cette exigence selon laquelle Dieu agit *et* Dieu est son agir peut être formulé ainsi : comment l'acte pur peut-il être puissance active absolue ? L'acte n'est acte qu'à être l'identité contradictoire de la puissance et de l'acte, acte qui surmonte sa contradiction en se l'objectivant, et en faisant du terme en lequel il s'objective le sujet d'exercice de l'acte qu'il est ; cela dit, l'origine de la réflexion est bien elle aussi puissance à la position de son acte, lequel coïncide avec l'origine puisqu'il s'agit d'un processus circulaire, et cette identité contradictoire de la puissance et de l'acte, dans le terme supérieur de l'orbite, se soustrait à elle-même en s'objectivant dans son processus, ainsi se pose non contradictoirement, par cette libération, *en elle-même* comme acte purement acte, et, dans le terme de son objectivation (dans l'extrême inférieur de l'orbite), *en lui* tel le sujet, en forme de puissance active, d'exercice de l'acte qu'elle est. Nous avons là la réponse au problème que nous posions au §11 : il y a non contradictoirement identité dans la différence de l'essence et de l'exister parce que, par la réflexion ontologique, l'exister est « ex-sistence » de l'essence, acte de demeurer sereinement en soi-même dans l'épreuve consentie de son altérité par rapport à soi. C'est donc à raison du fait qu'il y a réflexion ontologique que l'exister est acte, et non pas accident de l'essence (confer notre § 9).

§ 31. L'existence est « ex-sistence » de l'essence.

Ce qui est unité d'attraction et de répulsion (comme il l'a été décrit ici au § 22) se repousse mais s'attire du fait de se repousser, et tout autant il s'attire pour s'atteindre et ne s'atteint que pour se repousser ; ce mauvais infini de la réitération ne serait que l'effort avorté de se constituer en être, il ne serait que le mouvement impuissant à se sublimer en immobilité si, dans le moment de son retour à soi, s'arrachant à lui-même, lui qui *est* son arrachement à soi (puisque le résultat de la réflexion coïncide avec son lancement), il ne se révélait sommé, sous la pression de sa propre dynamique, s'arrachant à son *être*, de s'arracher à l'arrachement à soi qu'il est : dans l'acte de ratifier sa fuite de soi, ainsi de se proclamer identique au devenir de soi qu'il est, il s'émancipe de ce devenir et s'intronise immobilité pure ; est immobilité absolue ce qui, du sein de son identité à soi, sait se réduire au mouvement éternel de son devenir soi-même. Et c'est là la manière conceptuelle de définir cette puissance active dont même un saint Thomas convient qu'elle est l'intrastructure de l'acte pur entendu comme pur « Esse ». L'existence, c'est l'essence existante, et c'est la puissance active à poser son acte d'exister qui n'est autre que cette puissance active même, entendue comme cause de soi. L'existence, c'est l'essence en tant qu'effet de soi ; l'essence, c'est l'existence en tant que cause de soi. Cela ne vaut que pour celui dont l'essence est d'être, mais cette structure se vérifie, distendue, en tout être, cependant que tout ce qui n'est pas Dieu est tel qu'il n'est pas la raison suffisante de la réflexion ontologique qu'il exerce. Lue en termes conceptuels, ainsi essentiels, l'existence est l'« ex-sistence » ; elle est l'acte, exercé par ce qui est identique à soi, de se poser à distance de soi à l'intérieur de son identité, de se différencier de soi pour être soi, de demeurer identique à soi dans sa différence.

§ 32. De l'art de ne pas aborder un problème de front.

Évoquons les réponses aux objections de l'article précité pour attester que saint Thomas ni n'aborde vraiment ni ne répond véritablement aux difficultés liées à sa démarche consistant à désolidariser les perfections prédicables de Dieu des conditions imparfaites de réalisation de ces perfections.

Selon la première objection, il n'y a pas de puissance en Dieu parce que la puissance est le principe de l'opération, alors que l'opération de Dieu, qui est son essence, n'a pas de principe, n'étant ni engendrée ni dépendante. Si en effet l'opération a ici un principe, l'essence divine en a un, ce qui est contraire au statut de cause première.

L'Aquinate répond que la puissance est non seulement principe de l'opération, mais encore de l'effet. Si l'on place en Dieu une puissance qui est principe de l'effet, ce ne doit pas être le principe de l'essence divine. Il existe certes des relations réelles en Dieu, telles la Paternité et la Filiation. Mais quand on dit que l'opération divine vient de son essence ou que Dieu opère par son essence, ce sont là des relations, mais des relations de pure raison. Il est de la nature de l'opération d'avoir un principe, il n'est pas de la nature de l'essence divine d'en avoir un. Dès lors, il y a bien en Dieu de la puissance qui est principe d'opération, mais cette puissance n'est pas principe de l'essence divine, et la relation de la puissance à son effet est de pure raison. Et cette puissance d'opération n'est autre que l'essence divine qui est identique à son exister.

Convenons que cette réponse est verbale, qu'elle exprime les données du problème plus qu'elle ne les résout. N'est pas expliqué en quoi la puissance d'opérer, selon laquelle Dieu est dit puissant, est une même chose avec l'essence divine qui est acte pur d'exister, et est une même chose avec l'action que pose cette puissance, laquelle action est aussi une même chose avec l'essence divine : la puissance d'opérer est identique à l'opération et au sujet qui opère, et tout autant au pur acte d'exister qu'il est. Répétons-le : que doit être l'acte pur pour être puissance active absolue ? Comment Dieu peut-il être puissance à poser son acte, acte posé par cette puissance, *et* position de sa puissance par cet acte qu'il est ? Réponse : Dieu est réflexion ontologique, victoire souveraine sur la contradiction assumée et niée dans et par le fait d'être posée. Mais on est là sorti du thomisme littéral.

§ 33. L'entendement doit se faire violence pour être rationnel.

C'est dans la *Logique de l'Essence* qu'est thématisée, par Hegel, cette idée de cause de soi, qui résout l'aporie de l'action réciproque. Dans une action réciproque, les deux termes se présupposent l'un l'autre : on a besoin du premier pour poser l'autre, mais il fallait disposer de l'autre pour obtenir le premier ; il faut avoir fait retour pour avoir le droit de partir, alors qu'il faut bien être déjà parti pour faire retour ; la cause (s'il est question de cause de soi) doit être (pour causer) et n'être pas (pour être le résultat de cet exercice de sa causalité). Pour lever l'aporie, il faut et il suffit que l'un des deux termes se fasse l'unité de lui-même et de son autre ; ce qui est identique à soi se différencie de soi, ainsi se nie, pour faire se différencier de lui-même ce en quoi il se nie (terme inférieur de l'orbite) et se reconduire à soi, ainsi se poser telle l'identité contradictoire de l'identité et de la différence ; mais ce qui est identité de l'identité et de la différence est aussi, nécessairement, par voie de conséquence obligée, identité de [l'identité (de l'identité et de la différence) et de la différence (de l'identité et de la différence)] ; ce qui signifie que le résultat contradictoire se réfléchit dans son processus, ou encore que le processus entier est capable de se réduire à un moment de lui-même, par là d'*avoir* sa contradiction, et donc de ne l'être pas. S'émancipant de sa contradiction, il désolidarise le résultat (du processus) du processus même ainsi réduit au néant parce que souverainement nié.

L'identité de l'identité et de la différence, contradictoire, qui donc rend cette identité différente d'elle-même, s'objective dans le moment, auquel elle se réduit, de sa propre différence intestine, mais elle a déjà surmonté cette différence (puisqu'elle s'est fait procéder de l'autodifférenciation de soi de la différence en laquelle elle s'était anticipée), de sorte que cette différence d'avec soi qui la rend contradictoire est ravalée à un moment déjà surmonté, ou aboli, au point que la contradiction est levée.

Ce qui fait violence à l'entendement s'efforçant à penser le concept de cause de soi, c'est que nous nous révélons absolument incapables de penser comme concomitants des moments que l'imagination ne peut nous présenter que comme successifs : la réflexion (dont les moments sont : l'identité à soi, la différence d'avec soi, l'identité de cette identité et de cette différence) d'une part, et d'autre part la réflexion dans son processus (qui consiste à faire se réfléchir l'identité de l'identité et de la différence, résultat de la réflexion, dans le moment de la différence, intérieur à cette réflexion). Mais cette violence où l'entendement se perd n'est pas le fait d'une trahison de la raison ; il est l'expression d'une exigence de dépassement de cette forme d'entendement qu'est l'entendement humain condamné à fonctionner en dépendance des images et plus généralement du sensible caractérisé, précisément, par l'impossibilité de la réflexion (l'acte de voir n'est pas visible, l'intérieur est extérieur à l'extérieur) ; or c'est encore notre entendement humain qui, sous la pression de l'intelligible qui s'efforce à se dire en lui, éprouve et signifie cette exigence de dépassement, de sorte qu'il ne peut signifier ce dépassement qu'en renonçant à lui-même, en se court-circuitant : il doit, pour fonctionner, convoquer ses propres ressources, mettre en œuvre son propre mode de procéder pour signifier la nécessité de s'émanciper d'un tel mode ; il est congénitalement incapable de dire un tel dépassement de lui-même autrement qu'en se faisant violence, et cette violence apparaît dans la manière inadéquatement intelligible dont il signifie le « sur-intelligible ». Mais loin de sombrer dans l'inintelligible en procédant ainsi, même s'il vit sur le mode de l'absurdité l'acte de signifier un tel dépassement, il signifie, ce faisant, qu'il n'est pas assez intelligent, manquant lui-même d'intelligibilité, pour signifier l'intelligible qui le dépasse, le « sur-intelligible » en lequel s'identifient objet intelligible et sujet intelligeant, et que Hegel nomme la raison, par opposition à l'entendement.

§ 34. L'essence comme raison d'être.

Les spécialistes chevronnés, qui se disent à bon droit « thomistes orthodoxes », sont trop savants et trop avisés pour ignorer les difficultés que nous soulignons ; ils sont aussi trop modestes pour y reconnaître – innocentant a priori saint Thomas en tenant pour acquise la complétude de la sagesse du Maître – autre chose qu'une carence de leur propre esprit ; ils sont aussi peut-être trop soucieux de respect de l'autorité pour entrevoir en ces difficultés autre chose que des apories insolubles à vue d'homme, et devant lesquelles il faudrait s'incliner sans chercher à les dépasser. Aussi auront-ils du mal à digérer notre discours, voire à l'écouter, et seulement même à l'entendre ; au moins doivent-ils accepter d'en envisager la pertinence s'ils reconnaissent que les attributs de Dieu (qui agit et est son agir) semblent le rendre contradictoire, comme si signifier la transcendance et l'incompréhensibilité de Dieu devait consister à réduire son concept à l'égout collecteur de toutes les contradictions de l'entendement humain. Quand on parle du Dieu trinitaire, on dit que les Personnes sont des relations, mais des relations subsistantes. Une relation accidentelle est non subsistante et résulte de la position de ses termes ; une relation subsistante ou essentielle pose au contraire ses termes ; mais elle leur est toujours relative, de sorte que, en les posant, elle pose ce qui la pose, elle est cause de soi. Si l'on se souvient que l'essence divine est tout entière en chaque Personne, force est d'en inférer que l'essence divine se pose elle-même, ou est non contradictoirement cause de soi. Dieu est, en tant que Père, géniteur de soi-même comme Fils ; Dieu se pose en tant que géniteur par l'acte de s'opposer un Engendré ; Dieu s'engendre et consiste dans l'acte éternel de son engendrement ; comment n'y pas reconnaître l'exercice d'une cause de soi ? Se réfugier dans le mystère en ressassant de manière incantatoire qu'il y a simplicité et unité d'essence divine dans la trinité des Personnes n'évite aucunement la torture de l'entendement puisque, aussi bien, le dogme proclame tout autant que cette essence est tout entière dans chaque Personne sans pour autant être multipliée.

Être un moi, c'est être un être capable de s'objectiver, ainsi de se différencier de soi-même dans soi-même. Et il est un moi en acte, un moi vraiment moi, un moi identique à soi, à raison de cette objectivation de soi dans soi, par là à raison de cette différence même. Tout le monde peut faire l'expérience de cette opération. C'est en se différenciant de lui-même que le moi coïncide avec soi, en tant que moi. Toute pensée est aussi conscience (on voudra bien nous le concéder ici), et le plus haut degré d'être est la pensée. Donc le plus haut degré d'être est celui de l'être demeurant identique à soi dans sa différence, se faisant procéder de la différence **d'avec soi qu'il instaure et abolit dans le même acte. Il est donc structurellement cause de soi.** Il faut bien que la forme de la cause de soi soit possible, puisqu'elle est réelle. Notre moi n'est pas cause de soi, mais il a la forme d'une cause de soi.

Le principe de raison d'être, qui fonde le principe de causalité, exige que l'être en tant qu'être soit sa propre raison d'être, et ainsi que Dieu, qui est son être, dont l'essence est l'acte

d'être, soit sa propre raison d'être. **Dieu est son « esse », mais l'essence est raison d'être de l'« esse », l'être en tant qu'essence est raison d'être de l'être en tant qu'« esse ». Il faut donc que Dieu soit essence et « esse », que cette essence ne soit pas l'« esse » qu'elle fonde, et en même temps qu'elle se confonde avec lui ; l'essence de Dieu est d'être, *et* l'essence de Dieu est fondement de son être.** Ce qui nous oblige à prendre des distances avec la ligne existentialiste d'Etienne Gilson et de Cornelio Fabro, et à retenir quelque chose de Cajetan pour qui, toujours, l'existence est l'essence existante.

Tout être créé (problème de la « subsistence », convoquée pour expliquer l'union hypostatique) *est* l'individuation de son essence, **et** il *a* cette individuation en tant que suppôt ou personne ; le Christ est totalement homme mais non personne humaine, cette nature humaine individuée n'a pas la « subsistence ». On voit bien que l'unité de l'être et de l'avoir se trouve au cœur de l'être. La philosophie a progressé sous l'effet de la suscitation d'une aporie théologique dont la résolution, convoquant le concept d'identité de l'être et de l'avoir, rejaillit sur tout le reste de la philosophie et invite à faire sa place au concept de cause de soi.

§ 35. Le parfait absolu contient la bonté finie du parfait relatif.

Selon la deuxième objection (nous prolongeons ici le contenu de notre § 32), on ne saurait attribuer à Dieu quelque perfection qui se reconnaît une perfection supérieure ; or l'opération est plus parfaite que la puissance active qui la pose ; donc il n'y a pas de puissance active en Dieu. C'est une autre formulation de l'argument précédent.

A cette objection, on doit répondre, explique saint Thomas, que tout ce qu'il y a de plus parfait doit être attribué à Dieu, mais cela ne signifie pas qu'il faudrait n'attribuer à Dieu que le plus parfait. Ce qu'il faut, c'est que ce qui est attribué à Dieu et qui n'est pas l'absolument parfait soit néanmoins conforme à la désignation du plus parfait, de cet absolument parfait auquel, en raison de sa parfaite perfection, appartient le parfait relatif, ainsi le parfait qui admet plus parfait que lui. Soit : la puissance est moins parfaite que l'opération, mais elle convient à Dieu parce qu'elle est une perfection enveloppée par ce plus parfait qu'est l'opération même, en raison de l'intrinsèque perfection de l'opération.

Une telle réponse est aussi ambiguë que la précédente, et elle n'explique nullement ce qu'elle se propose d'éclairer. Elle ne nous dit pas comment il est possible que l'opération, la puissance opérative et le sujet opérant (qui est son acte d'être) puissent être identiques. Elle nous apprend quelque chose de nouveau cependant : l'absolument parfait enveloppe le moins parfait que lui et l'exige pour être absolument tel. Mais cette concession nous invite à embrasser ce que nous esquissions ici au § 30 : si l'absolument parfait, qui doit être prédiqué de Dieu, enveloppe de manière nécessaire du moins parfait, c'est que le parfait assume en lui-même et de toute éternité, de manière obligée, du moins parfait dont l'imperfection est incapable de ternir la perfection du parfait parce que ce dernier consiste dans le résultat parfait d'une victoire éternelle opérée sur le moins parfait.

§ 36. L'essence comme manque dont s'affecte l'« esse » par autonégation.

Toutes les objections et réponses qui suivent, élaborées par saint Thomas, sont autant de variations sur le même thème que celui du premier argument.

Ce qui précède établit que le thomisme accumule des propositions vraies, mais que leur compatibilité est problématique, quoique nécessaire et donc réalisable en droit.

Il nous reste, pour soumettre à l'épreuve du thomisme ce que nous croyons devoir ajouter au thomisme pour le conformer aux exigences de son concept, à rappeler d'abord les raisons sur lesquelles se fondent les thomistes apophatistes ou existentialistes pour justifier leurs thèses ; puis il conviendra de se demander si tout, dans le thomisme de saint Thomas, corrobore ces thèses.

« L'être même (ipsum esse) est acte même à l'égard de la forme. Car si l'on dit que, dans les composés de matière et de forme, la forme est principe d'existence (principium essendi), c'est parce qu'elle accomplit la substance, dont l'acte est l'être même (ipsum esse) ». La forme est principe d'existence en tant qu'elle détermine l'achèvement de la substance qui est ce qui existe, mais elle n'est, elle-même, qu'en vertu d'une ultime détermination qui est l'« esse », lequel est le « quo est » de la forme (*C. G.* II 54) ; la forme ou essence n'est dite principe d'exister qu'à la manière dont le diaphane est dit principe de la lumière : il constitue l'air comme sujet propre de la lumière qu'il reçoit.

« Esse est actualitas omnis formae, vel naturae ; non enim bonitas, vel humanitas, significatur in actu, nisi prout significamus eam esse » (I^a q. 5 a. 3 resp : l'exister est l'actualité de toute forme ou nature ; la bonté, ou l'humanité n'est pas dite en acte, sinon en tant que nous signifions qu'elle existe). « Comparatur enim forma ad ipsum esse sicut lux ad lucere, vel albedo ad album » (*C G* II 54 : la forme est à l'acte d'être comme la lumière à l'acte de luire, ou la blancheur à ce qui est blanc).

« Il est impossible que la détermination d'un acte d'exister lui vienne du dehors, c'est-à-dire d'autre chose que de lui-même. En effet, **l'essence d'un acte fini d'exister consiste à n'être que tel ou tel esse, non l'esse pur (...) L'acte d'exister se spécifie donc par ce qui lui manque, si bien qu'ici c'est la puissance qui détermine l'acte, en ce sens du moins que son degré propre de potentialité est inscrit dans chaque acte fini d'exister (...) Chaque essence est posée par un acte d'exister qu'elle n'est pas et qui l'inclut comme son autodétermination.** Hors l'Acte pur d'exister, rien ne peut exister que comme tel ou tel exister ; c'est donc la **hiérarchie des actes d'exister qui fonde et règle celle des essences, chacune d'elles n'exprimant que l'intensité propre d'un certain acte d'exister** » (Etienne Gilson, *Le Thomisme*, o. c. p. 178 ; les mises en gras sont de nous). Quand donc on déclare qu'un acte d'exister compose avec une essence, on entend signifier, dans cette perspective, que cette perfection qu'est l'acte d'exister considéré à l'état pur se contracte, se limite, *s'autodétermine* (le mot est bien de Gilson), par là s'« auto-termine » ou s'autolimite, et que l'essence n'est que le résultat, suspendu à l'exister comme un manque affectant ce qu'il ronge, de l'autodétermination de ce dernier.

Pour nous — le lecteur l'a compris — l'« esse » ne s'ajoute pas à l'essence comme une chose à une autre. Il ne s'ajoute pas à l'essence comme un « X », chargé de toutes les richesses et de tous les mystères, s'ajoute à un non-être (l'essence est non-être aussi longtemps qu'elle est en attente de son exister et, jointe à lui, elle n'est que le coefficient de limitation de son acte d'exister) qui nous serait seul accessible, c'est-à-dire à une simple mesure d'« esse » qui seule aurait pour nous une signification conceptuelle. L'« esse » est pour nous le résultat d'un agir immanent de l'essence, qui en retour n'a d'être que par l'exister qu'il produit, selon une causalité réciproque sublimée en réflexion ontologique : l'essence s'atteint par réflexion et se pose comme « esse » identique à elle, et s'objective comme cette essence à partir de laquelle l'« esse » est dit être exercé par elle ; dire qu'il s'ajoute à l'essence, c'est dire que cet « esse » n'est pas dans les flancs de l'essence, et qu'il n'y est pas parce qu'elle n'est pas la raison suffisante de son agir réflexif par quoi elle se fait essence existante.

Épousons néanmoins la position « existentialiste » pour en éprouver la cohérence et pour nous demander si vraiment c'est là tout ce que saint Thomas aurait voulu enseigner.

CHAPITRE IV

Être et valeur

§ 37. L'idéal du réel est l'intensité de sa réalité.

Jules Lagneau enseignait que l'existence n'est qu'un des trois modes de la réalité : existence, être, valeur. On peut comprendre : l'existence, l'essence, l'idéal. Mais rien n'est ce qu'il est, qui ne le tienne du fait qu'il est ; il faut être, pour être quelque chose. Tout est de l'existence, il n'y a que de l'existence : existence d'une essence dans l'entendement divin, existence de cette même essence dans l'intellect abstrayant, existence de cette essence en tant qu'elle est dans les choses. Même l'idéal, supposé qu'il n'ait pas d'existence dans les choses, doit bien exister pour être ce qu'il est : accident de l'intellect, représentation de ce qui mérite d'exister, ainsi représentation existante, au moins en tant que représentation.

On est habitué de manière presque invincible, dit le disciple de Gilson, à faire mesurer ce qui est par sa valeur, son idéal, son devoir-être, lequel est tenu pour plus parfait que ce qui est ; ainsi en est-il de l'idée de triangle visée par le mathématicien raisonnant à propos de cette idée dont il dégage les propriétés en s'appuyant sur des figures réelles toujours plus ou moins fausses. L'existence est perçue comme contingente, et il est vrai que les êtres donnés à notre expérience sont tous contingents. On s'appuie sur les vertus de la raison, faculté de l'universel et du nécessaire, pour dégager, du contingent, cet intelligible nécessaire qu'il réalise en le trahissant toujours plus ou moins, et l'on fait des produits de sa raison la norme et le critère du prix de ce qui est, ainsi de sa valeur. Valeur dit idéal qui dit intelligibilité ; la rationalité est ainsi opposée à la réalité. Invinciblement, on considère que si le réel est réel, c'est en tant qu'il est conforme à son idée dont l'éclipse le fait se défaire, ainsi se déréaliser. L'existence est mesurée par l'essence qui lui confère sa valeur (l'existence d'une âme spirituelle a plus de valeur que celle d'une mouche, non du fait de l'existence, mais du fait de l'essence dont elle est l'existence), et, dans cette perspective, s'il est vrai que ce qui confère valeur à une chose est ce dont cette chose procède à la manière dont un être tient sa dignité de celle de son origine, on en viendra à définir l'existence comme un produit de l'essence : sera dite exister ou accéder à la réalité cette essence en tant qu'elle exerce la plénitude de sa puissance causale ; quand une chose est absolument ce qu'elle est, elle est ; et quand elle se trouve être sans être pleinement ce qu'elle est, c'est parce qu'elle emprunte à un autre la vertu de se faire exister.

Mais cette conception du rapport entre être et valeur méconnaît la valeur de l'être qui seul fait qu'il y a de la valeur : seul l'exister fait qu'il y a des essences résultant de son autolimitation.

§ 38. L'« esse intensif » contre toute raison d'être.

Ainsi raisonne le fanatique de l'exister réduisant les essences à la « menue monnaie de l'être », selon l'expression suggestive de Gilson. Mais, pour le réaliste existentialiste (nous parlons du tenant de l'apophatisme de l'« esse »), rien n'a de valeur que parce qu'il est, et c'est dans l'acte d'être que gît la valeur de l'être qui est. Notre intellect évalue la valeur de l'être et, selon ce que le réaliste interprétera telle l'illusion d'optique idéaliste de ceux qui s'obstinent à faire de leur raison la raison d'être de l'être que leur raison pense, notre pauvre intellect candide en sa prétention ne se rend pas compte qu'il érige en absolu sa raison qui pourtant tire du fait d'être — d'un acte d'être qu'elle est bien incapable de se donner — son pouvoir d'évaluation de l'être et de critère du droit de l'être à être.

« Causa autem prima secundum Platonicos est supra ens, inquantum essentia bonitatis et unitatis, quae est causa prima, excedit etiam ipsum ens separatum (…) sed secundum rei veritatem causa prima est supra ens inquantum est ipsum esse infinitum : ens dicitur id quod finite participat esse et hoc est proportionatum intellectui nostro » (*In lib. De Causis*, lect. III : la cause première, selon les Platoniciens, est au-delà de l'être, en tant que l'essence de la bonté et de l'unité, qui est la cause première, excède jusqu'à l'être séparé (…) mais selon la vérité de la chose, la cause première est au-delà de l'être (entendu comme l'étant) en tant qu'elle est l'acte d'être infini lui-même, l'exister absolu ou pur : est dit étant ce qui de manière finie participe l'exister et cela seul est proportionné à notre intellect). Soit : la cause première, en laquelle tout reconnaît son origine et sa cause, qui par là est plus riche que tout ce qui procède d'elle, est d'abord et exclusivement acte pur d'exister ; être un étant, c'est prendre part de manière déficiente et finie à cette perfection des perfections qu'est l'acte d'exister, et ce que l'on nomme « essence » n'est que la mesure d'une telle participation à l'acte d'exister. Il semble bien que la position « existentialiste » soit l'expression fidèle de la pensée de l'Aquinate.

Si tout l'office de l'essence est de mesurer un acte d'exister ; si seule la hiérarchie des actes d'exister fonde et règle celle des essences ; si une essence consiste dans le fait de mesurer et exprimer l'*intensité* propre d'un acte d'exister ; si l'essence n'existe que comme incluse dans un acte d'exister qui la pose telle son autodétermination, si donc l'essence est intérieure et suspendue à l'acte d'exister qu'elle conteste en tant qu'elle le limite, c'est que le registre de l'essence désigne le coefficient d'auto-négation dont s'affecte le pur « esse » pour se communiquer, ainsi pour se réduire à quelque chose qu'il n'est pas et qui cependant jouira par lui, par son autodétermination limitatrice, de la grâce d'exister quand même. Les Platoniciens ont bien compris qu'il fallait que l'étant eût une raison d'être et que la réponse à la question du « ce qu'est l'être » ne rendait pas raison du fait d'être, mais ils ont méconnu le fait <nous faisons parler les gilsoniens> que ce qui rend raison du fait d'être, c'est le fait d'être lui-même, l'acte d'exister considéré en son intensité maximale qui fait son essence d'exister en tant qu'exister : l'être est sa propre raison d'être en ce sens qu'il n'a pas besoin de raison pour être puisque toute raison d'être est incluse en lui ; seul l'étant requiert une raison d'être, précisément parce qu'il n'est pas l'acte d'être. « Pourquoi y a-t-il quelque chose et non pas plutôt rien ? ». Cette question, qui remonte à Leibniz, est bien typique de cet esprit rationaliste (c'est toujours le thomiste gilsonien qui parle) assez insane pour ne saisir dans l'acte d'être en général, même dans celui de Celui dont l'essence est d'être, qu'une facticité en attente de son droit d'être posé, de sa légitimation, comme si l'acte d'être en général apparaissait comme suspendu dans le vide, sans raison, ainsi absurde ou de trop, se détachant sur fond de néant qui, quant à lui, ne requiert pas de raison d'exister puisque, précisément, il n'existe pas à la manière d'un existant, mais comme la néantisation de toute existence, comme le résultat inconsistant d'une démission de l'être renonçant à être du fait de s'éprouver comme incapable de se donner une raison d'être.

Le réaliste apophatiste enivré par l'« esse » qui défie toute essence dira que le néant n'est que par l'être dont il est la privation absolue, et que — toute raison d'être n'étant qu'une modalité dans l'être — c'est en se donnant l'illusion d'être en dehors de l'être pour le saisir en totalité, l'arraisonner, lui demander des comptes, que la raison peut s'outrecuider et méconnaître l'inconsistance de l'essence en dehors de l'être dont elle est une modalité restrictive ; c'est en cultivant l'illusion d'être en dehors de l'être que cette misérable raison peut faire de l'essence la raison d'être de l'exister.

§ 39. La notion d'« esse intensif » enveloppe, qu'on le veuille ou non, celle de quiddité de l'exister en tant qu'exister.

Peut-on en rester à ce point de vue ?

Si c'est la hiérarchie des degrés d'intensité de l'« esse » <Gilson reprend semble-t-il le vocabulaire de Fabro qui fait référence à l'« albedo *intensive* infinita » du *de Veritate* q. 29 a. 3> qui fonde la hiérarchie des essences, la connaissance de ces dernières considérées en elles-mêmes ne nous fait, en fait, nullement accéder à ce qu'elles sont en elles-mêmes en leur vérité de coefficients de « désintensification » de l'« actus essendi » : quand l'esprit comprend que l'homme est animal raisonnable, il ne comprend pas par là qu'être homme est une manière de n'être pas l'acte pur d'être, une manière de prendre part à la perfection des perfections qu'est l'acte pur d'exister. Déclarer qu'une essence existe devrait, en thomisme de l'acte d'être, être formulé comme suit : se produit un certain degré de relâchement de et dans l'acte intensif d'exister, et l'effet de ce relâchement, de cette décompression ontologique, est l'advenue à l'existence de ce qui n'a en propre que de contester l'acte d'exister, à savoir une essence. Pourtant, c'est au contraire par le biais de la définition d'une essence que le thomiste gilsonien, qui fait « comme tout le monde », offre quelque éclairage sur l'acte d'exister : cette chose qu'est l'essence connue est porteuse d'une indication sur l'exister de cette essence, en ce sens que l'exister sera défini par rapport à l'essence, comme l'acte de cette essence. Soit : dans l'ordre du connaître, l'acte est connu par la puissance, l'existence par l'essence, bien que, dans l'ordre de l'être, la puissance soit posée par l'acte et rendue intelligible par référence à lui. Et cela n'est pas sans susciter un malaise certain, puisque ce supposé constat équivaut à confesser que l'ordre des raisons de connaître n'est pas l'ordre des raisons d'être et demeure à tout jamais étranger à ce dernier.

La hiérarchie des degrés de perfection d'une chose n'a de sens que par rapport à la chose dont on dresse les degrés de hiérarchie. Il n'appartient d'avoir un plus ou moins grand degré d'intensité qu'à ce à quoi il appartient d'être quelque chose ; parler de grandeur intensive, c'est parler de quantité qualifiée, ainsi de quantité de quelque chose, et tel est le degré ; dès lors, si l'on parle d'intensité de l'exister, c'est que l'exister, en tant qu'exister, est quelque chose ; il y a nécessairement une quiddité de l'exister en tant qu'exister, même si l'on doit se résoudre à admettre que cette essence de l'exister ne se surajoute pas à cette essence dont il est l'exister.

S'il est vrai que tout ce qui est premier dans un genre est cause de tout ce qui appartient à ce genre ; si cette loi vaut non seulement pour les genres mais encore pour l'être en tant que tel, qui transcende les genres, alors c'est le degré maximal de perfection d'une chose qui, définissant la cause des choses réalisant plus ou moins adéquatement cette perfection, définit corrélativement l'essence de cette perfection : ce qui est le plus beau est cause des choses belles, et ce qui possède la beauté dans son degré maximal de perfection est la Beauté même ; et il en est de même pour l'ordre de l'être. Dès lors, si le sommet de l'être est Dieu qui est seul l'acte d'être ; si donc l'essence de l'acte d'être est Dieu, celui dont précisément l'essence est d'être, c'est que — on nous pardonnera cette lapalissade — celui dont l'essence est d'être est cette essence de l'acte d'être ; mais alors la hiérarchie des essences prend son sens seulement en faisant référence à cette essence de l'acte d'être qui pourtant est supposée échapper à l'ordre du connaître humain, lequel est proportionné à la seule hiérarchie des essences : nous savons ce que Dieu n'est pas, ce qu'il est nous demeure inconnu (*C. G.* I 49) ; « quid est Deus est omnino ignotum » (*In ad Rom.* I 6). Ce qui revient à dire que si l'ordre de l'existence échappe à tous égards aux prises du concept, si donc la saisie conceptuelle des essences ne renseigne nullement sur l'essence de l'acte d'exister qui actualise cette essence, alors une telle saisie conceptuelle des essences se réduit à un « flatus vocis ». Et il est bien difficile de se résoudre à un tel constat d'échec : si l'essence est intérieure à l'« esse » qu'elle conteste, elle en est une forme de négation ; or une négation ne prend son sens que si l'on sait la nature de ce qui, par elle, est nié ; et pourtant c'est l'essence qui, par la connaissance que nous en avons, nous donne quelque accès à ce qu'est cette perfection dont elle est la mesure participante. Mais alors d'où vient que l'« actus essendi » prenne sens par l'essence dont il est l'acte, par là prenne sens de l'acte même d'être partiellement nié, ainsi encore du fait d'échouer à être ce qu'il est (à savoir pur acte d'être), comme si seule sa maladie le préservait de l'absurde et le rendait intelligible ? N'est-ce pas qu'il est dans la vocation, ainsi dans l'essence de cet « esse », d'être nié pour être lui-même, à charge pour cet « esse », se niant, de se rendre victorieux de ce en quoi il se nie ? Si l'essence est non-être d'un « esse » qui échappe au concept, tenant son être d'essence et son intelligibilité de la négation d'un inconnu, elle devrait être encore, pour nous, plus inintelligible que l'« esse » qui l'actualise ; or c'est, de fait, son intelligibilité d'essence qui donne quelque accès à ce dont elle n'est pourtant que la limitation ; dès lors, si l'on se refuse à remettre en cause le statut de l'« esse » entendu comme acte de l'essence, force est d'en déduire ceci : l'essence parle de l'existence en offrant son intelligibilité d'essence ; l'existence, avons-nous dit,   c'est l'essence en tant qu'effet de soi ; l'essence, c'est l'existence en tant que cause de soi (§ 31) ; par conséquent l'essence, en tant que positionnelle de soi par réflexion, est cet acte d'exister qui échappe à l'essence non au sens où il lui serait extrinsèquement surajouté, mais au sens où la donation de l'essence en tant qu'essence ne nous livre pas le secret de sa puissance de réflexivité, précisément parce qu'elle n'en est pas la raison suffisante ; et pourtant elle parle à sa manière de cette réflexion : « l'homme est animal raisonnable », cela peut se lire comme suit : la raison s'anticipe dans l'animalité pour se faire surgir d'elle en tant que raison humaine, comme homme, ainsi en s'atteignant réflexivement, comme identité d'elle-même et de son autre ; la forme syllogise de la raison est potentiellement présente dans le jugement ; et cette forme syllogise est le référent logique de la réflexion ontologique œuvrant au cœur de tout être.

§ 40. Les trois raisons, en Dieu, d'essence, de sujet subsistant et d'existence.

Contre cet existentialisme thomiste, unilatéral selon nous, on peut évoquer les arguments suivants :

Pour saint Thomas, on l'a vu, l'essence est à l'« esse » comme l'est la lumière par rapport à l'acte de luire ; par ailleurs, toute essence n'a pour consistance ontologique que celle d'une puissance de l'« esse » ; s'il en est ainsi, c'est que, en reprenant l'analogie de l'Aquinate, de même que la lumière est une autolimitation de l'acte de luire, de même l'essence est une autolimitation de l'acte d'être. Et puisque l'acte d'être est réalisé en plénitude en Dieu, il faut dire — il faudrait dire, selon la logique qui préside à l'établissement de ces équivalences — que seule la raison d'existence se trouve en Dieu par là supposé assumer en les transcendant les raisons d'essence et de sujet, et s'y soustrayant par là qu'il les transcende ; il n'appartient, semble-t-il, qu'à ce qui participe l'« esse », de pouvoir être le sujet de l'acte d'être qu'il exerce, et de pouvoir être dit essence dotée d'un exister. A la limite, Dieu n'est pas un étant mais l'acte même d'être. Or, dans le langage même de saint Thomas, il n'en est rien :

Il y a en Dieu les trois raisons d'essence, d'existence et de sujet subsistant (*C.G.* IV 11, Cerf 1993 p. 814) :

« Dieu est son essence et son acte d'être. Il est parfaitement vrai que tout cela est un en Dieu ; **et cependant il y a en Dieu tout ce qui relève des notions de sujet subsistant, d'essence et d'acte**

d'être (et tamen in Deo est quidquid pertinet ad rationem vel subsistentiae vel essentiae vel ipsius esse) : sujet subsistant, Dieu ne peut inhérer en un autre sujet ; sous le rapport de l'essence, il lui convient d'être tel (**esse quid, inquantum est essentia**), et d'être en acte sous le rapport de son exister (**et esse in actu, ratione ipsius esse**). Étant donné qu'en Dieu il y a identité entre le sujet qui connaît, l'acte de connaître et le concept qui est son Verbe, il est nécessaire qu'il y ait en lui, en toute vérité, ce qui relève de la notion de sujet connaissant, de la notion de l'acte de connaître et de la notion de concept ou verbe. **Or il entre dans la notion même du verbe intérieur ou du concept, de procéder du sujet qui connaît, conformément à son acte de connaître, puisqu'il est en quelque sorte le terme de l'opération intellectuelle**. L'intellect, dans l'acte même de son intellection, conçoit et forme cet objet ou essence connue qu'est le verbe intérieur. Il faut donc que de Dieu, et conformément à son acte même de connaître, procède le Verbe divin. **Ainsi le Verbe de Dieu est par rapport à Dieu connaissant, dont il est le Verbe, comme à celui dont il provient** : ce qui est la définition même du Verbe. Il est vrai que dans l'intelligence divine, l'acte d'intellection et l'objet de cette intellection, c'est-à-dire le Verbe, sont essentiellement un, et qu'ils sont, par suite, l'un et l'autre, nécessairement Dieu. Reste pourtant la seule distinction de relation, pour autant que le verbe se rapporte au concevant comme à ce dont il provient. Or c'est un fait que l'Évangéliste, parce qu'il avait dit : 'le Verbe était Dieu', afin qu'on ne suppose pas toute distinction abolie entre le Verbe et Dieu proférant ou concevant le Verbe, ajoute : 'Celui-là était au commencement avec Dieu', comme s'il disait : 'ce Verbe, que j'ai dit être Dieu, en quelque manière est distinct de Dieu disant, en sorte qu'on puisse dire : 'il est avec Dieu' ».

Dans ce passage sur lequel notre attention fut portée grâce aux offices de Monsieur l'abbé Bernard Lucien (auteur de *La Situation actuelle de l'autorité dans l'Église, la thèse de Cassiciacum*, Documents de catholicité, 1985, Editions Saint-Herménégilde), l'Aquinate, comme on le voit, tient à maintenir en Dieu la différence réelle, non moins réelle que l'identité absolue de ce qui est en soi absolument simple. Ce qui nous invite à penser l'identité absolue sur le mode d'une identité de l'identité et de la différence, avec toutes les conséquences que cela implique et que nous avons esquissées ici au § 30. Si chaque Personne est Dieu, si l'essence divine est tout entière dans chaque Personne (et c'est en cela qu'elle est Dieu), alors on est bien contraint de confesser que Dieu engendre Dieu et se pose comme divin en se faisant géniteur de lui-même. Qu'est-ce à dire, sinon que Dieu est cause de soi ? Mais si Dieu est cause de soi, il est cette essence positionnelle de son acte d'exister.

§ 41. L'« esse » est autre que l'étant, tout en étant plus étant que tout étant.

Dieu est sujet subsistant puisque Dieu ne peut inhérer dans un autre sujet, et tout autant parce que Dieu est sujet connaissant géniteur d'un verbe. En tant que sujet, Dieu *a* l'acte d'exister qu'il *est*. Dieu est essence puisqu' « il lui convient d'être tel, et d'être en acte sous le rapport de son exister » : Dieu est quelque chose qui a une essence, laquelle est essence en acte en tant qu'elle est existence. L'identité du sujet, de l'essence et de l'exister n'est pas ablative, en Dieu, de leur différence réelle, parce que Dieu est réellement géniteur de lui-même, instaurateur d'une différence réelle au sein de son identité, et nécessaire à cette identité même en tant qu'identité : exclusive de la différence, l'identité serait différente de la différence (si ce qui est identique à soi était exclusif de toute communauté avec les autres, il ne leur serait même pas comparable au point d'exclure qu'on pût attester sa différence d'avec les autres, et il finirait pas se révéler identique à eux, c'est-à-dire différent de soi-même[9]). Mais si l'exister divin est une essence en acte, ainsi une essence qui existe, c'est que l'exister est *exercé* par cette essence autant qu'il ne fait qu'un avec elle. Mais alors on ne saurait réduire l'essence en général à un principe de limitation de l'exister ; si cela ne vaut pas pour Dieu, a fortiori cela ne vaut pas

---

[9] Si un être est à ce point différent des autres qu'il exclut absolument toute communauté avec eux, alors ce qui fait qu'il n'est pas les autres n'est pas un aspect mais le tout de lui-même, et, pour cette raison, ce qui fait qu'il est lui-même ne diffère en rien de ce qui le différencie des autres ; s'il en est ainsi, tout son être est de n'être pas les autres, ce qui revient à dire qu'il ne jouit d'aucun caractère positif propre et qu'il est essentiellement relatif à ce qu'il n'est pas, n'étant lui-même que comme privation de ce que tous les autres peuvent être. Par là qu'il n'a rien en propre, sinon le néant, il doit confesser qu'il s'identifie aux autres.

pour les créatures. Le propre d'un étant, c'est d'avoir l'exister, c'est d'exercer l'exister. Et, de ce point de vue, force est de constater que le vocabulaire thomiste n'est pas sans un certain flou lui-même révélateur d'une ambiguïté inhérente à la doctrine à laquelle un tel vocabulaire est supposé donner accès. En effet :

« La cause première est **au-dessus de l'étant** en tant qu'elle est l'être même infini (ipsum esse infinitum). Or l'étant c'est ce qui participe à l'être de façon finie, et c'est cela qui est proportionné à notre intelligence, dont l'objet est le 'quod quid est' <l'essence>, comme il est dit au livre III du *de Anima* [4, 429 b 10]. Aussi cela seul est-il saisissable par notre intellect (capabile ab intellectu nostro) qui a une quiddité participant à l'être » (*Commentaire du 'de Causis'*, I VI 175). Retenons : est étant ce qui participe l'« esse », et en rigueur Dieu n'est pas un étant mais l'acte même d'être.

Ce qui n'empêche pas saint Thomas d'enseigner ceci : « **Est enim maxime ens**, inquantum est non habens aliquod esse determinatum per aliquam naturam cui adveniat, sed est ipsum esse subsistens, omnibus modis indeterminatum » (*Somme théol.* Iᵃ q. 11 a. 4 resp. : l'être subsistant est l'étant par excellence, car son être n'est pas limité par une nature en laquelle il surviendrait, il est l'être même subsistant, illimité de toutes les manières).

Dieu est au-dessus de l'étant, *et* Dieu est suprêmement étant ; au-dessus de toute essence et suprêmement essence.

Et il n'est pas acquis que cette double exigence contenue dans le corpus thomiste trouve en ce dernier les raisons suffisantes de sa cohérence.

§ 42. L'acte d'être n'est pas, seul l'étant est.

Puisque « toutes les perfections propres aux choses sont des similitudes de l'être divin » (*Som. Théol.* Iᵃ q. 6 a. 1 ad 2), force est de dire avec Laurence Renault (*Dieu et les créatures selon Thomas d'Aquin*, PUF 1995 p. 48) : « Être pur acte d'être, ce n'est donc pas se passer d'essence, c'est posséder au contraire virtuellement toutes les perfections dans l'ordre de l'essence, et en cela saint Thomas s'écarte d'Avicenne, selon lequel la simplicité de Dieu signifie qu'il est pur être sans essence. Dieu est ce en quoi s'abolit la distinction d'être et d'essence, parce qu'en lui l'essence ne représente pas la restriction de l'être à une des perfections qui se trouvent virtuellement en lui. L'essence divine est à la mesure de la plénitude de l'être. Dans l'infini divin, être et essence se rejoignent ».

Etienne Gilson concède lui-même que poser l'« ipsum esse », c'est le poser comme pur, « mais c'est aussi le poser comme absolu, puisqu'il est tout l'acte d'exister, et c'est enfin le poser comme unique, puisque **rien ne peut être conçu comme étant, que l'acte pur d'exister ne soit** » (*Le Thomisme*, o. c. p. 176-177). Le propos de Gilson consiste à reconnaître que l'« ipsum esse » contient superlativement les essences, et cela nous enjoint de penser que l'« ipsum esse » est lui aussi suprême essence, « omnitudo realitatis » : « l'**essence** de Dieu comprend tout ce qu'il y a de perfection dans l'essence de quelque chose que ce soit et bien davantage » (Iᵃ qu. 14 a. 6 resp.).

On connaît l'enseignement suivant de saint Thomas (*de Hebdom.* Lect. II Léonine n° 271) auquel nous avons plus haut (§ 10) fait allusion : « **ipsum esse non significatur sicut subjectum essendi, sicut nec currere significatur sicut subjectum cursus. Unde sicut non possumus dicere quod ipsum currere currat, ita non possumus dicere quod ipsum esse sit** : l'acte d'être lui-même n'est pas signifié comme sujet d'exister, de même que l'acte de courir n'est pas signifié comme sujet de la course, et de même que nous ne pouvons dire que l'acte de courir court, de même nous ne pouvons dire que l'acte d'être est » ; c'est l'étant qui est, non l'acte d'être qui n'a de sens que comme l'acte d'un étant, ainsi comme un étant en acte, comme essence existante. Cela va évidemment dans notre sens. Toutefois, dans la perspective de Gilson, on pourra dire que l'« esse » est exercé par l'essence seulement s'il est l'acte d'une essence finie entendue comme mesure d'une participation à l'acte d'exister, et que l'« ipsum esse » n'est pas exercé par un sujet, lequel ne renseigne en rien sur l'essence de l'« esse » en tant qu'« esse ». Il reste quand même que si, selon la lecture existentialiste du thomisme, l'acte d'exister se spécifie par ce qui lui manque (Gilson, o. c. p. 178) ; si donc la perfection absolue qu'est l'exister devient tel acte d'exister par défaut ou privation d'intensité, privation mesurée par ce manque nommé essence, on doit néanmoins se demander ce que doit être cet « esse » pur pour être à la fois le Dieu unique, à la fois cette perfection participable capable de se limiter ; on ne saurait dire en effet, à peine de cautionner l'étrange et gnostique théorie juive du tsim-tsoum (l'En Sof se contracte et se restreint pour laisser être le fini), que Dieu, acte pur d'exister, s'affecte de limitation pour circonscrire des actes d'exister finis auxquels, dans l'hypothèse, il serait consubstantiel, chaque créature étant une espèce de contraction de Dieu. Il faut dire, nous semble-t-il, que Dieu *a* sa perfection qu'il *est*, et il l'a pour, sans cesser de l'être, la communiquer en la limitant, et pour faire être ceux à qui une telle perfection est communiquée du fait même qu'elle est contractée : l'acte d'exister est éminemment participable, Dieu est l'acte même d'exister, et pourtant Dieu en tant que Dieu n'est pas participable. Mais si Dieu a ce qu'il est, il est sujet de l'acte d'être qu'il est. Et un tel sujet, qui a raison d'essence en tant qu'il a son exister, ne se limite pas à une privation d'« esse » ; c'est bien plutôt lui qui multiplie l'intensité de l'exister, bien qu'il doive à ce dernier son pouvoir multiplicateur. Se prenant pour objet, se différenciant de soi, se faisant le sujet capable d'avoir ce qu'il est, se rendant identique à soi dans sa différence, l'acte pur ou « esse » pur exerce tous les degrés d'intensité de l'acte d'exister en ce sens qu'il pose tous les degrés d'être, jusqu'au degré nul, et le surmonte souverainement à l'infini, indépendamment de l'acte créateur qui est contingent. Dans « Le Sens du mystère chez Cajetan » (*Angelicum*, année XII, fascic. I), le Père Réginald Garrigou-Lagrange cite Cajetan (*In Primam*, q. 13 a.5 n VII) : « La déité est un peu pour nous ce que serait la lumière blanche pour celui qui ne connaîtrait que les sept couleurs de l'arc-en-ciel et qui ne saurait de la blancheur que le nom. Cependant tandis que la lumière blanche ne contient les couleurs que virtuellement, la déité contient les attributs divins 'formaliter eminenter' » ; ils s'identifient, chacun, à elle du fait de la simplicité de cette dernière, et ils s'identifient entre eux en elle du fait de leur infinité, bien qu'ils demeurent réellement distincts les uns des autres en elle, à peine de tomber dans la contradiction suivante dénoncée par Cajetan (*In Primam*, qu. 13 a. 4) : Dieu pardonne par justice et punit par miséricorde, ce à quoi on est acculé si l'on est nominaliste, ainsi quand on ne reconnaît qu'une distinction verbale entre les attributs divins. Et c'est précisément ce qu'il convient d'expliquer : identité dans la différence, avoir son acte d'être que l'on est, mais par là être un acte d'être qui consiste dans le fait que ce qui est exerce le pouvoir de se mettre à distance de soi sans cesser d'être soi, ce qui en dernier ressort définit l'acte d'être telle l'autoposition de l'essence. Laurence Renault (o. c. p. 63) esquisse la même difficulté en remarquant que « c'est apparemment un paradoxe que distinction et multiplicité apparaissent dans la création dans la mesure où celle-ci est une image de la perfection divine, qui coïncide avec la simplicité absolue ». Oui, c'est un paradoxe, mais ce n'est pas une contradiction, et le caractère non contradictoire d'un tel paradoxe se révèle quand on se souvient que l'identité concrète est assomptive de différences, et consiste, comme perfection positive, dans la négation de sa propre négation. La création en son entier est image de la perfection divine non seulement par l'unité de l'ensemble des choses créées, mais encore par le fait de leur diversité. Cela dit, seul le concept de réflexion, selon nous, dissipe l'apparence de contradiction enveloppée par ce paradoxe.

§ 43. Double composition de matière et de forme, d'essence et d'exister.

C'est par l'évocation de divers éléments de l'enseignement thomiste, mais aussi par celle de diverses explicitations opérées par des commentateurs autorisés de l'œuvre de l'Aquinate, que se fait jour pour nous le caractère abusif et réducteur de la thèse existentialiste, à tout le moins existentielle, qui prévaut aujourd'hui dans l'Ecole.

Poursuivons notre succincte enquête.

« Invenitur igitur in substantia composita ex materia et forma duplex ordo : unus quidem ipsius materiae ad formam, alius autem ipsius rei jam compositae ad esse participatum. Non enim est esse rei neque forma ejus neque materia ipsius, sed aliquid adveniens rei per formam » (*de Subst. separatis* cap. VI : un ordre double est à discerner dans un composé de matière et de forme ; l'un est celui de la matière à la forme, l'autre de la chose déjà composée à l'acte d'exister participé. L'acte d'être de la chose n'est en effet ni sa forme ni sa matière mais quelque chose qui advient à cette réalité par sa forme).

Selon une telle déclaration, il est clair que l'Aquinate entend non certes enseigner une succession temporelle de compositions, mais une distinction réelle des deux avec antériorité de causalité de l'une par rapport à l'autre. La forme individuée par la matière est cet individu composé de matière et de forme, et c'est seulement en tant que constitué comme individu qu'il reçoit son acte d'être. Il n'y a donc pas, dans cette perspective, identité entre individualité et acte d'exister. Même l'individu est en puissance à un exister qu'il reçoit extrinsèquement, et cela signifie que tout perfectionnement dans l'ordre essentiel, aussi élaboré soit-il, fait demeurer dans cet ordre qui est celui du possible ou de l'être en puissance ; et jamais ne fait accéder par lui-même à l'ordre de l'existence ; la complexification du possible en tant que possible, du pensable en tant que pensable, ne fait pas accoucher ce dernier de sa réalisation ; on ne rejoint jamais le réel par l'idée, toute preuve ontologique est par principe prohibée. Et la réalité du réel, son acte d'exister, échappe à jamais à la convoitise de la raison qui peut au mieux imiter, par l'opération du jugement, l'exercice par l'étant ou essence d'un acte d'exister qui lui est donné, offert à exercer, irréductible à lui. Qu'une opération menée par l'ordre essentiel dans son élément propre en vienne à rendre raison de la position et de la nature de l'acte d'exister de cette essence, est une chose définitivement exclue. Aussi parfait soit-il, l'idéal intelligible ne sera jamais qu'une construction immanente à l'esprit et bien incapable de mesurer le degré de perfection de l'être réel ou existant, puisque ce dernier lui est par essence inaccessible ; au mieux pourra-t-on dire que l'idéal intelligible, fruit de l'activité cognitive, se contente de refléter une perfection réelle (l'exister considéré en son degré d'intensité maximale) mais qu'il ne circonscrit ni n'atteint en elle-même. Aucun idéal, aussi parfait soit-il, ne vaudra jamais le moindre acte d'exister. Et il sera à jamais impossible de s'objectiver l'acte d'exister en tant que tel, et même de l'appréhender sur le mode d'une essence (fût-ce autrement et moins parfaitement que par une objectivation), puisqu'il lui échappe par définition.

§ 44. Acte d'être et individuation.

C'est pourtant ce même saint Thomas qui nous enseigne ceci : « Unumquodque secundum idem habet esse et individuationem ; universalia enim non habent esse in rerum natura ut universalia sunt, sed solum secundum quod sunt individuata » (Qu. disp. *De anima* I ad 2 : toute chose quelle qu'elle soit a selon une raison identique son acte d'exister et son individuation ; les universaux en effet n'ont pas d'existence en tant qu'universaux dans la nature des choses, mais seulement selon qu'ils sont individués).

Il nous semble qu'il faille comprendre ceci : non seulement il faut être individu pour exister, non seulement la blancheur (ou l'humanité) n'existe que comme cette blancheur-ci (ou cette humanité individuée-ci, par là cet homme individuel), mais encore ce qui fait qu'une chose est individuelle est immédiatement ce qui fait qu'elle est existante : l'individuation *est* la donation de l'acte d'être. Si l'individuation n'était que condition nécessaire et non suffisante d'accession à l'existence, ce n'est pas « secundum idem » qu'une chose obtiendrait son « esse » et son individuation. Un tel point de vue, qui semble contredire le précédent, peut, selon les principes du thomisme, être étayé de la manière suivante :

Selon l'analogie d'attribution, « être » se dit de Dieu et de l'homme en tant que l'être de Dieu est cause de l'être de l'homme, de sorte que la cause est riche, en son éminente simplicité, des différences ou degrés d'être finis selon lesquels elle leur communique sa perfection et les fait exister par cette communication même. Cajetan faisait observer, nous l'avons vu (§ 42), que Dieu contient les perfections de toutes choses possibles « formaliter eminenter » et non pas seulement virtuellement ; qu'elles s'identifient dans la simplicité de l'essence divine ne les laisse pas, corrélativement, de demeurer différentes, et d'être telles que c'est en leur différence que les êtres créés trouvent la raison de leurs différences entre eux. Les perfections prédicables des créatures préexistent dans leur cause sur un mode qui nous est inconnu, mais ce sont bien elles qui y préexistent ; si les essences qui diversifient l'acte d'être ne trouvaient, dans Celui qui est en plénitude cet acte d'être, la raison de leurs différences, il faudrait confesser que les espèces, et les individus à l'intérieur de chaque espèce, auraient hors de Dieu la raison de leur existence (ce qui est absurde puisque Dieu est cause première), puisque l'individualité, qui différencie, et l'existence, qui sépare, sont corrélatives. Ce qui se comprend aisément si l'on se souvient que le concept d'être est un transcendantal, s'attribuant à ses inférieurs logiques non seulement quant à ce qu'ils ont de commun, mais encore quant à ce qu'ils ont de propre ; l'être est ainsi en toute chose ce qui la rend identique aux autres (toute chose est de l'être, à peine de n'être rien, n'étant pas ; et deux choses, aussi différentes soient-elles, ont en commun au moins d'être de l'être), mais aussi ce qui la différencie des autres : « rien ne se divise d'avec l'être que le non-être ; de même un être ne se divise d'avec un autre que par le fait qu'en celui-ci est contenue la négation de celui-là » (*In Boeth. De Trinitate* 4, 1 : « Non potest autem hoc esse, quod ens dividatur ab ente in quantum est ens; nihil autem dividitur ab ente nisi non ens. Unde et ab hoc ente non dividitur hoc ens nisi per hoc quod in hoc ente includitur negatio illius entis) ; mais c'est une négation qui *est*. L'être est donc ce qui rassemble et ce qui divise ; il est, dès lors, ce qui unifie et ce qui différencie mais, par là, il est en soi unité de l'unité et de la différenciation ; or ce qui réalise une telle unité est ce qui se donne la forme d'une victoire sur la différence qu'il assume, ainsi la forme d'une réflexion, laquelle subsiste comme une pensée. Nous comprenons par là que le plus haut degré d'être est le plus haut degré d'intelligibilité, l'acte d'intellection étant une même chose avec l'acte d'être intelligible. Or le singulier est ce dont l'extension est nulle, et ce dont la compréhension est infinie : le singulier est ineffable ; mais la compréhension ne dit rien d'autre que l'intelligibilité ; donc l'intelligibilité du singulier est à sa manière infinie. Si l'acte d'être est à l'essence comme l'acte à la puissance, il a au moins autant de perfection que ce qu'il actualise et, puisque intelligibilité et degré de perfection sont corrélatifs, l'acte d'être a plus d'intelligibilité que l'essence dont il est l'acte ; or cette intelligibilité de l'essence singulière est déjà infinie ; donc l'intelligibilité de l'acte d'être ne saurait l'excéder ; il en résulte que le degré de perfection ontologique du singulier en tant que singulier n'est pas inférieur à celui de l'acte d'exister de ce singulier ; ce qui revient à dire que l'individualité *est* l'acte d'être même.

Au passage, notons que si l'évocation de l'être comme réflexion fait difficulté pour un thomiste « orthodoxe », en revanche tout thomiste reconnaîtra aisément que le plus haut degré d'être est le plus haut degré de vie, et que le plus haut degré de vie est l'acte de connaître (intellection, dont l'acte est identique à l'acte d'être intelligible), lequel est réflexion (puisque savoir quelque chose est *se* savoir en tant que devenu intentionnellement ce qui est à savoir : savoir est savoir qu'on sait). Et cela suffit pour notre démonstration dont le résultat est confirmé par le constat suivant : on peut bien *se représenter* un individu qui ne serait que possible, mais on ne peut *concevoir* un individu qui serait simplement possible sans être réel, et nous en voulons pour preuve le fait que penser cet individu en tant qu'individu revient à exhiber son individualité, laquelle est un universel. Nous savons aller du singulier à l'universel par induction ou abstraction, nous savons de plus que l'individu est individuation de l'universel, mais nous ne savons percer, en le vivant, le secret de l'acte à raison duquel l'universel se particularise pour se faire singulier ou existant : ce serait le faire exister en le pensant, ainsi le créer[10].

L'individualité est l'acte même d'être de cet être qu'on dit individuel ; un individu simplement possible et non existant est une contradiction dans les termes ; il n'existe comme simple possible qu'en tant qu'il est universel, en attente de son individuation ; et c'est au reste pourquoi l'individu échappe aux prises du concept : s'il n'y échappait, le concept par quoi nous le pensons serait la position de l'exister de ce que nous pensons, et notre intellection serait créatrice. Il est contingent qu'une essence soit individuée, mais il est nécessaire que, individuée, elle existe. Sous ce rapport, l'acte d'exister est non pas ce qui s'ajoute à l'individu, il est le

---

[10] La conjugaison de l'élémentaire dialectique de l'universel et du particulier exposée ici au § 11, jointe à l'exposition (§30) des moments de la réflexion ontologique, permet d'entrevoir que le singulier est l'universel concret, autrement dit que la singularité du singulier, ou de l'existant, n'est autre que celle de l'universel, mais en tant que, s'identifiant réflexivement à soi, un tel universel se donne, sans cesser d'être universel, sa manière particulière de se réaliser. C'est ce qui explique que tel homme singulier, par exemple, soit tel que la nature humaine est tout entière en lui, bien qu'elle n'y soit pas totalement ; il est l'individuation d'une nature universelle. Nous reviendrons sur ce sujet au § 63, à propos de la notion d'haeccéité.

terme du processus d'individuation de l'essence qui, certes, doit bien être pour entrer en processus d'individuation, cependant que cet être, cet acte d'être, est le terme d'un tel processus ; force est encore de reconnaître, dans cette double exigence, la nécessité d'en appeler à l'idée de réflexion en tant qu'elle fait s'identifier arrivée et départ. On retrouve l'idée de l'« esse » comme « ex-sistence » (§ 31). Et c'est à toute essence qu'il appartient, dans cette perspective, d'être individuée, même s'il est dans sa nature d'être épuisée par un seul individu, ainsi qu'il en est pour les substances angéliques : il y a passage à l'exister de ce qui est d'abord Idée divine confondue avec l'essence divine, et ce passage n'est autre que le fait de la réflexion ontologique appliquée, par la volonté divine, à une telle Idée. Il en résulte que l'« esse » sera conceptuellement saisissable, au moins jusqu'à un certain point : l'essence de l'« esse » est cette essence dont il est l'« esse », pour autant que cette essence soit comprise dans et comme l'acte de sa réflexion ; nous savons que cette réflexion est à double détente, en cela que si le terme de la réflexion est la réflexion même (le résultat du processus est l'acte même de son lancement), il a vocation à se réfléchir dans son processus, ou encore la réflexion de l'essence a vocation à se réduire à un moment d'elle-même, à s'intérioriser, par là à se convertir en substance subsistante faisant, de sa puissance à être, une détermination intérieure à son être. Il reste que notre finitude nous enjoint de penser selon deux opérations ce que nous savons n'en être qu'une. **Nous ne pouvons connaître l'essence de Dieu ou l'essence de l'acte d'exister, mais nous pouvons et devons les désigner par l'indication d'un passage à la limite, terme idéal d'un mouvement pour nous asymptotique, celui de l'identification inchoative de la réflexion, *et* de la réduction d'elle-même à un moment d'elle-même.** Il est permis de suggérer que les deux lectures ci-dessus esquissées de l'actuation de l'essence — tantôt décrite comme apport extrinsèque de l'acte d'être, tantôt identifiée au processus d'individuation de l'essence — peuvent être réconciliées par l'intromission du concept de réflexion ontologique, en appliquant à toute substantification d'essence, ainsi à toute acquisition d'exister, ce qu'un Cajetan proposa — acquisition de la « subsistence » — pour expliquer l'union hypostatique : acte pour l'essence individuée de se mettre en retrait par rapport à elle-même afin de s'introniser substance subsistante, ainsi existante comme suppôt, comme exerçant son acte d'être et non seulement comme le recevant. Cela dit, dans notre perspective, qui consiste à intégrer *par le thème de la réflexion ontologique* (ce qu'évidemment ne fait pas Cajetan) au thomisme de saint Thomas la « subsistence » cajétanienne, l'acquisition de la « subsistence » supposée parfaire l'essence individuée n'est autre que l'achèvement de l'individuation elle-même, c'est-à-dire la réflexion dans son processus du processus de la réflexion.

§ 45. Causalité réciproque de la matière et de la forme, de l'essence et de l'« esse ».

Afin de confirmer ces résultats, considérons le double discours de saint Thomas concernant la valeur de nos abstractions. Pour ce faire, nous procéderons à quelques rappels préalables.

« Considerandum est igitur quod infinitum dicitur aliquid ex eo quod non est finitum. Finitur autem quodammodo et materia per formam et forma per materiam. Materia quidem per formam, in quantum materia, antequam recipiat formam, est in potentia ad multas formas; sed, cum recipit unam, terminatur per illam. Forma vero finitur per materiam, in quantum forma, in se considerata, communis est ad multa; sed per hoc quod recipitur in materia, fit forma determinata hujus rei. Materia autem perficitur per formam, per quam finitur. Et ideo, infinitum, secundum quod attribuitur materiae, habet rationem imperfecti : est enim quasi materia non habens formam. Forma autem non perficitur per materiam, sed magis per eam ejus amplitudo contrahitur. Unde infinitum, secundum quod se tenet ex parte formae non determinatae per materiam, habet rationem perfecti » $(I^a$ qu. 7 a. 1 ad 3um : il faut savoir que l'infini se dit de ce qui n'est pas fini (limité) ; d'une certaine manière la matière est limitée par la forme et réciproquement ; la matière l'est par la forme en ce que, avant de recevoir la forme, la matière est en puissance à maintes formes cependant que, en en recevant une, elle est limitée (achevée) par elle ; au contraire la forme est limitée par la matière en ce sens que, considérée en elle-même, elle est commune à maints individus, mais, par cela qu'elle est reçue dans une matière, elle devient la forme déterminée de cette chose-ci ; mais la matière est perfectionnée par la forme, par laquelle elle est limitée, et pour cette raison l'infini, selon qu'il est attribué à la matière, a raison d'imparfait ; il est comme une matière sans forme ; en revanche la forme n'est pas perfectionnée par la matière, bien plutôt c'est son amplitude qui est contractée par elle ; de là, si l'infini est pris du côté de la forme entendue comme non limitée par la matière, il a raison de perfection).

Ce texte nous aide à comprendre ceci :

La forme n'est pas déterminée par la matière comme la matière l'est par la forme qui l'actualise et la parfait : la matière est toutes choses en puissance et, actuée par une forme, elle n'est plus que la matière de cette forme, mais la puissance est un mode du « n'être pas » et, par la forme, elle est quelque chose de déterminé, et en acte ; c'est la forme qui détermine la matière, même si, sous un autre rapport, elle se fait déterminer par elle en ce sens qu'elle se fait individuer par elle, *et l'on peut dire que d'une certaine façon elle perd quelque chose pour être cette forme-ci* ; elle est déterminée *par appauvrissement* de ses richesses internes, nonobstant le fait de gagner son droit d'exister par son appauvrissement même. Au contraire, la matière voit certes ses potentialités s'appauvrir en étant actualisée, mais en fait, d'indéterminée qu'elle était, elle devient déterminée par la forme qui l'enrichit au lieu de l'appauvrir : aussi longtemps qu'elle est informe, la matière n'est pas, elle est indéterminée ou « infinie » comme l'est le non-être, qui est infiniment indéfini ; ce qui donne à une chose d'être, c'est ce qui la limite à n'être que ce qu'elle est ; n'être rien de déterminé revient à n'être pas.

Et il en est de même, sous le rapport de l'analogie, quant aux rapports entre essence et existence. *L'« esse » est déterminé par l'essence en tant qu'il est comme appauvri par elle, l'essence est déterminée par l'«esse » en tant qu'elle est réalisée, ainsi actualisée par lui* ; sans l'« esse » qu'elle reçoit, l'essence est pur pouvoir-être qui à ce titre se confond avec toutes les essences, indifférenciée, parce que l'être en puissance fait s'identifier en lui les contraires et les contradictoires.

§ 46. L'exister est-il éprouvé par le sens et oblitéré par l'intellect ?

Nous laisserons de côté pour le moment cette invitation qui nous est faite, au regard de ces textes, à tirer les conclusions du fait suivant : la forme est appauvrie par le fait de son incarnation, corrélatif de son passage à l'existence, dans le moment où c'est l'acte d'exister qui la parfait en tant que forme ; ce qui revient à dire qu'elle doit s'appauvrir pour s'enrichir, et que la condition de son achèvement est sa négation partielle (n'être que la forme de cette matière-ci, pour cet individu-ci, n'être plus la forme de tous les individus de même espèce). Nous observerons une fois de plus que ce paradoxe se dissipe si l'on admet que la forme se pose en posant la matière : elle se pose en ce sens qu'elle devient existante (l'universel a bien une consistance ontologique irréductible à un être de raison, mais la forme ne subsiste pas par soi en tant qu'universelle) ; elle pose la matière en ce sens qu'elle la fait être en l'actualisant ; mais elle se nie en la posant, c'est-à-dire en l'investissant et en se faisant individuer par elle, puisque son individuation est son appauvrissement ; donc *elle s'affirme dans sa négation*, se fait procéder (éduire) de la matière en laquelle elle se nie et dont elle ne se fait procéder qu'en la niant (actualiser l'être en puissance, c'est bien le nier puisqu'il est tout entier suspendu à l'acte qu'il *conteste*). En d'autres termes, l'hylémorphisme semble bien appeler la réflexion ontologique. Mais tel n'est pas ici notre propos premier que de l'établir. Retenons seulement que l'« esse » est la perfection de l'essence qui le limite :

« Esse autem est illud quod est magis intimum cuilibet, et quod profondius omnibus est, cum sit formale respectu omnium quae in re sunt » (I^a, qu.8, 1, ad 4um) : l'acte d'être (esse) est ce qu'il y a de plus intime en quelque chose que ce soit, et qui pénètre au plus profond d'elle, étant ce qu'il y a de formel relativement à toutes les autres choses qui se trouvent dans cette chose.

« Hoc quod dico esse est inter omnia perfectissimum (…) Unde patet quod hoc quod dico esse est actualitas omnium actuum, et propter hoc est perfectio omnium perfectionum. Nec intelligendum est quod ei quod dico esse, aliquid addatur quod sit eo formalius, ipsum determinans sicut actus potentiam ; esse enim quod hujusmodi <scilicet actus essendi> est aliud secundum essentiam ab eo cui additur determinandum » (Iᵃ qu. 4, a. 1 ad 3ᵘᵐ : ce que j'appelle « esse » est ce qu'il y a de plus parfait. Il est clair, dès lors, que ce que j'appelle « esse » est l'actualité de tous les actes, et pour cette raison la perfection de toutes les perfections. Il ne faut pas comprendre qu'à ce que j'appelle « esse » quelque chose serait ajouté qui serait plus formel que lui, et qui le déterminerait comme l'acte détermine la puissance ; l'« esse » dont il est question est autre par essence que ce à quoi il s'ajoute pour être déterminé). [Et, conformément à ce qui précède, l'« esse » et déterminé au sens où il est restreint ou appauvri par l'essence].

Or notons ceci :

N'est doté d'existence que ce qui est singulier, les universaux n'existent pas comme tels dans les choses. Et pour cette raison on est fondé, logiquement, à majorer l'importance de la connaissance *sensible*, qui seule permet de saisir le singulier comme singulier, ainsi, semble-t-il, l'existant comme existant :

« Que si l'intelligence procède ainsi par abstraction, extraction, ne prenant des objets que le cadre universel commun à tous les singuliers inclus dans le genre ou l'espèce, il ira de soi que, à titre d'objet direct tout au moins, le singulier n'aura point rapport à l'intelligence. Le singulier est objet du sens ; à l'égard de l'intelligence, il n'est saisi qu'indirectement, en ce que l'intellect, faisant retour sur son acte et le jugeant tel qu'il est, y retrouve, exigés l'un par l'autre, et le principe de cet acte, qui est la forme intelligible ; et l'origine de celle-ci, qui est l'image ; et l'origine de l'image, qui est le singulier extérieur » (*Saint Thomas d'Aquin*, A.-G. Sertillanges, tome II, 4ᵉᵐᵉ édition, 1925 p. 170).

L'auteur certes ajoute que le singulier est connu par l'universel, mais au contact du singulier, et que cette réflexion ne peut s'opérer qu'avec le secours des pouvoirs sensibles. Sous ce rapport, le singulier et/ou l'existant ne sont/n'est directement éprouvé(s) que par les sens. Il y a donc, semble-t-il, un privilège de l'expérience sensible pour ce qui concerne l'appréhension de l'« esse », par là pour ce qui concerne ce qu'il y a de plus précieux et de plus profond dans la réalité. La donation brute de l'existant, expérimenté comme tel, est, chez l'homme, un privilège des sens. Et cette survalorisation des sens est solidaire de celle de l'« esse » par rapport à l'essence réduite à un négateur d'« esse ». Et il n'est pas interdit, non sans un certain mauvais esprit que nous assumons complètement, de faire observer que sur ce point le thomisme de Gilson se rapproche de la doctrine kantienne : il n'y aurait d'intuition que sensible. Peut-on véritablement, sans éprouver aucun malaise, admettre que ce qu'il y a de plus précieux et de plus formel dans le réel nous serait accessible seulement par ces puissances opératives qui, en nous, sont les moins nobles ?

§ 47. L'essence est puissance active de l'« esse ».

Que trouve-t-on pourtant chez saint Thomas relativement aux puissances d'abstraire ?

« Per similitudines spirituales nobis conjunctas, magis pertingimus ad intima quam per ipsam conjunctionem realem quae nobis secundum sensum exhibetur » (*IV Sent*. D. 49, qu. 3, a. 5 sol. 2 : par les similitudes spirituelles qui nous sont conjointes <les espèces tirées du sensible par abstraction sous l'effet de la causalité illuminatrice de l'intellect agent>, nous atteignons à l'intime des choses plus parfaitement que par cette union réelle pour nous mise en évidence par le moyen du sens).

La saisie de l'intelligible dans le sensible est plus proche du cœur ontologique du réel que la donation brute, sensible, du réel existant. Le « id quo res exsistit », le ce par quoi la chose est disposée à recevoir l'« esse », est plus intime à la chose que son « esse » même ; ou bien, à tout le moins, l'appréhension conceptuelle du réel nous rapproche plus de son « esse » que la sensation qui pourtant, seule, saisit le singulier, par là est seule confrontée à l'« esse » sans médiation ; ce qui revient à dire qu'il y a, sous un certain rapport, plus de quantité d'existence dans la puissance à exercer l'existence que dans l'acte même d'exister ; si, sous un autre rapport, on ne peut se dispenser de reconnaître dans l'acte d'exister la perfection des perfections, on parviendra à faire l'unité des deux points de vue en remarquant que l'acte (d'exister) est puissance active (il y a identité des deux jusques en Dieu), et que l'essence existante est non seulement la puissance vouée à être actuée par son exister qu'elle *reçoit*, mais est encore et d'abord l'exister même (comme puissance active à lui-même) : l'essence existante est l'essence posée comme puissance active, ainsi posée comme pouvoir de poser son « esse », et de le poser en tant qu'elle l'*exerce*.

Saint Thomas va encore plus loin dans cette ligne en affirmant :

« Item, formae rerum sensibilum perfectius esse habent in intellectu quam in rebus sensibilibus ; sunt enim simpliciores et ad plura sed extendentes ; per unam enim formam hominis intelligibilem, omnes homines intellectus cognoscit » (*C. G.* II 50 : les formes des réalités sensibles ont un mode d'exister plus parfait quand elles sont abstraites, et subsistent dans l'intellect sur un mode plus parfait que quand elles informent les choses <ou actualisent une matière> ; selon ce mode abstrait de subsister, elles sont en effet plus simples, et elles s'étendent à plus d'individus ; en effet, par un seul concept d'homme, l'intellect connaît tous les hommes).

Que faut-il comprendre ici, sinon qu'il y a plus d'« esse » dans l'essence de l'étant que dans l'étant lui-même en tant qu'il existe comme tel étant ? Nous évoquions plus haut (§ 46) le fait que le plus haut degré d'être est le plus haut degré d'intelligibilité. Mais, dans une perspective thomiste de type gilsonien, le plus haut degré d'être n'est pas fondé par le degré de perfection essentielle, mais par le degré d'intensité de l'« esse » qui, quant à lui, est raison de la hiérarchie des essences. Or le degré d'intensité de l'« esse », cet « esse intensif » cher à Fabro, désigne, s'il est ainsi permis de s'exprimer, la « quantité d' 'esse ' » d'un étant. Donc plus une chose est réelle, plus elle contient d'existence, plus elle est intelligible, plus elle tend à s'identifier avec ce que l'on tient pour l'idéal supposé mesurer — telle une Idée platonicienne — la valeur du réel. Le mérite de ce point de vue est de nous rappeler que toujours c'est l'être qui mesure les idéaux de notre pensée, laquelle n'est pas le critère de réalité du réel dont elle se nourrit. Cela dit, souvenons-nous que le degré d'intelligibilité d'une chose est proportionnel tant à l'aptitude qu'a cette chose à s'identifier à son essence (par cette aptitude, elle exténue en elle la matérialité qui est principe de confusion et d'inintelligibilité) qu'au degré de perfection de cette essence dans la hiérarchie des essences (une essence est d'autant plus digne qu'elle est plus proche d'un acte d'intellection, sommet du vivre et donc de l'être : avoir en soi le principe de sa position dans l'existence, tendre à être la raison suffisante de soi-même). Dès lors, si la coextensivité entre degré d'intelligibilité et quantité d'existence est avérée, alors, plus une essence est parfaite dans son ordre d'essence, plus d'autre part une chose est adéquate à son essence, plus cette essence tend à s'identifier à son « esse », plus la chose habitée par une telle essence tend à être son acte d'exister. La différence de l'essence et de l'« esse » se révèle d'autant plus ténue que le degré de perfection de l'essence en tant qu'essence est plus élevé. Il en résulte que l'essence tend à être son exister et qu'en retour l'acte d'exister tend à s'identifier à l'essence : l'acte d'être tend à être l'être que c'est. Ou encore, il y a plus d'« esse » dans l'essence de l'étant que dans l'étant lui-même, qui pourtant — nul ne saurait en douter en thomisme, et du point de vue du simple bon sens — doit être, pour être essence. Il n'est donc possible de prendre en compte l'idée selon laquelle il y a plus de perfection dans l'intelligible que dans l'« esse » singulier — idée qui valorise l'essence par rapport à l'« esse » — qu'en faisant de l'essence la *puissance active de l'esse*. En effet, est puissance active ce qui a le statut de raison ou de cause de l'acte qu'elle exerce (ainsi qu'elle a) et que, en tant que sa raison, elle est suréminemment. Et c'est bien ce que dit saint Thomas :

§ 48. L'« esse » pur n'est « esse » qu'à avoir ce qu'il est.

« Esse enim hominis terminatur ad hominis speciem, qui est receptum in natura speciei humanae ; et simile est de esse equi, vel cujuslibet creaturae. Esse autem Dei, cum non sit in aliquo receptum, sed *sit* esse purum, non limitatur ad aliquem modum perfectionis essendi, sed totum esse in se *habet*, et sic, sicut 'esse-in-universali-acceptum' <la notion d'être en tant qu'être> ad infinita se potest extendere, ita divinum esse infinitum est, et ex hoc patet, quod virtus vel **potentia sua activa** est infinita » (*de Pot.* I, 2 c : l'exister de l'homme est déterminé à l'espèce humaine, en tant qu'il est reçu dans la nature de l'espèce humaine ; et il en est de même de l'exister du cheval ou de quelque créature que ce soit ; mais, l'exister divin n'étant pas reçu dans un quelconque réceptacle, **étant** au contraire exister pur, il n'est pas limité à quelque mode essentiel d'exister que ce soit, mais il **a** en lui l'exister tout entier, et ainsi, de même que la notion d'être en tant qu'être, c'est-à-dire d'exister pris en son acception universelle, peut s'étendre à l'infini, de même l'exister divin est-il infini, et il est clair, de ce fait, que sa vertu ou puissance active divine est infinie).

Ce que ces considérations nous font comprendre, c'est que ce dont l'essence est d'exister n'est tel qu'en ayant l'exister qu'il est, par là en étant une essence qui possède cet exister qu'il est ; ce dont l'essence est d'exister ne peut se dispenser d'être une essence qui exerce l'exister. De ce fait, on est invité à comprendre — les choses ressemblant à leur Créateur — qu'il existe une équivalence entre être un acte d'être qui s'ajoute à une essence pour l'actualiser, et être une essence qui joue le rôle — à raison d'elle-même quand elle est divine, ou par la vertu de l'essence divine quand elle est essence de créature — de puissance active de l'« esse » ; et, selon ce point de vue, évidemment, l'essence ne saurait être réduite au rôle peu gratifiant de limitateur de l'acte d'exister. On voudra bien observer, dans la considération du texte qui précède, que si l'essence peut être tenue, dans une perspective thomiste, tel le fondement (comme puissance active) de l'acte d'exister, au sens où elle a cet acte que tout autant elle est, que donc elle n'est pas pour l'avoir sans cesser de l'être, c'est que l'essence, quand elle a en elle-même la raison suffisante de son statut de puissance active, est cause de soi : négation souveraine du non-être d'elle-même en lequel elle se risque pour s'identifier réflexivement à soi, et se poser par là. Et l'on voit bien que dès qu'il parle de Dieu, saint Thomas, qui tient pour identiques la puissance active divine, son opération et son acte d'être, ne peut s'empêcher de faire jouer l'ambiguïté de l'être et de l'avoir, de suggérer leur identité sans toutefois l'affirmer clairement.

Nous l'avons déjà dit :

L'essence est, selon saint Thomas (le saint Thomas des existentialistes thomistes), à l'« esse » comme la puissance l'est à l'acte, elle a raison de puissance passive. Elle est donc limitateur et récepteur, et elle n'est rien en dehors de lui, elle est en lui la manière dont il se mesure, se limite, se contracte. L'essence est donc intérieure à l'« esse » qu'elle conteste. Si, comme le laisse prévoir l'idée de l'« esse » entendu comme acte de l'essence, c'est le degré d'intensité de l'« esse » qui détermine la dignité de l'essence dont il est l'acte, il faut néanmoins se demander ce qu'est cette nature qu'est l'« esse », plus ou moins intensément exercée ou réalisée ; si l'on n'en sait strictement rien, on ne voit pas comment lui reconnaître le statut de perfection. Si l'essence s'explique par l'intensité de l'« esse », s'il y a donc des degrés quantitatifs de perfection de l'exister pour rendre raison du degré de perfection second de l'essence, laquelle fait mesurer sa perfection par son aptitude à s'exténuer (elle est d'autant moins imparfaite qu'elle est moins limitatrice), encore faut-il avoir quelque idée de ce qu'est cet « esse » pour lui conserver sa puissance explicative ; pour les thomistes apophatistes, l'essence est l'ombre de l'existence, et l'on ne voit pas que l'on puisse saisir une ombre en sa réalité d'ombre — ainsi comme privation de lumière — sans connaître la lumière dont elle est supposée n'être que l'absence relative. Or ce qui précède nous autorise à déclarer ceci : l'essence est puissance passive d'un « esse » qui l'explique, parce que, tout autant, l'essence est puissance active, soit à raison d'elle-même soit par le Créateur, de la position d'un « esse » que, en tant que puissance active, elle possède suréminemment et qu'elle est. Ce qui revient à dire que l'identité de l'essence et de l'« esse » en Dieu n'est pas exclusive de leur différence ; ce qui différencie le régime ontologique de l'essence divine de celui des créatures, c'est que l'essence divine est raison suffisante de l'« esse » qu'elle pose, c'est-à-dire de la position d'elle-même s'identifiant réflexivement à soi, c'est-à-dire encore se rendant victorieuse de sa différence d'avec soi. L'essence n'est puissance passive de l'« esse » que parce que l'« esse » est essence en tant que puissance active d'elle-même entendue comme acte pur.

§ 49. Apophatisme de l'« esse » : contemplation du mystère ou démission de la raison ?

Pourquoi ne pas l'avouer ? Que peut bien nous apporter une philosophie dont tout l'office est de signifier que ce qu'il y a de plus intéressant dans le réel (le fait d'être de l'existant) est sa réalité même (son acte d'exister), et que rien, du réel, ne peut être dit pour l'expliciter en tant que réel, parce que tout ce que l'on pourrait convoquer pour en parler est lui-même du réel et procède — loin d'en rendre raison — de la réalité de ce réel excluant par là qu'on en appelle à son sujet à une explication de ce qu'il est et du fait qu'il est ?

Si le thomisme n'était que cela, il serait la mise en œuvre parfaite, naturellement sceptique et religieusement fidéiste, de la thèse pascalienne faisant de la raison philosophique ce qui était la Loi pour les Juifs : quelque chose qui n'existe que pour nous faire vaciller, afin de nous faire prendre conscience de notre misère et de notre finitude. Et de même que, pour le marxiste, les hommes n'ont fait, en philosophant, qu'interpréter le monde de diverses façons, cependant qu'il convient désormais de le transformer, de même, pour les thomistes gilsoniens, la raison philosophante n'a fait que rendre possible, par la dynamique induite par ses échecs, la position de l'acte de foi ; il n'est plus question de comprendre, mais seulement de croire. Blondel disait déjà, le surnaturel étant « absolument impossible et absolument nécessaire à l'homme » : « Quand on a vu ce qu'il faut faire et comment le faire, il reste à le faire ». Ce n'est pas faire offense aux thomistes existentialistes que de constater une affinité de principe entre la doctrine de l'apophatisme de l'« esse » d'une part, et d'autre part le primat volontariste, l'emportant sur le magistère de la raison, de l'action salvatrice consistant à adhérer au contenu de la foi, et à s'en tenir à cela dès lors que la raison n'a fait la preuve de son utilité que pour rendre possible l'acte de foi. On pourra bien ensuite se remettre à philosopher, mais dans la lumière de l'acte de foi, qui seule donnera au philosopher son poids de sagesse et sa délectation ; les thomistes contemporains de l'acte d'être se plaisent à ce sujet à parler des « cinq voies » et non des « cinq preuves » de l'existence de Dieu ; autant dire que les préambules de la foi sont vidés de toute consistance.

Un réaliste partisan de l'apophatisme de l'« esse » raisonne comme suit :

« On peut bien chercher à savoir ce qu'est, à l'intérieur du monde des étants, telle ou telle chose existante, on peut même établir que les existants supposent un existant premier qui leur donne d'exister, mais l'acte de leur existence est tenu pour inconnaissable (ce qu'ils sont n'est pas leur acte d'exister), et le fait même qu'il y ait de l'existant en général (un monde des étants) ne peut être l'objet de la recherche d'un pourquoi parce que, dit-on, toute recherche d'un pourquoi se mène à l'intérieur de l'existant et le présuppose, par là ne saurait le prendre pour objet, parce que ce serait le remettre en cause ; il n'y aurait pas de recherche d'un pourquoi s'il n'y avait de l'existant, et poser la question ' pourquoi ' est déjà faire l'aveu qu'il y a de l'existant ». Et celui qui raisonne ainsi en veut pour preuve le fait suivant : « s'il était possible qu'il n'y eût rien, cela serait en droit pensable, cependant que, dans l'hypothèse d'une absence de tout être, il n'y aurait même pas de pensée pour attester la pensabilité du non-être absolu, par là sa possibilité ; dès lors, dit-on, on peut bien faire jouer la recherche du pourquoi à propos de tel être, mais non à propos du fait qu'il y a de l'être et non pas rien ». Il n'est pas douteux, selon nous, que ce qu'il y a de plus intéressant dans le réel est sa réalité même : faire de l'idéal sécrété par la pensée humaine la mesure et le critère du droit du réel à être réel, c'est, dérisoirement, déifier la pensée. Il n'est pas douteux pour nous que ce qu'il y a de plus précieux dans le réel, c'est son acte d'être, non plus que le fait que tout ce qui peut être convoqué pour expliquer la réalité du réel est lui-même intérieur au réel, ainsi est réel. Mais, pour que l'idée même d'intelligibilité du réel ait un sens, il faut que cette intelligibilité postulée soit vérifiable par concept ; pour qu'il en soit ainsi, il est nécessaire que soit rendue possible la désignation d'un principe d'explication du réel ; pour que ce principe soit lui-même réel, il faut qu'il soit intérieur à ce qu'il explique, cependant que, pour être principe, il doit se contre-diviser à ce dont il est le principe. Il doit donc exister dans le réel, en tant qu'il est réel, une réelle béance d'irréalité (l'essence, qui n'est pas existence et qui sous ce rapport n'est pas réelle puisque ne mérite d'être nommé « réel » que ce qui existe) intentionnellement instituée par le réel lui-même (l'acte d'exister) qui n'est tel qu'à se faire procéder d'elle (l'essence est fondement de l'exister) par négation souveraine de sa propre négation. Le réel est intelligible s'il est réflexion ontologique.

Là contre, on dira qu'un principe d'explication de quelque chose n'est pas son principe d'être, et que nos raisonnements de type « quia » ont pour principe de notre explication du réel quelque chose qui, dans le réel, a raison d'effet : on part bien des effets pour prouver l'existence de Dieu ; l'ordre des raisons de connaître est l'envers de l'ordre des raisons d'être.

Nous répondons à cela que le principe de causalité, sur lequel se fonde un tel type de démonstration, n'est pas réductible au principe de contradiction et qu'il en appelle pour être fondé au principe de raison suffisante ou principe de raison d'être, lequel déclare qu'il n'est pas d'être qui n'ait une raison d'être, qui donc, en tant qu'être premier, ne soit sa raison d'être. L'être premier est dit être sa raison d'être non seulement au sens où il n'aurait pas de raison d'être extrinsèque à lui (il ne serait pas premier), mais au sens où il est le rendre raison de lui-même, autrement dit — indiquant le pourquoi de ce qu'il est et du fait qu'il est —, dans l'unique mesure où il est cause de soi. Ce qui est cause de soi, étant ce qui enveloppe le pourquoi de ce qu'il est et du fait qu'il est, étant pour lui-même sa propre cause et sa propre causation — soit encore, étant l'exercice même de la production de lui-même en tant qu'effet —, est en quelque sorte sa propre démonstration subsistante, et une démonstration de type par excellence « propter quid », qui part de l'essence pour aller à l'effet, ainsi de l'essence pour en tirer l'existence précisément parce que l'essence est fondement de l'exister. Et ce qui se médiatise avec soi-même en tant qu'autre, c'est ce dont la forme est celle d'un syllogisme, et telle est la réflexion ontologique, à raison de laquelle il est établi que l'ordre des raisons de connaître est bien effectivement l'ordre des raisons d'être. Par ailleurs, s'il n'y avait rien, il n'y aurait certes pas de pensée pour penser ce rien, pour attester sa possibilité, mais autre chose est d'attester une possibilité, autre chose est de faire de la pensabilité la raison de la possibilité : un pouvoir-être (en l'occurrence le pouvoir-être du non-être absolu) n'est pas possible parce qu'il est pensable, il est pensable parce qu'il est possible. S'il n'y avait que du néant, il serait *de fait* impensable ; cela ne signifie pas que l'idée selon laquelle il n'y aurait que du néant serait impensable *en droit*, par là impossible. Le thomiste de l'acte d'être, celui qui réduit l'essence à la « menue monnaie de l'être », est contraint, pour exclure que le « pourquoi » puisse s'appliquer au fait même qu'il y a de l'être, de faire ce qu'il reproche à l'idéaliste de faire, à savoir faire de sa pensée de l'être le fondement de l'être pensé. « Vous faites de votre raison frénétiquement agitée par le principe de raison d'être le tribunal décrétant le droit de l'être à être », dénonce le réaliste adepte de l'apophatisme de l'« esse ». Mais pour établir que c'est là, selon lui, une erreur, il fait de sa raison, ainsi de l'existence d'une pensée, le fondement du droit — qu'il récuse — du néant à exister comme néant.

En vérité, la raison d'être de l'être en tant qu'être est bien l'être absolument être et non pas notre raison ratiocinante, mais en tant qu'il est l'hypostase de la forme de cet instinct de rendre raison qui structure notre pensée de l'être, et il la structure parce qu'il se reflète en elle. En tant qu'il est le rendre raison de lui-même, l'être absolument être est savoir de lui-même, et il est cohérent que tout savoir — même le savoir simplement humain — en tant qu'il est savoir, ait la forme de ce savoir absolu qu'est le savoir de soi de l'être absolu. Mais qu'il en ait la forme n'implique pas qu'il devrait lui être identique ; le savoir humain de l'être se sait dans le sillage obligé du savoir de soi de l'être absolu, mais il se sait n'être pas le savoir absolu de soi de cet être absolu, parce que, tout simplement, il fait l'expérience de ce que la pensée qu'il a de lui-même n'est pas positionnelle de son être.

§ 50. Concept et jugement.

Revenons sur le concept thomiste de jugement, afin d'étayer le résultat auquel nous sommes parvenus.

« Prima operatio respicit quidditatem rei, secunda respicit esse ipsius » (*In I Sent.* Lib. 1, dict. 19, q. 5 a. 1 ad 7um : La première opération (intelligentia indivisibilium) considère la quiddité ou essence de la chose, la deuxième considère son acte d'exister). Qu'en est-il du rapport entre les deux opérations ? Sont-elles hétérogènes à tous égards, irréductibles l'une à l'autre, telles que l'exister échapperait sous tous les rapports à la convoitise de l'investigation conceptuelle ? Entre le concept et le jugement, y aurait-il une discontinuité radicale attestant, « a parte rei », la discontinuité supposée insurmontable entre l'essence et l'existence ?

« Cum intellectus concipit hoc quod est animal rationale, apud se similitudinem hominis habet ; sed non propter hoc cognoscit se hanc similitudinem habere, quia non judicat hominem esse animal rationale. Et ideo in hac sola secunda operatione intellectus est veritas et falsitas, secundum quam non solum intellectus habet similitudinem rei intellectae, sed etiam super ipsam similitudinem reflectitur, cognoscendo et dijudicando ipsam » (*Comm. Metaph.* VI 4, n° 1236 : lorsque l'intellect conçoit cela qui est un animal rationnel, il a en lui une similitude de l'homme <une « species »> ; mais cela ne suffit pas pour qu'il sache qu'il a une telle similitude, parce qu'il ne juge pas que l'homme est un animal rationnel. Pour cette raison, la vérité ou la fausseté se trouve seulement dans la deuxième opération de l'intellect, opération selon laquelle non seulement l'intellect a une similitude de la chose intelligée, mais encore à raison de laquelle il revient sur sa propre similitude, la connaissant et la jugeant). Expliquons ce passage, en trois temps (§§ 51 à 53).

§ 51. L'intellect en puissance, puissance à être de l'intellect.

Les choses ne sont pas intelligibles en acte, parce que l'acte de l'intellect et l'acte de l'intelligible sont un seul et même acte. Si les choses étaient intelligibles en acte, elles seraient dotées du pouvoir d'intellection, et il est trop évident que les choses ne pensent pas. Donc elles sont intelligibles en puissance. Est intelligible en acte ce qui a la forme d'une intellection, c'est-à-dire d'un acte de penser, lequel n'est pas s'il n'est pas aussi l'acte de penser le fait même de penser : penser est penser qu'on pense, autrement quelque chose serait donné à penser à un intellect qui, ne sachant pas qu'il pense, exercerait un savoir inconscient, ainsi un savoir potentiel, par là ne serait pensant ou sachant qu'en puissance et non en acte. Or la réflexion est immatérielle, parce qu'une réalité matérielle est incapable de revenir sur elle-même, étant « partes extra partes » ; donc l'acte d'intellection est immatériel. Cela dit, la matière est de l'être en puissance et, à ce titre, elle fait s'identifier les contraires et les contradictoires ; par là elle est inintelligible, en tant qu'elle se soustrait à la norme suprême de la pensée, qui est le principe de contradiction ; mais elle est aussi individuante ; par conséquent, l'intellection d'une réalité matérielle, qui suppose que soit actualisée l'intelligibilité qui est contenue en elle, suppose corrélativement que la forme soit libérée de la matière, ce qui a pour effet obligé de l'universaliser. Est intelligible en acte ce qui est universel. Étant individuée dans la chose, cette forme n'est encore qu'intelligible en puissance. Il est donc requis qu'un principe fasse passer de la puissance à l'acte un tel intelligible, et tel est l'office de l'intellect agent, qui est toujours en acte. L'intellect agent actualise l'intelligible en puissance dans le phantasme, plus haut degré d'élaboration du sensible. C'est alors que l'intellect possible est en mesure de recevoir un tel intelligible en acte, un universel. Notons que l'intellect possible n'a pas de forme propre (une forme d'intellect), autrement, étant immatérielle, elle serait intelligible en acte et l'intellect s'intelligerait lui-même directement et spontanément ; or c'est un fait qu'il ne passe de la puissance à l'acte et ne se sait lui-même, ne sait qu'il pense et ne se connaît, qu'en connaissant corrélativement quelque chose d'autre que lui : toute conscience est intentionnelle ou, en termes modernes, est conscience de quelque chose, et n'est conscience de soi que par retour sur soi à partir de ce qu'elle pense. Ainsi donc, l'intellect possible est bien doté d'une forme, mais c'est la forme qu'il intellige et qu'il reçoit, que par là il devient puisque devenir quelque chose consiste à contracter la forme de ce quelque chose. *En lui-même, il est puissance à être de l'intellect aussi longtemps qu'il est intellect en puissance* : il est un certain néant. Le cardinal de Saint-Sixte (Cajetan) a bien raison de rappeler que l'idée n'advient pas à l'intellect possible en procédant de l'intellect agent par mode d'influx, parce que le phantasme, dans l'hypothèse, serait inutile ; or, au moins en cette vie d'union de l'âme au corps, l'homme ne pense que par le moyen d'images. Mais Cajetan, contre saint Thomas semble-t-il, considère que l'idée ou intelligible en acte ne pose pas dans le phantasme quelque chose d'immatériel, parce que cet intelligible en acte, en tant qu'immatériel, serait une intellection en acte, du fait même qu'il est un intelligible en acte ; et c'est l'intellect possible qui serait inutile dans le processus de production des connaissances abstraites. Cette observation de Cajetan, que nous ne faisons pas nôtre, nous invite néanmoins à formuler la précision suivante : l'intellect agent actualise l'intelligibilité du phantasme, en ce sens qu'il fait se sublimer le phantasme en idée, et le terme d'une telle sublimation est la forme même de l'intellect possible. D'une manière générale, l'actuation de la matière est la sublimation de la matière en forme :

Trois choses sont requises pour qu'il y ait production : la matière (ens in potentia), la forme (id per quod fit actu), la privation (non esse actu) ; la privation n'est autre que le caractère informe du bloc de marbre, matière dont sera éduite la forme de la statue. Mais « materia et privatio sunt idem subjecto, sed differunt ratione » (*de Principiis natur.* II), la privation est dite principe par accident car « coïncidit cum materia », elle coïncide avec la matière, laquelle n'est jamais libérée de toute privation (materia a privatione nunquam denudatur), parce que, existant sous une certaine forme, elle est privée d'une autre forme, et inversement ; la privation est ainsi la matière déterminée, ainsi informée, mais en tant qu'elle est en puissance à une autre forme. Or le rapport de la privation à la forme dont elle est la privation est un rapport de contrariété, c'est-à-dire une certaine forme de négation ; donc le passage d'une privation à une forme, ou actualisation de la matière, est une certaine forme de négation de la matière elle-même, ce qui peut se prendre sous un double rapport ; en tant que la matière est, de manière générale, perfectionnée par la forme qui l'actualise, on peut bien dire qu'elle est perfectionnée en tant que réduite à son statut de matière prime, matière radicalement matière, laquelle n'est pas : la matière trouve sa perfection dans ce qui l'exténue en tant que matière, dans ce qui la réduit à un certain néant ; en tant que la matière est niée par la forme au sens où sa privation constitutive est comblée, la matière est perfectionnée par la forme en tant qu'elle est habitée par cette forme nouvelle plus parfaite que la précédente. Plus la matière est actualisée, moins elle est matière sous un certain rapport (elle est en puissance à d'autant moins de choses que ses potentialités sont plus actualisées du fait qu'elle est plus profondément informée, or c'est cet être en puissance qui la définit comme matière), plus elle est matière sous un autre rapport (elle est réduite en tant que matière purement matière à un néant de matière) ; ce qui est logique, puisque, aussi bien, la matière est intérieure et suspendue à la forme qu'elle conteste : elle présuppose ce dont elle est la négation, elle nie ce qu'elle requiert, elle est contradictoire, elle est le mode d'être du contradictoire ou du non-être, et telle est l'essence de l'être en puissance : le mode d'être du contradictoire ; c'est pourquoi elle n'est réconciliée avec elle-même qu'en étant niée. Il en résulte que *l'actuation de la matière par une forme est sa sublimation inchoative en forme et, corrélativement, sa confirmation comme matière pure ou néant, ainsi néant de matière.* En particulier, l'actuation de l'intelligible en puissance dans le phantasme (qui est sensible, ainsi matériel) est sa sublimation en universel ou idée, et corrélativement la confirmation de cette instance de non-être constitutive du phantasme en sa dimension matérielle, *la position d'un néant qui, ici, n'est autre que ce qu'est l'intellect possible aussi longtemps qu'il est intellect en puissance, c'est-à-dire puissance à être intellect.* L'objection de Cajetan était intéressante : on dit volontiers, selon l'explication strictement thomiste, que l'intelligible en puissance dans le phantasme est actualisé par l'intellect agent et que, ainsi actualisé en « species », il est postérieurement reçu par l'intellect possible ; mais il faut convenir que cette manière de dire a quelque chose de défectueux, qui omet de se souvenir que l'intelligible en acte est immédiatement intellection, avant — selon cette formulation — sa réception par l'intellect possible, ce qui rendrait vaine l'intervention de ce dernier ; et cela est irrecevable, car c'est par l'intellect possible que nous pensons. Notre solution consiste à faire observer que l'actuation de l'intelligible dans le phantasme est la sublimation du phantasme en idée, ainsi la radicalisation de la matérialité du phantasme, radicalisation qui est l'exténuation de cette matière, ainsi d'une part la position d'un néant en acte et d'autre part d'un intelligible en acte ; *et l'union des deux **est** l'intellection opérée par l'intellect possible.* Osons ainsi faire observer qu'il existe une vérité captive dans l'idée sartrienne de néantisation : être conscience de quelque chose, c'est le néantiser, c'est le faire advenir en nous au non-être de lui-même, c'est le faire être en nous sur le mode du n'être pas (ce qui ne l'empêche nullement, évidemment, de continuer à subsister en lui-même, indifférent au fait d'être pensé ou non). Penser la chose ou devenir sa forme, c'est la libérer de la matière, c'est néantiser la chose (laquelle n'est que par sa matière qui est son sujet d'inhérence) en l'identifiant, en nous, à sa forme, laquelle est immédiatement forme de l'intellect ; elle est l'intellect actué et voué à se penser. Remarquons que cette manière d'expliquer l'abstraction est en accord avec cette thèse de saint Thomas plus haut évoquée dans notre § 47 (*C. G.* II 50), qui déroute souvent les thomistes, selon laquelle les formes en tant qu'abstraites ont un mode d'exister plus parfait en tant qu'universelles qu'en tant qu'actes d'une matière ou individuées dans les choses. Le mode noétique d'exister d'une essence est plus parfait que son mode entitatif de subsister, parce que son mode noétique d'exister la libère de ce néant d'être relatif qui la hante et qui n'est autre que la matière, et donne à cette essence de subsister dans la forme d'une intellection.

§ 52. L'intellection, production d'un verbe.

L'intellect possible est actualisé en tant qu'il est devenu la forme du connaissable : la « species » est une représentation de la forme de la chose en tant qu'elle est cette forme même, prolongée en l'intellect en y acquérant un nouveau mode de subsister. Cela dit, l'intellect peut bien, à ce stade, être dit penser la chose, mais à vrai dire il ne la pense pas encore véritablement ; il ne la pense qu'à partir du moment où il sait qu'il la pense, et il sait qu'il la pense en revenant sur soi, en se sachant en train de la penser. En effet, il ne pense la chose qu'en s'objectivant lui-même, c'est-à-dire en s'objectivant « lui-même en tant que devenu la chose », et c'est alors dans un même acte qu'il se sait et qu'il sait la chose ; il s'exprime à lui-même ce qu'il est devenu, et cela consiste en la production d'un verbe, nommé plus tard « species expressa » (l'autre étant la « species impressa »), « dictio verbi » ou « conceptus » (« engendré »). Pourquoi en est-il ainsi ? Si l'on se souvient que tout amour est force d'union et de concrétion (*I^a* qu. 20 a.1), on comprend qu'il y ait amour partout où se produit de l'union, laquelle culmine en identité de l'amant et de l'aimé ; mais l'amour est relation entre amant et aimé, et cette relation suppose la différence de ses termes ; si de plus l'amour est aimable, objet pour lui-même, on comprend qu'il soit d'une certaine façon contradictoire : l'amant aspire à ne faire qu'un avec l'aimé (ce qui consomme le vœu de l'amour, mais supprime la relation entre aimant et aimé, ainsi consomme l'amour en l'exténuant) tout en désirant subsister en tant qu'amour (puisqu'il est aimable d'aimer), ce qui l'invite à se détacher de l'aimé pour se tourner réflexivement vers lui-même. Et ce double mouvement d'attraction et de répulsion, contradictoire, se résout dans la production d'un troisième terme, le rejeton ou « conceptus » en lequel amant et aimé sont un, sans cesser de demeurer différents. Ici, l'intellect possible est l'amant, la forme intelligée est l'aimé ; l'intellect possible est informé par l'intelligible, s'actualise en cette forme, ainsi se différencie de lui-même en s'identifiant à elle (il devient une telle forme, se différencie de soi en devenant ce qu'il n'est pas, sans cesser d'être identique à soi), et corrélativement il se tourne réflexivement vers lui-même, s'identifie à soi, pour enfin, à partir de lui-même, produire un troisième terme (le verbe) en lequel intellect et intelligible sont un sans cesser de demeurer différents ; l'intellect possible s'objective le pensé, se libère de « lui-même en tant que devenu ce qu'il pense » sans cesser de lui demeurer identique. *L'intellect n'est dit penser qu'en tant qu'il produit un concept du concept qu'il est devenu.*

Or que nous apprend saint Thomas ? Que ce retour sur soi de l'intellect (« super ipsam similitudinem reflectitur ») est précisément le jugement : « ceci est cela » (jugement) signifie que l'intellect se sait savoir l'identité de ceci et de cela : en revenant sur soi, l'intellect se saisit en tant qu'informé par la forme de l'homme qu'il pense (« animal raisonnable ») et affirme l'identité du sujet qu'il pense et de ce qu'il en pense, et c'est pourquoi il y a vérité seulement dans le jugement (adéquation de la chose et de la pensée, mais cette adéquation entre sujet et objet est fondée sur leur identité puisque le sujet est devenu l'objet, s'atteint lui-même en l'atteignant). Il en est de même pour le jugement d'existence : « ceci est » signifie que l'intellect, en revenant sur soi, se sait sachant ceci, mais par là sait qu'il n'est pas la raison suffisante de ce qu'il pense, ou encore : l'idée par quoi il pense son objet ne trouve pas dans l'intellect seul la raison de sa production, et il sait qu'une telle production requiert la donation d'une forme que l'intellect reçoit du dehors ; et c'est en cela qu'il sait que la chose existe ; ce qu'il pense est irréductible à l'acte de le savoir. Juger consiste à rapporter un prédicat à un sujet, ainsi à affirmer l'unité (« Socrate est mortel »), dans le réel, de deux aspects du réel pourtant réellement distincts (Socrate n'est pas sa mortalité), et ainsi le jugement fait s'identifier un sujet (« Socrate ») à ce que, sous un certain rapport, il n'est pas, ce qui revient à le faire se différencier de lui-même sans renoncer à son identité à soi ; se savoir sachant, c'est s'atteindre par réflexion, c'est s'identifier à soi, mais à un soi devenu l'autre (le connaissable), par là différencié de soi en tant qu'identique à l'autre, nonobstant son aptitude à demeurer soi-même : se savoir sachant consiste à maintenir son identité à soi dans l'acte de se différencier de soi ; et l'on voit bien par là que le jugement et la réflexion de l'intellect sur lui-même sont une seule et même chose. Comprenons donc que le jugement est la réflexion de l'intellect sur son opération, il est le concept que l'intellect élabore de son propre concept. Ce qui suffit à établir que le concept et le jugement ne sont pas hétérogènes, en solution de radicale continuité. En conséquence, l'essence (objet du concept) et l'exister (objet du jugement) ne sont pas, dans la chose, en état de radicale et unilatérale distinction. L'intellection, compte tenu de ce qui précède, peut être définie tel l'acte, exercé par l'intellect, de s'identifier au connu en se différenciant de soi-même, et corrélativement l'acte de s'identifier réflexivement à soi sans cesser de demeurer identique à l'autre dont on confirme la position dans le moment où l'on revient vers soi. Penser, c'est être identique à soi dans sa différence. C'est pourquoi le jugement est second dans l'ordre de la spécification, mais premier dans l'ordre de l'exercice : l'intellect pense « animal raisonnable » en pensant l'homme, et juge que l'homme qu'il pense est animal raisonnable, mais il ne pense véritablement l'homme qu'en rapportant à l'homme qu'il se sait penser l'animal raisonnable qu'il pense ou lit en lui.

§ 53. La forme du connaître est la forme de l'être connu.

L'intellect, nous venons de le voir, s'identifie à l'espèce, fait un avec elle en se différenciant de soi, l'aime mais tout autant aime son amour pour elle, ainsi se différencie d'elle pour coïncider avec soi, et lève sa contradiction (il conjugue l'attraction et la répulsion) en s'objectivant lui-même en elle comme espèce expresse ou verbe.

Mais cet acte de se l'objectiver en lui-même contient comme son moment obligé le fait de revenir à soi, ainsi de se savoir sachant, par là de savoir que ce qu'il sait n'est pas posé par lui mais est autre que lui et reçu par lui : il *juge* que ce qu'il pense existe en faisant l'expérience de son impuissance à le faire exister, et même en faisant l'expérience du fait qu'il n'advient au savoir de lui-même que par la considération de quelque chose qu'il n'est pas et qui lui est donné. Il juge, il affirme l'existence de ce qu'il pense, en cela qu'il accède au *concept de son concept* ; le jugement est en vérité réflexion, réflexion intérieure à l'acte d'objectivation. Et ce processus n'est autre que la reproduction, en son propre sein, du processus par lequel la chose qui est à penser s'est mise à exister. Il y a une réflexion ontologique au principe de la réflexion noétique. De même que le jugement est concept de concept, de même l'actuation de l'essence par l'« esse » est réflexion sur soi de l'essence s'identifiant à elle-même à partir de sa différence et confirmant sa différence sans cesser d'être identique à soi. Que faisions-nous observer dans nos §§ 26 et 30 ? Ceci : l'être en tant qu'il est être a la forme d'une réflexion, et ce qui consiste dans l'acte de se poser est tel qu'il se fait le poser de l'acte de se poser qu'il est : **il *est* l'acte de se poser, cependant qu'il pose son *être*, donc il pose l'acte de se poser qu'il est ;** et nous expliquions que cela n'est rien d'autre que faire se réfléchir la réflexion — qu'il est — dans un moment de cette dernière, ainsi n'est rien d'autre que l'intérioriser. Mais n'est-ce pas ce que fait l'intellect possible en pensant ? Il est puissance à être intellect aussi longtemps qu'il n'est qu'intellect en puissance, aussi faut-il dire qu'il se pose en posant ce qu'il pose (son verbe), ce qui revient à dire qu'il s'atteint par réflexion à partir de ce à quoi il s'est identifié et qu'il pose en se différenciant de soi, mais qu'il pose à l'intérieur de sa réflexion ; il s'objective dans son processus réflexif. La conclusion est que *l'opération de la raison pensant l'être a la forme de l'acte à raison duquel la puissance à être se fait être existant ; l'opération de penser l'essence du réel est le reflet, en nous, de l'acte à raison duquel l'essence est positionnelle d'elle-même et se fait essence existante.* Dieu seul est raison suffisante de la réflexion par quoi l'essence divine est Dieu, ainsi se fait essence existante, et en ce sens l'essence de Dieu est bien son existence : l'essence divine est sa réflexion posante et constituante. Mais cela ne signifie pas que l'essence divine serait une absence d'essence ou que toute essence serait un simple limitateur d'exister. Une essence est un limitateur d'exister en tant que, n'étant pas l'essence absolue inclusive de la perfection de toute essence possible (« omnitudo realitatis »), elle n'est pas la raison suffisante de la réflexion par quoi elle advient à l'être par position de soi.

Quand Aristote enseignait, dans *l'Ethique à Eudème* (VII 12), que le fait de vivre doit être posé comme une sorte de connaissance, il nous faisait comprendre que le plus haut degré d'être, qui définit l'essence de l'acte d'être (le premier d'un genre étant cause de tout ce qui appartient au genre, la cause étant superlativement ce qu'elle cause), est un acte de vivre (avoir en soi le principe de son autoposition), et que cet acte de vivre est un connaître. Or dans le connaître le connaissant procède du connu (il est informé par lui) qu'en retour il pose (il se l'objective et se pose en le posant) ; donc l'être entendu comme acte d'exister est posé par l'essence qui en retour n'est essence que par son exister : il faut être, pour être essence. L'intellect en tant qu'identique à soi dans sa différence est identique à ce qu'il pense et s'en différencie sans cesser de lui être identique ; l'essence en tant qu'identique à soi dans sa différence est identique à son exister qu'en retour elle a, et dont par là elle se distingue.

C'est à raison du fait que la structure de l'être, en tant qu'il est être, est celle d'un connaître, qu'il est assuré que le *savoir* de l'être est savoir (de soi) *de l'être* en nous. Et c'est la condition de l'objectivité de la connaissance. Pour cette raison, on peut bien dire avec les idéalistes (Edouard Le Roy ou Giovanni Gentile) qu'un au-delà de la pensée est impensable. On ne peut pas le dire au sens où le réel ne serait qu'une production phénoménale de la pensée, une représentation immanente à cette dernière qui serait contrainte de s'enfermer dans un « égoïsme » ontologique total (il n'y a que le moi, et le monde n'est qu'une modification du moi). Mais on peut l'affirmer au sens où le réel ne recèle rien par-devers lui, dans un tréfonds obscur et secret, tel quelque « en soi » à jamais soustrait à la connaissance, puisque l'être en tant qu'il est être a la structure d'un connaître et culmine en tant qu'être dans l'acte d'être un connaître ; l'être est en soi connaissable à raison du seul fait qu'il est être. Et un thomiste sourcilleux ne nous contredira pas, au moins sur ce point.

CHAPITRE V

L'hylémorphisme ne contient-il rien de problématique ?

§ 54. Être et principes d'être.

« **Tout composé est postérieur à ses composants et dans leur dépendance** » (Iᵃ qu. 3 a. 7). Nous abordons là ce que nous tenons pour la difficulté centrale de l'hylémorphisme ; non qu'il faille renoncer selon nous à le professer, mais en ce sens qu'il appelle une détermination supplémentaire nécessaire à son intelligibilité. La puissance et l'acte ne sont pas des êtres mais des principes d'être *un* être. Ainsi en est-il de la matière et de la forme, de l'essence et de l'existence. Les formes du monde sublunaire ne subsistent que comme actes d'une matière et tiennent donc de leur lien avec elle leur propre pouvoir d'exister, et il en est de même en ce qui concerne la matière qui n'est que par la forme. Etienne Gilson rappelle lui-même que « l''esse' n'est pas, <que> c'est par lui que l'étant existe » (*Le Thomisme*, o. c. p. 181). L'acte d'être n'est pas, sinon comme principe de l'étant dont il est l'acte et auquel il est intrinsèquement lié ; les réalités spirituelles sans matière subsistent telles des essences actuées par des actes d'être qui leur sont liés et qui n'exercent leur fonction de « quo est » qu'en dépendance des essences qu'ils actualisent, lesquelles en retour ne sont que par leur « esse ». Et nous nous permettrons candidement de poser la question suivante : **comment des principes d'être *un* être — un étant — peuvent-ils ne tenir leur statut de principe que de cet être dont ils sont les principes ?** Les principes intrinsèques de l'étant sont ses parties qui ne subsistent que par le tout dont elles sont les parties cependant que le tout, en leur reconnaissant le statut de principe — ce dont procède quelque chose — confesse par là qu'il est suspendu à ce dont il est le principe. On a là l'illustration typique d'une action réciproque, et plus précisément d'une réciprocation de causalité qui attend sa résolution : c'est parce que la forme est acte de la matière et compose avec elle pour constituer une substance que cette dernière est rendue apte à recevoir son « esse » ; et en retour c'est parce qu'elle est actualisée par un « esse » que la forme contracte la vertu de principe d'actualisation de la matière et donc de principe de la substance. P.-B. Grenet (*Ontologie*, Beauchesne, 18ème édition, 1959) déclare lui-même (p. 45), quoique thomiste orthodoxe convaincu, au titre d'objection qu'il se fait à lui-même :

« Si l'être changeant et l'être multiple sont composés, leurs composants sont de l'être ou du non-être. Or, ils ne sont pas de l'être, car leur composition donnerait deux êtres au lieu d'un. Et ils ne sont pas davantage du non-être, car du non-être ajouté à du non-être, cela donne toujours du non-être ». Sa réponse à cette objection est la suivante :

« Nous refusons de partir d'une notion a priori de l'être. L'expérience nous enseigne que l'être n'est pas simple, puisqu'il est changeant et multiple. C'est notre idée trop schématique qui doit céder à l'expérience, et non l'inverse. Cela dit, nous concédons que les composants de l'être sont du non-être, si par être on entend *ce qui est* : ni l'acte ni la puissance ne sont 'ce qui est '. Mais nous demandons qu'on nous accorde que les composants de l'être sont de l'être dans le composé qu'ils forment : ils sont 'ce-par-quoi-est' ce qui est ».

Grenet nous demande de lui accorder ce qui est en question, à savoir que ce qui est principe d'être *un* être n'a d'être que par l'être dont il est le principe : on doit lui concéder que les composants de l'être sont de l'être du fait qu'ils sont considérés dans le composé qu'ils font être, ce qui est bien leur reconnaître un être résultant du composé dont ils sont les composants, dans le moment où l'être de ce composé n'est acquis que par l'acte de leur composition, c'est-à-dire par eux ; et il nous le demande sans dire pourquoi il convient d'y souscrire : si ce qui est tient le fait d'être de principes qui ne sont que par lui, c'est qu'il a la forme d'une cause de soi, et on attend que soit rendue intelligible l'idée de *cause de soi, qui contient le secret de la possibilité d'une action réciproque* en l'état inexpliquée. Grenet peut bien nommer « relations transcendantales » l'acte et la puissance qui « n'ont d'autre réalité que relative l'une à l'autre, et toutes deux au tout qu'elles forment » (p. 45), cela ne nous renseigne pas sur la possibilité de cette dépendance réciproque. Sous ce rapport, le choix de l'hylémorphisme considéré comme principe ultime d'explication du réel, c'est-à-dire étendu au rapport « essence-esse », et la prétention de ce principe à se suffire sans rien requérir d'autre, sont une machine de guerre conceptuelle destinée à interdire à l'esprit d'élaborer un concept rationnel de cause de soi.

D'aucuns nous ont interrogé, avec une gravité d'inquisiteur, sur ce que nous retenions de Hegel, qui pût être désolidarisé de son panthéisme et qui méritât d'être intégré au réalisme. Nous répondons de manière lapidaire : nous retenons ce dispositif conceptuel permettant de rendre intelligible le concept de cause de soi. Et telle est la réflexion, acte d'identification à soi réflexive qui scande toute la Logique de Hegel et vient au jour, pour elle-même, dans sa Logique de l'Essence.

§ 55. Suite du § précédent.

Le grand historien de la philosophie médiévale nous rappelle (p. 181, o. c.) cette singulière formule de saint Thomas :

« Esse enim rei quamvis sit aliud ab ejus essentia, non tamen est intelligendum quod sit aliquod superadditum ad modum accidentis, sed quasi constituitur per principia essentiae. Et ideo hoc nomen ens, quod imponitur ab ipso esse, significat idem cum nomine quod imponitur ab ipsa essentia : *In IV Metaph.*, lect. 2, n. 558) » ; l'acte d'être de la chose, bien qu'il soit autre chose que son essence, ne doit cependant pas être compris comme s'il était quelque chose de surajouté à elle au titre d'accident, mais il est comme constitué par les principes de l'essence ; et c'est pourquoi ce terme d'étant, qui est appliqué à ce qu'il désigne en tant qu'il dérive de la notion d'exister, signifie la même chose que le terme qui est appliqué à ce qu'il désigne et qui procède du mot essence.

Gilson nous explique bien que par cette expression « quasi constituitur », il ne faut pas comprendre, à proprement parler, que l'acte d'être serait constitué par les principes de l'essence, et qu'il n'est dit tel que parce que l'acte d'être est toujours celui d'un étant, donc d'une essence, et qu'il ne saurait être posé sans elle ; c'est ainsi seulement en tant qu'acte de cette essence qu'il est dit être constitué par les principes de cette dernière. Nous comprenons bien la mise en garde de Gilson qui exclut que l'exister puisse être fondé par l'essence : un objet n'est pas parce qu'il est un étant, il est un étant parce qu'il est. Dans l'esprit de Gilson qui — contre tout essentialisme — se veut l'esprit de saint Thomas, l'acte d'exister est dit constitué par les principes de l'essence au sens seul où l'essence est ce qui, en habitant l'étant, l'habilite à recevoir son exister cependant que c'est en recevant son exister qu'elle est constituée comme essence réceptrice. Nous entendons bien cela, mais le « quasi » n'abolit pas le « constituitur » : l'exister est en dépendance intrinsèque de l'essence, parce qu'il ne se met à être ce qu'il est — un acte d'exister — qu'en se faisant l'acte de cette essence qui par là lui confère son statut d'exister. Il y a donc bien réciprocation de causalité en attente de sa solution : il faut avoir l'un pour fonder l'autre qui requiert le premier pour être lui-même fondé.

Ce que donne l'être (l'exister) en tant que cause, c'est, en un seul et même acte donateur, ce qu'il donne, à savoir lui-même, *et* la capacité (l'essence) de recevoir ce qu'il donne, de sorte que ce don qui est donateur (il est ce qu'il donne) est ce qui, sans cesser d'être don destiné à être reçu, se scinde ou se différencie de lui-même pour se faire réceptacle de lui-même habilité à se recevoir ; pour se donner sans se perdre, il doit être l'acte même de se donner lui-même à lui-même car alors, plus il se donne ou se perd, plus il est et se possède ; et en retour, *étant* l'acte de se donner lui-même à lui-même, alors, quand il se donne, il donne cet acte de se donner à lui-même qu'il est, lequel acte est cet acte de se recevoir ; dès lors, en se donnant, il donne bien, sans se perdre, tant l'être donné que l'être à qui il se donne ; l'essence est constituée comme réceptacle par ce qu'elle reçoit. Mais ce qui consiste dans l'acte de se donner soi-même à soi-même, c'est ce qui est réflexion. Et ce qui est réflexion est cause de soi.

§ 56. Acte comme puissance active.

Un tout se fait, sans contradiction, le résultat de l'unification de ses parties qu'il fait être, seulement s'il est vivant, ou se voit conférer la dynamique d'un vivant, à savoir l'acte de se différencier sans cesse de demeurer identique à soi, et d'unifier ses différences sans les abolir : est vivant ce qui ouvre en soi-même le « terminus a quo » — le ce à partir de quoi il advient à l'être, et en lequel il n'est pas encore — dont il se fait procéder, et qui, l'ouvrant en soi-même, est déjà là pour opérer une telle néantisation de soi-même ; s'il est résultat ou « terminus ad quem » d'une activité qui lui est intestine et par laquelle il se régénère en permanence, mais aussi à partir de laquelle il engendre ad extra, c'est qu'il est d'une manière ou d'une autre cause de soi. Et il est cause de soi sans contradiction s'il est puissance active, quand bien même il ne contracte ce statut de puissance active (à exister) que par un principe extrinsèque — en d'autres termes : quand bien même il n'est pas la raison suffisante de la réflexion qu'il exerce ; car, on l'a compris, ce qui se fait poser par une puissance qu'il ouvre en lui-même, c'est bien ce qui s'identifie réflexivement à soi ; il a la forme d'une cause de soi, il tend inchoativement à être cause de soi.

L'acte se dépossède de soi sans cesser d'être lui-même pour ouvrir en son sein et y poser, s'y posant, cette puissance à partir de laquelle il est dit, en elle, exercer cet acte, ainsi avoir ce qu'il est. Mais ouvrir suppose le pouvoir d'ouvrir, lequel est, au regard du terme de sa réflexion, déjà la présence de cette puissance à se poser comme puissance positionnelle de soi, de sorte que ce qui a la forme d'un vivant est bien cette puissance s'atteignant par réflexion, ainsi posant un acte qui coïncide avec l'origine et qui n'est autre que cette puissance d'origine même, ce qui est contradictoire en ce que, en cette figure, la puissance est son acte ; et cette contradiction est levée par là que cet acte, qui *est* l'acte de se poser et qui pose son *être*, pose l'acte de se poser qu'il est, ainsi s'objective, en tant qu'origine et résultat, dans le terme inférieur de sa réflexion (donc en cette puissance à partir de laquelle il est dit exercer son acte), intériorisant la réflexion qu'il est en la réduisant à un moment d'elle-même, ce qui le fait se soustraire à sa contradiction ; il est désormais non contradictoirement puissance à lui-même et acte de lui-même, mais c'est là être une puissance *active*. En un premier sens, la puissance active est une puissance opérative qui possède et maîtrise son acte, se réservant le loisir de le poser ou de le retenir. Tel est ce médecin qui, à la différence de l'étudiant, possède l'art de guérir (cet art qui fait de lui un médecin), est donc médecin en acte, mais n'use de son art que quand il le décide. Cette aptitude ne pose pas de problème conceptuel parce qu'il s'agit d'une puissance opérative. Mais la déité est telle qu'elle est son opération, sans cesser d'être le sujet qui opère : l'acte d'être divin est l'acte d'opérer. Et parce que Dieu est en plénitude l'acte d'être que les autres se contentent d'avoir, force est d'en déduire que l'acte d'être, considéré selon sa perfection paradigmatique, est tel que sa puissance d'opérer est sa puissance d'être et que cette puissance est une même chose avec son acte d'être : son exister est son essence, qui fait de lui l'acte d'exister que pourtant il exerce — Dieu est son acte d'être, mais cela ne l'empêche pas d'être maître de cet acte — et que, à ce titre, il n'est pas. Et c'est cela que nous invite à penser cette idée selon laquelle les principes d'être *un* être ne sont que par l'être dont ils sont les principes.

Ce qui est « omnitudo realitatis », essence inclusive de toutes les perfections possibles portées chacune à l'infini, n'a par définition rien hors de soi qui serait principe de son actualisation existentielle, ce qui revient à dire qu'elle est essence existante, enveloppe le pouvoir de s'actualiser comme existante, et cela fait d'elle la puissance active par excellence. Nous en savons assez pour répondre à cette question que nous évoquions à la fin de notre § 30 : comment se peut-il que l'acte pur soit puissance active absolue ?

Est puissance active cette puissance positionnelle d'un acte qui n'est rien d'autre que la position de cette puissance ; parce qu'elle est déjà cet acte, comme contradictoire, elle est réflexion ; **elle *est* sa réflexion et elle réfléchit son *être***, donc elle réfléchit sa réflexion, elle se réfléchit dans son processus, conformément à ce que nous avons déjà évoqué plus haut. L'acte pur est puissance active absolue parce qu'il est réflexion ontologique, pouvoir de demeurer identique à soi dans sa différence, identité dans leur différence de l'essence et de l'existence. Et c'est un tel pouvoir (n'être absolument identique à soi, en simplicité parfaite, qu'à raison de l'assomption de sa différence d'avec soi) qui permet d'expliquer ce qui demeure, pour le thomisme, une espèce de « mystère », à savoir la causalité. Nous traiterons de ce problème plus bas, après avoir explicité le sens et illustré la nécessité du recours à la réflexion ontologique pour rendre raison du rapport entre essence et acte d'exister.

§ 57. Ce dont l'essence est d'exister : ce dont l'essence pose son exister par réflexion.

L'essence de Dieu *est* d'exister parce que cette identité de l'essence et de l'existence est assomptive d'une différence réelle assumée, surmontée, et tout autant confirmée dans l'acte d'être vaincue.

L'exister pur et parfait est tenu pour subsister par soi et être sa propre essence. Et il y a primat de l'exister aussi pour les créatures :

« Antequam esse habeat nihil esse, nisi forte in intellectu creantis, ubi non est creatura sed creatrix essentia » (*de Pot.* q. 3 a. 5 ad 2 : l'essence n'est rien avant que d'avoir un « esse », sinon à la rigueur dans l'intellect créateur où elle ne subsiste pas comme créature mais comme essence créatrice).

L'essence n'est rien sans un « esse » qui ne lui advient pas comme si elle lui préexistait ; c'est par lui qu'elle est, et donc par lui qu'elle est essence. Tout l'être de l'essence en tant qu'essence, pour saint Thomas (le « saint Thomas » du « thomisme de l'acte d'être »), est de n'être pas l'exister qui lui advient, en ce que cette essence n'est que le résultat de l'autolimitation de cette perfection suprême qu'est l'acte d'être. L'essence doit être entendue plus comme simple mesure ou degré fini d'exister que comme entité douée du pouvoir de participer à l'acte d'exister. Une telle autolimitation de cette perfection qu'est l'exister, productrice d'un « esse » intensif diminué ou fini, devrait donner à ce dernier de subsister lui aussi par soi, puisque c'est la perfection qu'est l'« esse » qui, par le seul fait de son autolimitation, est censée définir l'essence dont un tel « esse » est l'acte ; *on ne devrait pas parler d'essence existante mais d'« esse » atrophié*. Or il n'en est rien pour saint Thomas : l'« esse » est reçu dans l'essence et il a besoin d'y être reçu pour être « esse », c'est-à-dire pour être (ou plutôt pour que soit ce dont il est le « quo est » auquel il est intrinsèquement lié), car cette perfection qu'est l'acte d'être requiert d'être spécifiée — déterminée, ce qui n'a lieu que par l'essence —

pour subsister, au moins dans le cas d'un « esse » diminué ; la perfection ultime qu'est l'acte d'être est individuée par Dieu qui l'épuise exhaustivement et s'identifie à elle, mais, dans les créatures, elle est individuée par l'essence ; l'« esse » a même besoin d'être exercé par elle. L'« esse » doit ainsi conférer une consistance relative à l'essence qu'il actue pour faire d'elle quelque chose qui aura raison de perfection formelle par rapport à la matière. Prouvost (o. c. p. 128) va même jusqu'à écrire : « la difficulté d'une telle doctrine <de la puissance et de l'acte appliquée à l'essence et à l'exister> est de déterminer le rôle de l'essence dans l'étant concret si l'on accorde à l'*esse* toute perfection. L'essence est-elle pure négativité, du *non esse*, ce qui ôterait toute consistance aux étants ? **Comment accorder la positivité d'un acte formel à l'essence tout en attribuant à l'être, comme *actus essendi*, toute perfection** ? » C'est à raison de cette difficulté qu'Henri de Gand élaborera la distinction qui deviendra décisive de *l'esse essentiae* et de *l'esse existentiae*, distinction qui deviendra chez Cajetan celle de l'*esse essentiae* et de *l'esse actualis existentiae* ; nous sommes là en compagnie des thomistes non de l'acte d'être (apophatisme de l'exister) mais de l'essence actualisée (rationalisme aussi poussé que possible à l'intérieur d'une philosophie créationniste et réaliste) : l'essence reçoit l'exister mais elle doit être pour le recevoir, aussi doit-elle être dotée d'un exister d'essence réellement distinct de son exister d'essence existante, et l'actuation de l'essence présuppose un devenir de l'essence, lequel s'achève dans l'exister entendu comme acte *ultime* de cette essence ; c'est ce caractère ultime qu'un Bañez critiquera chez Cajetan pour affirmer à sa place un acte *premier*. Et l'on pourra certes reprocher, non arbitrairement, à cette manière de penser l'essence de la faire exister deux fois pour la faire exister tout court.

Puis donc que l'exister n'est tel que s'il est reçu dans et exercé par une essence, alors, en posant l'essence tel le degré de son autolimitation, et de ce fait telle une espèce de privation dont il s'affecte, l'exister est corrélativement mis en demeure de conférer à cette essence une *consistance ontologique positive* l'intronisant sujet d'exercice ou participant de ce participé ou de cette perfection qu'il est lui-même ; cela dit, s'il s'agit d'une perfection positive, fût-elle pensée comme subordonnée à l'exister, elle relève, en tant que positive, du caractère formalissime de ce qui la pose, elle n'est plus un simple négatif ou coefficient de décompression d'intensité de l'exister : l'essence, étant tenue pour une perfection formelle, est l'effet d'une participation à ce formalissime qu'est l'exister, ou encore son actualité d'essence en tant qu'essence s'enracine dans l'actualité absolue qu'est l'exister, et pour cette raison, en retour, sa positivité d'essence surexiste nécessairement, *en tant qu'essence*, dans la positivité de l'exister qu'il n'est plus question de réduire unilatéralement à ce qui répugne à être diminué par une essence ; il n'est plus possible de le réduire à ce dont l'essence serait son pur exister, ou encore à ce qui n'aurait d'autre essence que son exister même. Si l'exister pur, apanage du divin, se fait participer par des créatures, ainsi communique quelque chose de sa propre perfection, et le fait en faisant exercer la perfection qu'il possède parfaitement par une essence qui le limite, c'est qu'il se fait de toute éternité exercer par son essence qu'il est, mais qu'il doit aussi avoir pour en faire un sujet d'exercice de lui-même en tant qu'exister : l'exister, jusques en Dieu, se fait essence entendue comme sujet d'exercice de lui-même. **Mais dire que l'exister se fait sujet d'exercice de soi-même, ou se fait essence, ainsi se pose à distance de soi, c'est, pour celui dont l'essence est d'être, une même chose avec le fait de dire que l'essence absolue, inclusive de toutes les perfections quidditatives, se met à distance de soi, se met en retrait par rapport à soi (« ex-siste ») comme suppôt d'elle-même et sujet d'exercice d'elle-même, et que cette mise à distance de soi ou différenciation de son identité, non ablative d'une telle identité, est très exactement ce en quoi consiste la donation par l'essence, et à elle, de son acte d'exister. Or cette différenciation de soi dans son identité, cet acte de demeurer identique à soi dans sa différence, est précisément ce qui définit la réflexion ontologique. *Donc il y a convertibilité stricte entre l'idée selon laquelle l'absolu est celui dont l'essence est d'exister, et l'idée selon laquelle l'absolu est celui qui, comme essence absolue ou infiniment riche de toutes les perfections possibles, se fait exister par réflexion ontologique.*** Et cette convertibilité se vérifie au niveau des créatures, avec cette différence que ces dernières — dont chacune est une essence existant par réflexion, c'est-à-dire un « esse » se faisant recevoir par une essence qu'il pose en se mettant à distance de soi — ne sont pas la raison suffisante de la réflexion constituante qu'elles exercent.

C'est pourquoi il ne nous paraît pas absurde d'accorder crédit aux thèses des Carmes de Salamanque (Antoine de la Mère de Dieu) et à Jean de Saint-Thomas (*Cursus theologicus, In Prima Partem D. Thomae commentarii*, t. II d. 16 a. 2, éd. de Solesmes, 1934, p. 336 et suiv.) , au moins sur ce point, à savoir que si l'« esse » peut bien être tenu pour le constitutif formel de la déité, ce dernier doit aussi être quidditativement défini, et défini comme « intelligere » subsistant : est son acte d'exister par essence celui dont l'essence est son acte d'intellection ; ce qui se comprend aisément : s'il est vrai que tout acte d'intellection est à la fois, et tout en un, réflexion sur soi de celui qui intellige (savoir est savoir qu'on sait) *et* objectivation de soi dans ce qu'il intellige, c'est-à-dire objectivation de soi devenu l'objet qui est à savoir, mais position de cette objectivation de soi dans et comme le moment de l'acte circulaire par lequel le moi s'atteint, alors celui qui *est* son intellection (ce que n'est aucune créature) est précisément une réflexion ontologique dont il maîtrise l'exercice, ainsi celui qui se fait exister en se pensant.

L'intromission du concept de réflexion réconcilie les tenants du thomisme de l'acte d'être et les tenants du thomisme de l'essence existante ; l'un n'est pas sans l'autre, l'un est la face occulte que l'autre dissimule, mais c'est en dehors du thomisme que se découvre le principe de la réconciliation du thomisme avec lui-même. Un tel principe, d'origine néo-platonicienne, fut redécouvert par l'hégélianisme en lequel se consomma la philosophie moderne qui avait prétendu s'ériger sur les décombres du thomisme qui pourtant en sa version rationaliste, avait en bonne partie préparé son avènement.

Qui est le plus fidèle à saint Thomas ? Celui qui se crispe sur une lecture appauvrissante du thomisme (on est alors pour Gilson contre Cajetan ou pour Cajetan contre Gilson) afin de rester strictement à l'intérieur de ce dernier sans chercher — dût-il, ce faisant, ou plutôt ce ne faisant pas, le rendre contradictoire — ailleurs qu'en lui la clé permettant de ne pas l'appauvrir ? Ou bien celui qui ose en sortir pour revenir à lui sans le tronquer ? Les observateurs superficiels, ou de mauvaise foi, sauteront sur l'occasion de dire que l'on trahit saint Thomas en le quittant, quand bien même ce détour est destiné à revenir à lui de manière plus sereine et plus féconde que si l'on ne l'avait jamais quitté. Le drame est que ces observateurs qui se disent thomistes de stricte obédience jouissent, pour fustiger leurs contradicteurs, de l'autorité tantôt des modernistes (appuyés sur leurs forteresses universitaires et sur les apparences canoniques de la légitimité théologique : thomisme de l'acte d'être, apophatisme), tantôt des ténors de la Tradition (qui abusent, afin d'étouffer toute interrogation dérangeante, de leur prestige et de la confiance que leur accordent les âmes déboussolées par la crise de l'Église).

§ 58. Le principe de causalité ne peut tenir lieu de principe de raison d'être.

Ces derniers — nos « ténors » — s'accrochent comme à une donnée révélée au thomisme de Garrigou-Lagrange, tenant pour analytique le principe de causalité, avec privilège de l'analogie de proportionnalité propre au détriment de l'analogie d'attribution, ce qui les dispense d'avoir recours à la réflexion ontologique : le principe de causalité, supposé réductible au principe de contradiction, permet d'affirmer Dieu à partir des créatures, et l'analogie de proportionnalité propre autorise à dire que telle perfection, en tant que divine, est à Dieu ce que cette même perfection, en tant que créée, est aux créatures.

Par ce biais, on réduit au fond le principe de raison d'être au principe de causalité, ce qui évite d'avoir à montrer que Celui qui est son acte d'être est le rendre raison de lui-même, tel un syllogisme subsistant — tel, précisément, un acte d'intelliger subsistant. La question « pourquoi Dieu ? », « pourquoi l'être ? », « pourquoi y a-t-il de l'être et non pas du néant ? » n'a plus à se poser : Dieu est cause première, il n'y a recherche des causes que de ce qui est causé par Dieu ; la question « pourquoi Dieu ? », dans cette perspective, n'exprime pas une exigence dans la Chose dont on parle, elle est seulement supposée refléter le mode de fonctionnement de la raison humaine devenue oublieuse — dira-t-on

— des conditions d'application de ses lois de fonctionnement, ainsi appliquant à tort à Dieu ce qui ne vaut que pour le monde fini.

Ce faisant, on réduit la légitimité de l'usage de la raison humaine au domaine du fini et du contingent ; les lois de la raison ne sont plus tenues pour les lois de l'être *en tant qu'être*, et l'on ne s'aperçoit pas que l'on fragilise ainsi la valeur du principe de causalité supposé permettre de remonter du contingent au nécessaire, des créatures à Dieu.

Comme nous pensons l'avoir établi ici au § 49, nous redirons que Dieu est la forme hypostasiée de la question « pourquoi Dieu ? » et de sa propre résolution. Et c'est pourquoi notre « instinct » de rendre raison se comble, se revitalise et tend à s'exténuer tout en un, dans la recherche de la connaissance du Premier qui est, à la fois, le chemin que nous empruntons pour l'atteindre (il assume en lui-même et de toute éternité ce chemin, indépendamment de la position contingente du monde créé), *et* le terme de ce chemin. En cela, chercher Dieu revient bien à confesser L'avoir déjà trouvé.

C'est pourquoi nous reconnaissons une pertinence à la question de Heidegger, dans son *Introduction à la métaphysique* — la question selon lui la plus vaste, la plus profonde et la plus originaire de toutes les questions, à savoir : « Pourquoi donc y a-t-il l'étant et non pas plutôt rien ? ». C'est là, pour les thomistes, et au reste pour les bergsoniens, une question qui n'a pas de sens, on l'a vu. Notre remarque signifie ici trois choses.

Tout d'abord, nous parlons des thomistes comme si nous ne nous tenions plus pour thomiste. Il n'en est rien. Mais les thomistes se divisent en thomistes de l'essence et en thomistes de l'acte d'être, sans réconciliation possible à leurs yeux, alors que nous nous efforçons, naïvement peut-être, à trouver le point de vue privilégié qui les réconcilie, ce qui, immanquablement, nous met en porte-à-faux avec les deux groupes et nous exclut de leur confrérie doctrinale.

Ensuite, nous ne pouvons suivre Heidegger qui plaide en faveur d'un apophatisme de l'être aussi radical que celui des thomistes de l'acte d'être, de sorte que nous aurions plutôt tendance à considérer leurs affinités de principe plus importantes que leurs oppositions, en dépit de cette polémique, menée par Gilson dans son *L'Être et l'essence*, contre Heidegger auquel, en démo-chrétien consommé, il adresse des coups bas pour le moins mesquins, tel celui de tenter de ternir sa philosophie en faisant état de ses sympathies pour la NSDAP.

Enfin, nous ne pouvons que plébisciter le reproche que Heidegger formule contre les thomistes, à tout le moins contre ceux qui font de l'exhibition du Premier étant la réponse adéquate à la question du sens de l'être, ainsi de l'essence ou quiddité de l'acte d'exister. Le sens (direction, finalité) de tout être — ainsi de tout acte d'exister — est bien Dieu, mais l'affirmation de Dieu n'est pas le sens (la signification) de l'acte d'exister.

§ 59. Comment ce dont tout l'être est d'être un manque peut-il être fait sujet récepteur de ce dont il est le manque ?

Les métaphores en métaphysique sont toujours dangereuses, voire périlleuses, mais elles sont parfois nécessaires, s'il est vrai que l'objet propre de l'intellect humain est la quiddité du sensible (ce qui n'empêche pas son objet adéquat d'être l'être en tant qu'il est être). De plus, c'est par une métaphore (l'évocation du « creux », dans notre § 9) qu'Avicenne, qui précéda saint Thomas dans l'élaboration de la doctrine de l'exister comme acte de l'essence, précise la fonction de l'essence en tout existant. Nous n'aurons donc pas trop de scrupule à l'imiter.

Dans le prolongement de notre § 57, nous dirons que tout se passe comme si, quand on parle du rapport entre l'« esse » et l'essence dont il est l'acte, on évoquait une lumière vive s'assombrissant de son propre chef, conservant, ce faisant, sa puissance active d'être vive, mais conférant, à l'obscurité dont elle s'affecte et qu'elle engendre par son édulcoration même, le statut de sujet de la lumière. C'est en effet, si ce qui précède est recevable, par son « esse » que l'essence est intronisée sujet réceptif de l'« esse », et limitateur de l'« esse » à raison même de son pouvoir réceptif. Ce ne peut en effet être que par son « esse » que l'essence est posée tel le sujet de cet « esse », autrement il faudrait que l'essence fût dotée d'un « esse » d'essence antérieur à la réception de son « esse ut actus », ainsi qu'elle fût dotée de ce qui fut nommé son « esse essentiae » ; mais donner à l'essence un mode d'être intermédiaire entre Dieu et la créature existante est quelque chose d'intenable, puisque, avant de subsister dans et comme — en tant qu'individuée — une créature concrète, l'essence ne préexiste que dans l'entendement divin comme essence créatrice, ainsi qu'on l'a vu plus haut. Si c'est donc par l'« esse » que l'essence est intronisée sujet réceptif de l'« esse », c'est que, dans le langage de notre métaphore, la lumière confère à l'ombre le statut de sujet exerçant l'acte d'être lumineux. Or la lumière ne peut conférer à l'ombre — qui est par définition là où la lumière n'est pas — le statut de sujet de la lumière, illuminé par elle, que si la lumière est encore présente d'une certaine façon dans le moment de son absence, ce qui revient à dire qu'elle doit déjà être en soi une victoire sur l'ombre qu'elle assume en elle-même et du point de vue duquel elle est objet pour elle-même : la consistance ontologique de ce qui n'est que pouvoir-être et qui à ce titre n'est pas, ne peut procéder que du fait que ce pouvoir-être est intrinsèque à l'être dont il est le pouvoir ; l'être du non-être participe de l'être dont il est le non-être, mais de ce fait l'absence à soi de l'être est encore de l'être, elle est — en termes hégéliens — l'être dans sa négativité. Mais si la lumière est objet pour elle-même, inclusive de cette ombre à laquelle elle peut, hors d'elle, conférer le statut de sujet lumineux, c'est que cet acte de retrait par rapport à soi en quoi consiste le fait d'être objet pour soi-même (mise à distance de soi à l'intérieur de soi), est ce qui fait que la lumière existe et est lumière. C'est bien, en termes non métaphoriques, l'essence qui se fait existante en se faisant autre que soi sans cesser d'être soi, par là en se faisant réflexion.

Qu'est-ce que l'être en puissance ? C'est, dans une chose, le pouvoir-être autre que ce que la chose est, qui est aussi le pouvoir-être ce qu'elle est : la puissance (non actuée) à devenir pain, qui définit la farine, est aussi, en cette farine, sa puissance (actuée) à être farine ; l'être en puissance, dans une chose, est ce en quoi elle s'identifie aux autres, ainsi à ce qu'elle peut devenir et qui jouit aussi du pouvoir-être ce qu'il est : le « pouvoir-être-ce-qu'elle est » de la chose que peut devenir la première, est identique au « pouvoir-être la seconde » qui gît dans la première, de telle sorte que ce pouvoir-être se révèle être, dans la première, ce par quoi elle s'identifie à ce qu'elle n'est pas en acte. La puissance que contient une chose est donc bien ce pouvoir de s'identifier aux autres, ainsi de se renier, mais sans cesser d'être soi : ce qui est ce qu'il est contient le pouvoir d'être ce qu'il n'est pas, et ainsi il enveloppe son identification aux autres sans renoncer à ce qu'il est. Dès lors, l'être en puissance est ce dans quoi se renie l'être en acte qui, pour ne pas cesser — ce faisant — d'être soi, est déjà négation de sa propre négation ou identité à soi réflexive mais qui, pour que cette négation redoublée ne soit pas l'annulation pure et simple de la première, est aussi ce que l'acte donne à lui-même ou repose dans le moment où il le fait se renier. Par là, l'être en puissance est bien du négatif (de l'exténuation d'actualité), mais il se révèle aussi, comme confirmé ou reposé, ce en quoi s'objective la positivité de l'être en acte, puisque ce qui est identité à soi réflexive *est* sa réflexion — une réflexion qui réfléchit son *être* et qui pour cette raison réfléchit sa réflexion — , se réfléchit dans son processus, s'objective en lui, se libérant de sa contradiction en la libérant comme contradictoire dans la forme de l'être en puissance (lequel fait bien s'identifier les contradictoires), et abolissant son être en puissance dans l'acte où il le pose (la négation de négation est concomitante de la confirmation du négatif) ; et c'est à ce titre, comme ce en quoi s'objective l'être en acte, que le négatif peut avoir raison de perfection formelle qui définit l'essence non plus comme simple limitation de l'acte d'exister, mais comme le sujet ontologiquement consistant d'exercice de l'exister. Même l'ange, qui est son essence ou sa perfection formelle, est puissance à son « esse », et, en tant que puissance, il est bien puissance des contraires puisqu'il est aussi bien puissance à être pour Dieu que puissance à être contre Dieu.

§ 60. Mode de signifier et chose signifiée.

Saint Thomas (*I*ᵃ qu. 13 a. 4 resp.) enseigne qu'il convient de distinguer entre « modus significandi », à savoir mode selon lequel nous comprenons les perfections prédiquées des créatures et de Dieu, et « res significata », à savoir la perfection elle-même que l'on entend signifier.

Pour garantir une prédication convenable quand on ose parler de Dieu, il invite à procéder à une négation du mode propre aux choses finies, corrélative d'une affirmation de ces perfections « qui préexistent en Dieu dans l'unité et la simplicité » ; on procède donc par affirmation, négation, et éminence ; la bonté se dit de Dieu et des créatures, mais elle ne se dit pas de Dieu selon la manière dont elle est réalisée dans les créatures, et elle surexiste en Dieu de manière suréminente, quoique selon un mode qui nous échappe. Ainsi dit-il (I^a qu. 13 a. 6 resp.) :

« Quand on dit : Dieu est bon ou sage, on signifie non seulement que Dieu est cause de sagesse et de bonté, mais encore que ces qualités préexistent en lui d'une manière suréminente ». On se souvient (confer ici notre § 4) que « **nomina non solum dicuntur de Deo causaliter, sed etiam essentialiter** » (I^a ibid.), de sorte que les noms divins signifient la substance divine et sont prédiqués substantiellement de Dieu bien qu'ils soient indigents à nous la représenter.

Dans son débat (évoqué ici dans notre § 17) avec Maritain, le Père Sertillanges rétorquait à ce dernier, quand Maritain objectait à l'apophatisme du dominicain les textes que nous venons de rappeler, que, si l'on écarte de la « res significata » le concept humain et sa signification verbale, il ne reste plus rien du tout, de sorte qu'à proprement parler nous ne savons strictement rien de Dieu sur le témoignage de la simple raison, sinon qu'il existe comme cause première. Ce qui revient à enseigner que les mots « essentialiter » ou « substantialiter » ne doivent pas ici être pris au sérieux, à tout le moins ne doivent pas recevoir une acception forte. Cette réponse de Sertillanges, qui ne nous convainc pas, a néanmoins le mérite de nous inviter à la réflexion.

Tous les thomistes s'accordent pour dire que Dieu est, par la raison, accessible quant à son existence, à partir des créatures dont nous avons l'expérience, grâce au principe de causalité : Dieu est cause première, et de ce fait, toute cause communiquant en son effet quelque ressemblance d'elle-même, les perfections dites du créé peuvent l'être aussi de l'Incréé selon l'analogie d'attribution ; Dieu étant cause de l'homme, la sagesse qui se dit de l'homme sera dite de Dieu parce que la causalité est une forme de relation, laquelle pose entre les termes qu'elle relie une ressemblance minimale ; mais enfin, on ne dit dans cette perspective de Dieu qu'il est sage que parce qu'il est cause de la sagesse que nous connaissons. En d'autres termes, l'analogie d'attribution, considérée en elle-même et sans apport spécificateur, est une analogie d'attribution *extrinsèque*. Dieu est dit sage parce que la sagesse aperçue dans l'homme trouve en Dieu son origine et sa cause, mais rien ne dit que ce qui préexiste en Dieu, comme cause de la sagesse découverte en l'homme, serait cette même sagesse découverte dans l'homme mais seulement distincte de la nôtre par un mode de réalisation divin qui nous échapperait ; rien n'autorise à dire qu'une même sagesse pourrait subsister selon des modalités différentes (divine et humaine, infinie et finie) de réalisation. *Il faut donc se demander si l'on a les moyens de vérifier que l'analogie d'attribution peut être intrinsèque, car c'est la réponse à cette question qui décide de la pertinence de la décision consistant à rendre dissociable de ses modes de réalisation une perfection déterminée.* Le recours à l'analogie de proportionnalité propre ne serait pas plus concluant : Dieu et l'homme sont dits « sages » en ce sens que la sagesse de Dieu est à Dieu ce que la sagesse de l'homme est à l'homme. Mais en fait, incommensurables entre elles si elles sont considérées en elles-mêmes, ces deux sagesses, ou plutôt ces deux choses dont l'une (divine) est dite sagesse par simple analogie (entendue comme similitude de rapports), sont nommées par le même vocable pour signifier seulement qu'il existe en Dieu un quelque chose qui remplit en Dieu une fonction identique à celle que remplit en l'homme la sagesse humaine : il y a similitude de rapports et non participation de la créature à une perfection réellement commune à elle et à Dieu en qui l'on tient néanmoins pour acquis qu'elle y est exhaustivement réalisée. De plus, l'analogie de proportionnalité propre peut être distinguée de l'analogie de proportionnalité métaphorique dans l'unique situation où nous avons accès à la raison de l'analogie : « les eaux vives » ne vérifient pas la « ratio » du vivre, qui est de posséder en soi le principe de son mouvement et de sa régénération, l'aptitude à agir sur soi et à coopérer aux conditions d'exercice de son acte d'exister, voire à poser cet acte, au terme asymptotique de la perfection du mouvement du vivre, lequel est d'autant plus parfait qu'il est plus immanent ; ce qui au passage nous invite à reconnaître en ce vivre, et contre la lettre du thomisme, une détermination solidaire de celle de cause de soi. Or saisir la

« ratio » de l'analogie, c'est saisir dans son essence la perfection analogiquement prédiquée, c'est-à-dire telle qu'elle convient au premier analogué « in se » ; il en est ainsi parce que c'est dans la cause des perfections participées que se trouve l'essence de cette perfection, et que la cause en question réside dans ce qui vérifie de manière maximale les réquisits de cette essence : ce qui est premier dans un genre est cause de ce qui appartient au genre, et réciproquement ; ce qui est cause est ce qui est premier ; et cela vaut aussi pour l'analogie d'attribution : le moyen de vérifier que l'analogie d'attribution est intrinsèque semble nous échapper, qui exigerait que la sagesse (par exemple) fût connue en elle-même indépendamment de ses modes, cependant qu'elle n'est « en elle-même », ou en plénitude, que selon son mode divin de subsister. Cela dit, saisir le premier analogué « in se », c'est accéder à la connaissance de la perfection prédiquée de Dieu et de l'homme, mais telle qu'elle est réalisée en Dieu, selon son mode divin d'exister, là même où elle n'est pas modifiée, étant réalisée en son infinité positive ou pure actualité. Ce qui, évidemment, semble rendre l'analogie vaine, et qui est exclu par l'Aquinate tenant pour absolument certain qu'il n'existe pas de concept de perfection qui soit, comme concept, capable d'embrasser le créé et l'Incréé ; pour saint Thomas (le saint Thomas que privilégie l'apophatisme de l'« esse »), Dieu n'est pas inclus dans le concept d'étant, puisque Dieu est l'« Esse » même, alors que l'étant est ce qui participe l'« esse ». Dès lors, lorsque saint Thomas parle de prédication « essentialiter » et non seulement « causaliter », cela semble bien correspondre à la manière dont Sertillanges reçoit ces assertions : Dieu mérite d'être nommé « sage » en cela qu'il existe certainement en Dieu quelque chose qui, fondant la sagesse créée, enveloppe excellemment la perfection de toute forme de sagesse, mais cela ne signifie pas que notre sagesse nous ferait connaître quoi que ce fût de ce qu'est Dieu en lui-même et de ce qui, en Dieu, fonde notre sagesse. Nous ne connaissons que la sagesse humaine, laquelle est pour nous indissociable du mode de sa réalisation en nous, et, plus radicalement, il faut dire ceci : il n'existe pas à proprement parler une sagesse qui serait susceptible d'avoir divers modes de réalisation, ainsi qui serait en droit dissociable d'eux ; ce qui existe, c'est un quelque chose d'absolument parfait et inaccessible à toute intelligence créée, qui existe en Dieu et qui fonde ce qui, en nous, s'appelle sagesse. Notre concept de sagesse ne nous fait connaître que la sagesse humaine, et mettre entre parenthèses le mode de réalisation de cette sagesse en nous fait disparaître le concept de sagesse, non tant parce que nous ignorerions le mode de sa réalisation en Dieu, mais bien plutôt parce que la sagesse que nous connaissons est intrinsèquement liée au mode humain d'être sage, de telle sorte que, ce qui est en Dieu, c'est la cause de toute sagesse, et non la sagesse elle-même, certainement plus parfaite que toute sagesse, *mais une chose dont il faut dire qu'elle est plus que de la sagesse, plutôt que de dire qu'elle serait plus sagesse que la nôtre*. Il faut donner raison à Maïmonide. Le terme dit analogue devrait être aussi univoque pour que l'on pût saisir la « ratio » de l'analogie, qui est raison des deux formes d'analogie, de sorte que l'on ne peut avoir recours à l'une des deux pour pallier les déficits structurels de l'autre.

§ 61. Le scotisme comme aiguillon de la spéculation thomiste.

La cause est-elle entendue ? Maritain, Jean de Saint-Thomas sont-ils définitivement déboutés ?

Nous disions plus haut que saisir la « ratio » de l'analogie de proportionnalité propre, c'est saisir la signification du terme analogue considéré en sa réalisation plénière, comme premier analogué « in se ». Or une telle appréhension, condition de possibilité de l'analogie, est une perception *univoque* de la perfection considérée : la sagesse connue dans les choses du monde (car c'est bien en elles qu'on la discerne) *est* cette sagesse enveloppée par l'essence divine, mais portée ici à infini ; la différence de degré n'induit pas une différence de qualité ou quidditative. Ce qui revient à dire que l'analogie de proportionnalité propre n'est recevable qu'en faisant sa place à une forme d'univocité. On remarquera aussi que, en ce qui concerne l'analogie d'attribution telle qu'exposée par saint Thomas, c'est-à-dire tenue pour rendre possible une prédication « essentialiter » et non seulement « causaliter », il n'est possible de savoir qu'une même perfection est susceptible de se réaliser selon divers modes, et de se désolidariser d'eux en n'étant intrinsèque à aucun, que si l'essence de cette perfection, c'est-à-dire cette même perfection considérée dans sa plénitude et pure actualité, est elle-même saisie ; mais c'est encore reconnaître au terme qui la désigne une signification univoque. Dans les deux formes de l'analogie, il semble bien qu'il faille concéder une part d'univocité. Et en effet, comme l'enseignera Duns Scot, on peut bien douter du fait que l'être est univoque ou analogue ou encore équivoque, du fait qu'il est fini ou infini ; du fait même de douter, on prouve, « in actu exercito », qu'on a une notion univoque de l'être ; douter suppose en effet la certitude, de même que l'on ne peut identifier l'obscurité qu'avec une connaissance préalable de la clarté dont cette obscurité est la privation qui lui est essentiellement relative. Je ne puis tenir une affirmation pour douteuse que si j'ai quelque idée de la certitude dont le caractère douteux de la proposition considérée est une privation. Si je doute du statut de l'idée d'être — est-elle univoque, analogue, équivoque ? —, c'est que je me réfère de manière implicite et peut-être non réfléchie à une unique notion d'être pour comparer entre elles et à elle ces conceptions de l'être qui me le désignent hypothétiquement comme univoque, analogue ou équivoque ; et cette unique notion, principe de comparaison, est elle-même nécessairement univoque puisqu'elle fait s'identifier « secundum quid » (toute comparaison suppose un terme commun aux choses comparées) les acceptions univoque, équivoque ou analogue de la notion d'être. Duns Scot montrait ainsi, au début de l'*Ordinatio* (l, d. 3, p. 1, q. 1-2, n. 26 q.), qu'il existe un concept univoque de l'être. Cette assertion est chez lui solidaire du refus de la distinction réelle entre essence et « esse » : « Il est tout simplement faux que l''esse' soit autre que l'essentia » (*Opus Oxoniense*, l, 4, d. 13, q. 1). Ce qui, dans sa perspective, se comprend :

Si l'être est analogue, Dieu *est* la perfection même qu'est l'acte d'être (l'acte d'être tenu pour la perfection des perfections), quand la créature *a* son acte d'être que son essence reçoit, limite et modifie *intrinsèquement* du seul fait de le recevoir en l'invitant à s'approprier à elle ; « être » ne désigne donc pas la même chose en la créature et en Dieu, il ne se prédique de Dieu et du créé qu'analogiquement. Mais si l'être est tenu pour univoque, les déterminations essentielles ne le modifient pas intrinsèquement, il est commun à toutes, désignant pour tous les étants le pur fait d'être ; ces déterminations essentielles s'ajoutent donc à l'être pour l'actualiser. Il y a donc bien solidarité entre univocité de l'être et refus de la distinction réelle entre essence et existence. Si Dieu est « Esse », toute essence n'étant qu'un degré de limitation de cet « esse », alors, Dieu étant par définition incompréhensible (« comprehendere » : embrasser du regard), l'« esse » divin échappe au concept mais, l'« esse » créé n'étant autre qu'une limitation par une essence de la perfection qu'est cet acte d'être exhaustivement possédé par Dieu, alors il est lui aussi hors des prises du concept qui doit se contenter de l'appréhension des essences ; puis donc que l'appréhension de cette essence ne révèle pas son acte d'exister, c'est que ce dernier est réellement distinct de l'essence ; il n'existe pas de concept d'être capable de coiffer le créé et l'incréé. Si en revanche l'être est univoque, l'« esse » divin n'échappe pas plus au concept que l'« esse » fini puisqu'il désigne la même chose, à savoir le pur fait d'être indéterminé, la seule chose qui soit commune à tous les étants quelque différents qu'ils soient essentiellement, mais ce pur fait d'être est le fait d'être quelque chose par quoi il est lui-même rendu possible, car un pur fait d'être qui n'est pas celui d'une détermination essentielle se résout dans le néant ; si donc il n'est pas d'essence pensable qui ne jouisse préalablement du fait d'être d'une manière ou d'une autre (dans une chose existante ou dans l'esprit qui la pense), c'est qu'il n'existe pas de différence réelle entre l'essence et l'« esse », de sorte que, saisissant l'essence du fini dans un concept, nous saisissons avec elle son « esse » ; l'être divin désignant une essence existante, l'être créé désignera lui aussi une essence existante ; si le propre d'une essence est de spécifier le pur fait d'être, elle n'est essence qu'en étant existante, et la différence de l'essence et de l'existence est de pure raison. D'une certaine façon, Henri de Gand et Cajetan donneront raison à Duns Scot puisqu'il fallait pour eux que l'essence eût un « esse » » d'essence avant que cette essence ne reçût son « esse » d'existence.

Et pourquoi Duns Scot devrait-il avoir tort sur cet unique point de l'analogie et de l'univocité ? L'univocité de l'être n'est pas, de soi, solidaire des autres aspects du scotisme ; elle n'est pas, de soi, solidaire de la réduction unilatérale de l'être à un « presque rien » ; elle n'est pas non plus nécessairement solidaire de la thèse (scotiste) de l'individuation par la forme (qui favorise le nominalisme et compromet l'existence de natures normatives), du recours à l'haeccéité, du volontarisme (qui fait plébisciter l'irrationnel et ouvre à toutes les licences en tendant à désolidariser l'amour du connaître) et de la réduction de la théologie à une science pratique — autant de positions contestables et dangereuses qui, de fait, rendent possible la genèse du modernisme (mais ce n'est pas le lieu de l'établir).

Platon, dans le *Phédon*, rappelle que les choses dites égales dans la réalité ne le sont jamais vraiment, et que la recherche de l'idée d'égalité dans les choses supposées égales présuppose la possession de cette idée pour procéder à la recherche, c'est-à-dire au rassemblement des exemples de choses égales en lesquelles on entend discerner l'égalité : toute connaissance est reconnaissance. On en peut dire autant du sujet qui nous occupe : si je cherche à savoir si l'être est univoque ou analogue ou équivoque, c'est que j'ai déjà en moi cette idée d'être que j'entends reconnaître dans les hypothèses que je formule à propos de cet être dont j'ai l'idée.

Cela dit, si, comme nous allons l'établir, l'analogie n'est pas sans une forme d'univocité qui n'est pas ablative de l'analogie en laquelle s'inscrit celle-là, cette forme d'univocité ne sera pas exclusive de la thèse de la différence réelle entre essence et acte d'être, en un sens qu'il nous appartiendra de préciser mais qu'on peut dès à présent formuler comme suit : il est définitionnel d'une essence individuelle d'exister, mais il est contingent qu'une essence soit individuée (en dehors de l'essence divine).

§ 62. La difficulté de la position scotiste.

Pourtant, on ne saurait se rallier sans autre forme de procès à la position scotiste, parce que la thèse de l'univocité de l'être, unilatéralement prise, est-elle aussi problématique :

Tout est de l'être, en dehors de l'être il n'y a rien, l'être se dit de tout, de ce qui unifie les êtres (ils ont bien en commun d'être), et de ce qui les distingue (ce que l'un a en propre et qui le sépare des autres est encore de l'être) ; l'être n'est pas cet indifférencié pur auquel s'ajouteront des déterminations qui l'actualiseraient dans l'ordre de l'essence jusqu'à cette différence ultime achevant l'essence dans et par quelque chose qui serait l'haeccéité ; l'être en chaque chose ne peut être ce qui aurait raison de déterminé par rapport à l'essence qui le spécifierait et en viendrait à l'individuer, puisque les différences ultimes sont encore de l'être, et sont ce même être à raison duquel tous les êtres peuvent être unifiés dans l'être : il n'y a pas, dans une chose, un acte d'être pour ce qui l'identifie aux autres, et un acte d'être pour ce qui la distingue des autres, parce que dans le cas contraire cette chose aurait deux actes d'exister et il y aurait deux choses. L'être est ce qui, en chaque chose, la singularise et la différencie des autres autant qu'il l'unifie avec les autres et, sous ce rapport, l'indifférencie ; il a raison d'acte et non de matière. Ce qu'il y a de plus commun est aussi la raison de ce qu'il y a de plus propre ; ce qui est principe d'identité et de différence dans les autres est éminemment, dans et pour lui-même, ce dont il est le principe, et c'est pourquoi il fait s'*identifier* en lui l'identité et la différence, et cette unité de l'identité et de la différence est réalisée sous l'égide de l'identité qui, de ce fait, *se* différencie d'elle-même, n'est telle qu'à se différencier de soi ; mais s'il est de l'essence de l'identique de se différencier, ainsi d'être lui-même dans cette différence d'avec soi, alors, son *être* étant de se différencier, cependant qu'il se différencie de son *être*, l'identique fait se différencier de soi la différence d'avec elle-même en laquelle il se résout momentanément, et, s'identifiant à soi par retour à lui-même à partir de sa différence intestine, il se pose telle une *réflexion* positionnelle, en son arrivée, de son départ. Et l'on peut déduire des moments d'une telle réflexion — par définition ontologique puisqu'il s'agit de *l'être* comme réflexion — ce qui en était dit ici au § 30. Si tout être, en tant qu'il est être, est réflexion — qu'il soit (privilège divin exclusif) ou non la raison suffisante de la réflexion qu'il exerce —, alors tous les moments de cette réflexion, qui correspondent à tous les degrés d'être inférieurs à cet être qui les assume pour les surmonter, sont différents les uns des autres, et sous ce rapport il y a analogie entre les degrés ou types d'êtres ; mais, parce que c'est le même acte d'être qui parcourt tous ces degrés, ils sont tous, sous un autre rapport, identifiés à lui et ainsi identifiés entre eux, et de ce point de vue on est sommé de faire sa place à l'univocité. Si l'on veut bien se souvenir de ce qui fut exposé plus haut (§ 57), on comprendra qu'il est permis de déclarer ceci : une essence, entendue tel un degré d'être dans la hiérarchie des êtres qui va de l'essence inclusive de toutes les perfections — ainsi de cette essence qui est son exister — jusques au néant (lequel est néant d'exister et néant d'essence), se détermine à exister par l'exercice d'une réflexion dont elle n'est pas l'origine première, qui lui fait assumer et vaincre le néant en lequel elle s'anticipe mais aussi en lequel elle s'objective, se mettant ainsi à distance de soi pour avoir ce qu'elle est, se libérant de cette contradiction qu'est l'identité exclusive de différence de l'essence et de l'exister. Rappelons que ce qui est identité contradictoire de l'identité et de la différence, de l'exister et de l'essence, de l'essence comme puissance à exister (origine de la réflexion) et de l'exister actualisant cette essence (terme de la réflexion), c'est ce qui, comme contradictoire, est différent de soi, par là ce qui, faisant face au moment de sa différence d'avec soi, *s'objective* en se libérant de soi-même en ce dernier moment : l'acte à raison duquel la position de l'identité de l'origine et du résultat abolit, comme négation de négation, la différence intestine à la réflexion, est identiquement l'acte à raison duquel la réflexion se réfléchit tout entière dans le moment négatif d'elle-même, ainsi confirme le moment de sa différence d'avec soi ; et en retour l'acte à raison duquel elle confirme le moment de sa différence d'avec soi est l'acte à raison duquel elle abolit toute différence et tout processus. L'être peut être dit univoque en ce que les êtres, tous différents ou analogues, s'identifient tous dans le moment *négatif* (et seulement en lui) de leurs identités à soi réflexives respectives, c'est-à-dire en ce moment dans lequel s'identifient toutes les essences, lequel moment est celui qui, comme néant, ainsi néant d'existence autant que néant d'essence, fait s'identifier aussi tous les actes d'exister.

L'analogie vraie est l'unité de l'analogie et de l'univocité, ou, pour le dire autrement, l'unité de l'analogie et de l'univocité se fait sous l'égide de l'*analogie*, de telle sorte que, si une observation critique peut être formulée, d'un point de vue thomiste, contre la doctrine univociste de Duns Scot, ce n'est pas que cet univocisme serait exclusif de l'analogie : même pour Duns Scot, l'analogie réapparaît aussitôt qu'on quitte ce qui est (pour lui) matériellement commun à tous les êtres, à savoir le fait d'être ; la critique portera de manière plus fondée en faisant remarquer que pour Duns Scot l'unité de l'univocité et de l'analogie s'accomplit sous l'égide de l'*univocité*. Et cette position est délicate, parce qu'elle oblige à tenir l'être pour ce qu'il y a de plus indifférencié, de plus potentiel et de moins actuel, en excluant qu'il soit aussi, à raison même de son pouvoir de rassembler les différents, ce qui est principe de différences. En vérité l'acte d'être est ce qu'il y a de plus riche et de plus formel, parce qu'il est virtuellement (d'une virtualité qui relève de la puissance active) inclusif de toutes les différences, ainsi de tous les degrés d'être et de tous les êtres possibles.

§ 63. Une haeccéité thomiste.

Si ce qui vient d'être développé est recevable, on peut en tirer le bilan intermédiaire suivant : le concept de réflexion ontologique entendu comme ce que nous en avons dit (identité à soi réflexive de l'essence se réfléchissant dans son processus et contractant son exister par cette réflexion) fait se réconcilier, à l'intérieur du thomisme, le thomisme et l'univocité scotiste, par là le thomisme de l'acte d'être et le thomisme de l'essence en acte ou essence existante. Afin de ne pas tronquer les vertus de l'intuition scotiste cavalièrement mise au service du thomisme, on nous permettra de dire quelques mots du concept — éminemment scotiste — d'haeccéité pour lui trouver sa place en contexte thomiste.

L'haeccéité, c'est la différence ultime, asymptotique, ineffable, qui clôt la définition d'un être et le ferme sur son « ultima solitudo » ; une telle définition, qui décrit la constitution d'un être, désigne une addition de différences qui différencient le défini de tout ce qu'il n'est pas, circonscrivant par là son identité strictement singulière ; si une différence spécifique ajoutée au genre prochain détermine l'espèce, l'haeccéité ajoutée à l'espèce spécialissime détermine l'individu et se confond avec son individualité, et la définition complète d'un individu, infinie, ne subsiste comme telle, ainsi que l'enseignait Leibniz, qu'en Dieu. Il y a autant d'haeccéités que d'individus, et, d'un individu, on ne peut en dernier ressort rien dire pour le définir, sinon qu'il est ce qu'il est ; il est sa singularité même. Sa définition complète est infinie. En termes logiques, on dit volontiers de l'individu qu'il est ineffable, et que sa compréhension est infinie puisque la compréhension est en raison inverse de l'extension qui est ici nulle, étant réduite à une unité. Mais sa compréhension est son intelligibilité ; donc une telle intelligibilité est infinie. Par ailleurs, un être est d'autant plus élevé dans la hiérarchie des êtres qu'il est plus intelligible, parce qu'il y a solidarité entre degré d'être et degré de vie, degré de vie et intellection, ou acte commun de l'intellect et de l'intelligible. Donc un être est d'autant plus élevé qu'il est plus intelligible. Si la compréhension du singulier est infinie, c'est que son degré de perfection est infini dans sa ligne de réalité finie : être une essence singularisée, c'est avoir acquis en quelque sorte le maximum de perfection ontologique possible ; la réalisation, l'actuation de ce possible qu'est une essence, c'est son achèvement en tant qu'essence que son exister parfait dans son ordre propre. Or, pour le thomiste, l'« esse », dont on nous dit qu'il compose avec l'essence déjà individuelle, est l'acte de l'essence, puisque quelque chose ne mérite d'être dit en acte qu'autant qu'il existe. Dès lors, il y a au moins autant d'intelligibilité, par là de perfection, dans l'acte d'être que dans l'essence. Mais il ne saurait y en avoir plus que dans l'essence singularisée puisque l'intelligibilité de cette dernière est déjà infinie dans sa ligne d'essence finie. Donc l'essence individuée *est* l'essence existante : il est nécessaire qu'une essence singularisée existe, bien qu'il soit contingent qu'elle soit singularisée. Or l'essence existante, c'est l'essence réfléchissant dans son processus la réflexion qu'elle est. *Donc le singulier est l'universel s'objectivant dans le processus qui l'identifie réflexivement à soi, et se donnant, en cette objectivation, sa manière particulière d'exister* ; le singulier, c'est l'universel se particularisant et demeurant identique à soi dans sa particularisation ; comme unité de l'unité et de la pluralité, la totalité, comme expressive de la singularité, fait bien se réaliser l'unité de l'universel et du particulier. Le singulier est l'universel considéré comme étant tout entier quoique non totalement dans une manière d'être particulière, et c'est pourquoi, par exemple, l'humanité (nature et condition humaines) peut être tout entière quoique non totalement en chaque individu humain, s'investir tout entière en chacun sans s'y épuiser, s'y donner sans s'y perdre en se gardant le loisir de se donner à d'autres en s'y réalisant selon de nouvelles modalités, c'est-à-dire en se dotant d'une particularité différente. Mais alors, puisque le singulier *est* l'universel même moyennant l'exercice de son pouvoir de se particulariser sans cesser d'être universel, alors l'haeccéité n'est pas le terme renvoyé à l'infini d'une singularisation linéaire de l'essence, mais, bien au contraire, elle est l'essence même dans son retour réflexif à soi. Un individu, c'est son essence (universelle) en tant que tout entière quoique non totalement (ainsi cette objectivation de soi est-elle particularisante, une manière de se dire tout entier sans y dire toutes les manières de s'objectiver) objectivée en et par elle-même. Et la particularité d'un être purement spirituel, c'est de pouvoir s'objectiver tout entier et totalement en lui-même ; si l'on se souvient que cette objectivation de soi de ce qui est sa réflexion n'est autre que la réduction du tout de la réflexion à un moment d'elle-même, ainsi son intériorisation, on comprend qu'une telle objectivation exhaustive fait se réaliser une unité de l'intérieur et de l'extérieur, une extériorisation intérieure, qui n'appartient qu'aux réalités immatérielles. Qu'un être soit son essence ne le dispense pas, lui qui est un universel réalisé (l'archange Gabriel est sa « gabriéléité »), de se donner une manière d'être particulière : il est son essence en tant qu'identité à soi réflexive, il fait se réfléchir sa réflexion en elle-même en s'objectivant en elle de telle sorte que tous les aspects de lui-même y soient objectivés en un seul acte ; au lieu que, dans un homme, l'essence humaine s'identifie réflexivement à soi (elle est bien tout entière en lui) mais ne s'objective en elle-même que selon un aspect d'elle-même qui fera l'identité de l'individu en lequel elle s'investit et qui n'est pas celle des autres hommes.

Parce que, dans une réflexion, l'origine est identique au résultat, on comprend que cet « esse » qui est perfection ultime (comme le voulait Cajetan), ainsi acte d'être perfectionnant l'essence, soit aussi (comme le voulait Bañez) perfection première, par là ce qui fait que l'essence exerce sa causalité d'essence. Si c'est au terme de la complexification de l'embryon humain que ce dernier est capable de recevoir l'âme créée qui lui convient, c'est parce que cette âme était déjà là à l'origine du processus de complexification de cet embryon qu'il y a eu complexification.

Parce que l'être univoque du scotisme est un « presque rien », à savoir ce qu'il y a de plus commun tel « l'effet le plus imparfait de

Dieu », il n'est pas interdit de le penser, en contexte thomiste, tel ce moment négatif de la réflexion ontologique, celui qui fait sa place à l'univocité dans l'analogie. Et un tel néant, au rebours de la lettre du thomisme, pourra être compris, dans l'expression « ex nihilo », non seulement comme expressif de l'ordre de succession, mais comme analogie de la cause matérielle : la génération de l'homme se fait à partir de ce non-étant qu'est le non-homme, et la création qui est « emanatio totius esse » (Iª q. 45 a.1), est opérée à partir de ce non-étant qu'est le « rien », mais (resp. ad 3) cela n'impliquerait pas, selon saint Thomas, que le néant eût un être de néant, mais signifierait seulement que Dieu ne crée pas à partir de quelque chose, et non que Dieu en créant opérerait à partir d'un rien existant, c'est-à-dire à partir d'une authentique néantisation de l'être. Mais dans la perspective que nous avons exposée, il y a un néant d'être qui est, et c'est l'être même dans le moment obligé de sa mise en régime de négativité.

Parce qu'il fait s'identifier négativement le fini et l'infini, le néant et l'être, un tel moment négatif du processus d'identification à soi réflexive de l'être en tant qu'être pourra être tenu pour le point de suture entre nature et surnature. Cette remarque s'éclairera quand nous aborderons la question, chez saint Thomas, du désir naturel de Dieu.

Parce que l'essence individuée est l'essence existante, on comprend que ce qui fut nommé « subsistence » — à savoir ce déterminant à raison duquel une essence ne se contente pas de recevoir l'exister mais l'exerce (ce qui l'habilite à jouir d'un exister propre), se constituant par là comme suppôt, ou personne — ait vocation à se prendre tant du côté de l'essence (individuation de l'essence) que de celui de l'existence (actuation de l'essence) : c'est la réflexion dans son processus du processus de la réflexion qui fait la « subsistence », en tant que ce redoublement de la réflexion confère à l'essence d'avoir ce qu'elle est, de se poser tel le sujet d'exercice d'elle-même : c'est son aptitude à avoir ce qu'elle est qui la fait existante, d'un exister qui n'appartient qu'à elle.

CHAPITRE VI

Analogie et causalité

§ 64. Evolution, contradiction ou ambiguïté ?

Puisqu'il fut question, dans les §§ précédents, des deux grandes formes d'analogie déployées par la philosophie thomiste, et d'inspiration directement aristotélicienne, nous rappellerons le point suivant :

Dans la question 13 de la Prima Pars de la *Somme théologique*, saint Thomas convoque l'analogie d'attribution, comme on l'a vu. L'usage de ce type d'analogie est solidaire de la recevabilité de la thèse suivante « **est proportio creaturae ad Deum ut causati ad causam** » (*In Boeth. de Trinitate*, 1, 2, c : il y a une proportion de la créature à Dieu comme du causé à sa cause). Dans cette perspective, il enseignera dans la *Somme théologique* (I^a qu. 13 a. 5) que tout ce qui est dit en commun de Dieu et de la créature se dit en raison de la relation que la créature entretient avec Dieu, son principe et sa cause, en qui préexistent excellemment toutes les perfections de ce qui existe. Mais c'est dans le *de Veritate* (qu. 2 a. 11) qu'il rejetait la « proportio » pour garder la « proportionalitas », selon une démarche qui sera celle de Cajetan, au détriment de l'analogie d'attribution : « **finiti ad infinitum nulla est proportio** ; nulla creatura habet talem habitudinem ad Deum, per quam possit divina perfectio determinari : il n'y a aucune proportion du fini à l'infini ; aucune créature n'a une telle relation avec Dieu, par laquelle la divine perfection pourrait être déterminée ». Dans cette optique, « Dieu nous demeure caché, et en cette vie la suprême connaissance que nous pouvons avoir de lui est de savoir qu'il est au-dessus de toutes nos pensées » (*de Veritate* qu. 2 a. 1 ad 9). Qu'on en juge : les deux formules de saint Thomas ci-dessus mises en évidence sont en contradiction parfaite. On peut toujours dire — ce qui ne mange pas de pain et permet d'éviter les enjeux inavoués des ambiguïtés du thomisme — que saint Thomas a « évolué », qu'il s'est progressivement dégagé des reliquats d'essentialisme avicennisant pour s'acheminer vers la « métaphysique de l'Exode » en quoi il conviendrait de reconnaître le « vrai » saint Thomas, ou exciper d'une autre raison d'évoluer ; mais alors pourquoi, dans la *Somme théologique*, œuvre de maturité, persiste-t-il à déclarer que les noms divins désignent Dieu « essentialiter » ? On peut aussi penser — et tel est plutôt notre point de vue — que ce sont là les deux aspects d'une vérité à laquelle tient l'Aquinate ; deux aspects d'une même idée, qui se trouvent être — en cet état où ils se présentent comme deux idées — contradictoires, mais également nécessaires parce qu'ils sont en attente du principe — non dégagé par saint Thomas, mais pressenti par lui — de leur harmonisation. Il reste que, quand nous nous voyons sommé d'être fidèle à saint Thomas, nous ne pouvons que répondre une nouvelle fois :

« Fort bien, mais quel saint Thomas ? Le code de droit canonique ne le précise pas ; et ceux qui pourraient nous accuser de trahir saint Thomas en poursuivant, diraient-ils, la chimérique et dérisoire intention de l'amender, ne le précisent pas non plus ; ces derniers se contentent de se retrancher derrière une solution verbale qui se réduit à un procès d'intention, et qui peut se résumer comme suit :

'on peut faire dire n'importe quoi à une formule tirée de son contexte, tout tient ensemble chez saint Thomas pour un lecteur soumis au magistère, qui n'aiguise pas par acribie maligne un esprit critique corrupteur'.

En vérité, le thomisme est une pensée trop puissante, trop féconde pour redouter d'intégrer à elle, en le rectifiant, ce qui la conteste et qui, ce faisant, lui rendant service malgré lui, l'invite à se préciser, à déployer ses ressources latentes. Sous ce rapport, le thomisme n'est pas tant une entreprise close fixée dans un temps auquel il faudrait revenir, qu'un projet vivant valable pour tous les temps, et en particulier pour notre temps qui n'a pas à faire machine arrière mais qui doit chasser ses démons et guérir ses plaies, pour devenir lui-même en sa vocation historique propre. Le respect du thomisme auquel invite le magistère est d'abord respect de ce dernier comme pensée vivante et non comme forteresse ébranlée par les secousses du temps et qu'il faudrait sans cesse restaurer ; l'armature du thomisme à laquelle le catholique est invité à se référer comme à une norme intemporelle, ce n'est pas le corpus entier du thomisme dont la disparate est évidente, ce sont les 'vingt-quatre thèses thomistes', qui reçoivent l'agrément tant des cajétaniens que des gilsoniens ».

Par ailleurs, le lecteur saisira sans peine que si l'une des deux espèces d'analogie plaide plus que l'autre en faveur de l'apophatisme, c'est assurément l'analogie de proportionnalité propre. Selon cette dernière, les deux perfections désignées par le même terme analogue sont en vérité incommensurables, la sagesse de Dieu est à Dieu ce que la sagesse de l'homme est à l'homme ; « sagesse » est bien intrinsèque aux deux réalités auxquelles correspondent les termes dont elle se prédique, mais en fait on entend ici nommer deux choses qui sont en leur fond sans rapport ; il n'existe aucun rapport entre les deux sujets déclarés sages, et aucun rapport entre les deux formes de sagesse ; il n'existe qu'une similitude de rapports : le rapport qu'entretient la sagesse humaine à l'égard de l'homme est identique au rapport qu'entretient la sagesse divine à l'égard de l'essence divine. Il en résulte qu'il n'existe plus, si l'on s'en tient à cette forme d'analogie, de hiérarchie objective des essences. Le premier analogué qu'il s'agira de désigner pour donner sens à une analogie de proportionnalité propre sera un analogué « quoad nos » et non « in se », parce que la saisie d'un premier analogué « in se » rendrait accessible à l'intellect humain cette raison de l'analogie qui, comme telle, pour les raisons que nous avons exposées ici dans notre § 60, ne fait qu'un avec le premier analogué « in se » lui-même, mais qui nous obligerait à conférer un statut univoque à la perfection considérée. On voit donc qu'il y a quelque chose d'artificiel, dont un Géry Prouvost ne semble pas innocent, à rendre solidaires l'une de l'autre les adoptions de thèses « nouvelles » par rapport au thomisme de saint Thomas, à savoir : d'une part le principe de raison suffisante, la théorie de la nature pure, la métaphysique comme ontologie, l'élaboration d'une philosophie autonome ou « laïque », l'aspiration à une connaissance cataphatique de Dieu et de l'« actus essendi » —

il y a en effet solidarité entre ces thèses que pour notre part nous embrassons —, et d'autre part l'analogie de proportionnalité propre supposée détrôner l'analogie d'attribution.

Nous confessions, dans notre § 1, qu'il n'y a pas un « thomisme des modernistes » et un « thomisme des traditionalistes ». En fait, le « thomisme des modernistes » revendique plutôt celui de l'acte d'être au détriment du thomisme de l'essence en acte, parce que l'apophatisme anti-essentialiste du premier s'accorde mieux avec cet antidogmatisme étayé par le raisonnement d'un Paul Ricœur (évoqué ici au § 4). Et il est patent que le thomisme de Cajetan ou de Jean de Saint-Thomas est aujourd'hui plutôt soutenu par les catholiques de sensibilité traditionaliste. Cela dit, faute du recours au concept de réflexion ontologique (lequel établit le statut de ce point de suture entre nature et surnature, qui autorise à conjuguer rupture et continuité), les thomistes de l'essence en acte sont contraints de développer une théorie de la double finalité de l'homme selon l'acception de deux fins parfaitement hétérogènes et indépendantes l'une de l'autre, sans rien qui les fasse se rencontrer, et cette disposition des fins les conduit à accorder leur préférence à l'analogie de proportionnalité propre : l'intellect naturel entretient à l'égard de sa fin naturelle le même rapport que celui qu'entretient l'intellect gracieusement déiformé à l'égard de sa fin surnaturelle, mais il n'est rien, dans la consommation de la fin naturelle, qui puisse objectivement annoncer même la simple possibilité d'un avènement de la fin surnaturelle.

§ 65. La causalité comme communication d'actualité. Une aporie.

« Un vrai philosophe trouve déjà un mystère dans la production du moindre mouvement local, qui suppose l'intervention du Premier moteur immobile : comment le mouvement sort-il de l'immobilité ? » (Garrigou-Lagrange, « *Le Sens du mystère chez Cajetan* », Angelicum, année XII, fasc. I). Plus généralement, c'est le problème de la causalité en général qui est ici posé.

Il est *ridicule*, nous enseigne l'Aquinate (*C. G.* III 69), de penser qu'un corps exerce une action en faisant passer son accident dans le mobile ; en fait, une autre chaleur numériquement distincte, en puissance dans le chauffé, s'y développe sous l'effet d'une chaleur motrice en acte.

Penser la causalité — qui dit communication d'information — sur le mode d'un transfert de chaleur d'un corps chaud (qui se refroidira dans cette opération, perdant ce qu'il donne) vers un corps froid, c'est pourtant ce qui vient spontanément à l'esprit d'un observateur non philosophe, et il semble bien que cette difficulté de penser la cause efficiente immobile ait empêché Aristote de discerner, dans le Premier Moteur, la première cause efficiente ou cause « in esse » : le Dieu d'Aristote meut toute chose par le désir en demeurant immobile, mais, s'il causait par création, comme cause efficiente et non seulement comme fin, il faudrait, pensait le Stagirite, qu'il se changeât lui-même en tant qu'il se ferait affecter par sa propre activité (*Métaph.* XII 7).

Nous voudrions ici, à la lumière de l'enseignement de saint Thomas, rappeler en quoi il est en effet ridicule de substituer les suggestions de l'imagination aux exigences du concept, mais cela dans le but de tenter de dissiper, à la lumière — pour autant que cela en soit une — des effets d'une intromission du concept de réflexion ontologique dans la théorie de l'hylémorphisme, ce qu'il peut rester de mystérieux dans la causalité ; il est dans l'ordre des choses qu'il y ait des mystères surnaturels ; il est moins évident qu'il doive à jamais subsister des mystères naturels. Ce qui nous donnera peut-être l'occasion de préciser la manière dont il convient d'articuler la causalité « in esse », à savoir l'acte créateur, et la causalité « in fieri », à savoir l'efficience des causes créées.

Quand un forgeron travaille le fer, il lui communique une information transmise par le mouvement de son bras, ce qui nous invite à nous imaginer que le moteur doit se mettre en mouvement pour opérer sa puissance causante. En vérité, ce n'est pas cette puissance qui requiert la mise en mouvement, laquelle est la conséquence d'un déficit de causalité du côté du moteur. Si le moteur devait changer, en tant que moteur, pour causer, il faudrait qu'il passât du statut de moteur à celui de non-moteur (tout changement est bien passage d'un contraire à l'autre) pour exercer sa puissance motrice, ce qui est peu intelligible ; c'est comme si l'on disait que le savant doit se déposséder de sa science pour la transmettre à ses disciples, et cela est infirmé par la raison et par l'expérience : il est, bien plutôt, d'autant plus savant, d'autant plus maître de son savoir qu'il s'applique plus à exceller dans l'art de le faire participer par d'autres. Le moteur, qui est une substance, exerce sa causalité par une opération qui est un agir, ainsi un accident, lequel en tant qu'accident perfectionne la substance puisqu'il l'explicite en l'actualisant ; s'il devait se déposséder de sa perfection en causant, son agir ne serait plus ce qu'il est, acte de la substance, puisque, au lieu de la perfectionner, il en viendrait à l'exténuer. Pour cette raison, un moteur est d'autant plus moteur, par là d'autant plus cause, qu'il est plus immobile. *Mais alors d'où vient que cet agir, dont il est l'origine et le sujet, ne l'affecte pas mais s'exerce dans le mobile seul ? Comment l'acte du moteur, qui n'existe que par ce dernier au point d'exiger d'être tenu pour le moteur lui-même en tant qu'il est en acte (l'exister de l'accident est celui-là même de la substance), peut-il être un acte moteur immanent au mobile sans que le moteur ait à se changer, à sortir de lui-même pour se rendre immanent au mobile ?* Et, de manière plus radicale, comment l'acte créateur, qui est l'acte du Créateur, qui est tellement l'acte du Créateur qu'il est le Créateur même, peut-il, comme il est exposé dans la *Somme théologique* (question 45, Prima pars), être immanent au mû, au créé, et lui être tellement immanent — l'acte de créer étant une même chose avec l'acte d'être créé : « actio et passio sunt idem » — qu'il s'identifie à la créature, sans que soit aucunement compromise cette césure ontologique radicale entre le créé et l'Incréé ? Il y a là tout de même quelques motifs d'étonnement qui appellent des solutions, et notre question est de savoir si l'hylémorphisme est suffisamment armé pour les élaborer.

§ 66. Suite du § précédent.

De manière très pédagogique, Paul Grenet nous rappelle (o. c. pp.183 à 196) certaines distinctions précieuses — strictement thomistes — qui seront utiles pour notre propos et que nous restituons comme suit :

La philosophie de la nature dégage la cause formelle, l'ontologie dégage la notion d'acte pris dans toute sa généralité et l'étend à l'acte des actes, à savoir l'exister. La cause formelle est « ratio quidditatis rei », la cause matérielle se distingue de la simple privation en ce qu'elle a raison de sujet qui reçoit la forme comme la puissance reçoit son acte. Il faudra évidemment se demander comment il se fait que ce qui n'est que par ce qu'il limite, relatif à ce qu'il conteste, et dont tout l'être est de limiter ce qu'il reçoit, peut en même temps avoir raison de sujet, de réceptacle au point de se distinguer réellement de ce dont il n'est en même temps que la limitation. Nous avons déjà rencontré ce problème à propos du rapport entre essence et « esse ».

La matière et la forme, principes intrinsèques, ne suffisant pas à expliquer le changement, force est de convoquer la cause efficiente : mouvoir consiste à mener quelque chose de la puissance à son acte. Et « omne quod movetur, ab alio movetur » (tout ce qui est mû, est mû par un autre), car une chose ne saurait, pour saint Thomas, être en même temps et sous le même rapport mouvant et mû (elle serait cause de soi).

Saint Thomas prolonge Aristote en montrant que, au-delà des causes qui expliquent le devenir, il en faut une qui cause l'être. « Il faut donc qu'au-dessus du mode du devenir par quoi quelque chose est, qui procède de la réception d'une forme dans une matière, soit présupposée une autre origine des choses selon laquelle l'acte d'être est attribué à la totalité des choses par le Premier être qui est son Exister » (*de Substantiis separatis*, 7, 49). Aussi existe-t-il deux espèces de causes efficientes, celles dont une chose dépend dans son devenir et celle dont elle dépend dans son être. Une cause « in fieri » n'est pas cause de la perfection qu'elle communique, mais seulement de sa communication et de son acquisition par le mû. S'il en était autrement, l'effet dépendrait de sa cause non seulement pour acquérir sa perfection, mais encore pour la conserver ; or le rejeton continue d'exister à la mort de son père, lequel, comme cause univoque (son effet est de même espèce que lui), n'est pas cause de la forme ou essence humaine dont il est lui-même une individuation.

La difficulté à comprendre la causalité en général, même simplement univoque, tient en ceci :

La causalité n'est pas une migration de qualités comme si la chaleur du corps chaud passait dans le corps froid, car pour passer d'un corps à l'autre il faut être une réalité substantielle et non un accident telle la chaleur, qui n'existe que dans et par la substance qu'il qualifie. Un agent agit selon qu'il est en acte, dans un autre corps en tant qu'il est en puissance (*S. Théol.* Iᵃ qu. 115 a. 1 c). Et Grenet met bien en évidence la problématique de la causalité en posant la question suivante : « où se passe l'action ? ».

En effet, si l'action d'échauffer est dans le feu (la cause), comment passe-t-elle dans l'eau, cette action n'étant pas une substance seule habilitée à accomplir un mouvement local ? Et si elle est dans l'eau qui s'échauffe, comment vient-elle du feu ? Si elle est dans les deux, comme on est tenté de le dire, elle est un même accident pour deux sujets, ce qui est impossible puisque l'être de l'accident est celui de la substance dont il est l'accident ; s'il était l'accident de deux substances, il existerait deux fois et il y aurait deux accidents, et non un. Si l'action d'échauffer l'eau est entre la cause et l'effet, il faut encore la doter d'une subsistance propre qui n'appartient qu'aux substances et non aux accidents. Dès lors, la cause efficiente est la source du changement, mais le changement n'existe que dans ce qui est en puissance à changer ; le feu est source d'échauffement de l'eau, sa cause efficiente, mais ce dont il est source se produit dans l'eau (le mû, l'effet). *L'action du feu est ce changement même, lequel est tout entier dans le mû ; le vrai sujet de l'action, c'est-à-dire de cette action dont la cause efficiente est l'origine, c'est le patient, c'est-à-dire le mû.* **Et pourtant cette action, bien qu'elle soit dans le mû, c'est-à-dire dans ce qui est agi, demeure l'action exercée par le moteur lui-même. Et c'est là nous semble-t-il ce qui reste à expliquer : comment peut-elle n'être que dans le mû si elle est le prolongement accidentel, qui le perfectionne, de l'acte essentiel du moteur ?**

C'est que, en effet, la cause mondaine n'est pas son opération, son acte d'être n'est pas son agir, elle est dotée d'un pouvoir d'agir qui passe de la puissance à l'acte, et ce passage suppose l'intervention d'une autre cause. Parce qu'on ne peut remonter à l'infini (une chaîne de moteurs mobiles n'est qu'un transmetteur d'actualité et ne rend pas raison de l'actualité qu'elle communique), il faut admettre l'existence d'un Premier moteur qui est son agir parce qu'il est cause première et absolument simple. Cela dit, s'il est son agir, c'est que son essence est son existence. Si en effet elles devaient être distinguées, si donc Dieu devait avoir son exister sans l'être, Dieu serait en puissance à son acte d'être et requerrait un moteur antérieur pour passer de la puissance à l'acte, et ne serait pas Premier moteur. Et si Dieu n'était pas son agir, il en appellerait encore à une cause antérieure pour passer de l'agir en puissance à l'agir en acte. Ces exigences n'excluent pas, selon nous, que le Premier soit tout autant capable d'avoir ce qu'il est, mais il ne l'a qu'en tant qu'il l'est. Dès lors que Dieu est son acte d'être, et qu'il est l'acte même d'être non diminué par une essence limitative, Dieu est cause première de toutes les actions de tous les êtres qui n'agissent que dans la vertu du Premier ; Dieu les meut non seulement pour agir, mais encore il leur donne leurs formes et les tient par là dans l'exister (S. Th. I^a qu. 105, 5).

§ 67. La causalité comme libération de négativité dans le mû.

Ces précisions rappelées, nous pouvons formuler notre question de manière plus radicale : comment l'action du moteur, action transformatrice du mû, peut-elle n'être que dans le mû, si, exercée par le Moteur en tant qu'acte du Moteur initié par ce dernier, elle est le Moteur même en lequel être et agir ne font qu'un ? C'est à cette question que Paul Grenet ne répond pas, qui, comme Réginald Garrigou-Lagrange, se retranche derrière le « mystère » de la causalité. La difficulté d'un tel retranchement est que le propre d'un mystère, c'est qu'il y a en lui trop à comprendre, par excès (pour nous créatures) d'intelligibilité, et non par défaut ; or ce à quoi nous sommes ici confrontés ressemble plus, en l'état, à une contradiction qu'à un mystère : le moteur est immobile, non affecté par l'agir qu'il exerce dans le mû, ainsi par l'agir qu'il fait s'exercer à distance de lui-même, cependant que cet agir se confond avec le moteur et, de ce fait, doit bien, aussi, être dans le moteur. Il ne nous semble pas possible de résoudre ce problème autrement qu'en convoquant le concept de négativité :

Tout acte — et singulièrement Celui qui est acte pur — a la forme d'une victoire sur sa puissance en laquelle il s'aliène et dont l'auto-négation le fait se poser comme identité contradictoire de l'acte et de la puissance, ainsi tel un acte différent de lui-même (en tant qu'il est en conflit avec lui-même) qui se libère de sa contradiction en se réfléchissant, ainsi en s'objectivant dans le moment, intérieur à sa réflexion, de sa différence d'avec lui-même : c'est ce qui fut exposé ici aux § 57 à 63. L'acte considéré dans sa positivité, l'acte comme acte, c'est l'acte en tant qu'il est reçu ou compris telle l'identité *concrète* de l'acte et de la puissance, de l'essence et de l'existence, comme négativité assumée et surmontée, comme négation de négation.

L'acte moteur — qui est acte du moteur, et encore qui n'est autre que le moteur lui-même en tant qu'il est en acte — est un acte qui peut être une action prolongeant l'acte entitatif, mais qui peut — en Dieu seul — être un acte entitatif identique à cette action même. Si cet acte moteur est immanent au mobile qu'il invite à s'assimiler à son acte moteur reçu, c'est que le moteur se fait différent de lui-même sans cesser d'être lui-même : différent de lui-même pour être présent au mobile qu'il n'est pas, mais sans cesser d'être lui-même pour demeurer immobile, auprès de lui-même, d'autant plus immobile et identique à soi qu'il exerce une causalité plus élevée, par là plus intime au mû. Or il ne peut se faire différent de soi sans cesser d'être soi que s'il consiste, structurellement, et indépendamment de toute causalité ad extra, dans l'acte de se rendre victorieux de sa différence interne qu'il confirme dans le moment où il l'abolit. En d'autres termes, ce qui, du moteur, est immanent au mobile qu'il investit pour le féconder, ce n'est pas l'acte en sa positivité, *mais la négativité de cet acte, le moment de la position, à lui intestine, de lui-même en son « être-autre-que soi »*. Et cette négativité, qui en lui se réfléchit pour le reconduire à soi, qui donc en lui s'applique à elle-même sa puissance négatrice, exerce cette puissance d'auto-négation dans l'élément du mû qui voit en lui-même, par elle, se faire nier la privation qui le définissait en tant que puissance à devenir ce qu'il n'était pas encore.

On dira que ce sont là des spéculations oiseuses et obscures et que la réponse thomiste est à la fois plus simple et plus profonde :

Il est impossible, dira-t-on, qu'une même perfection soit possédée par plusieurs à raison de ce que chacune est en propre, car ce qu'elle est en propre ne la déborde pas ; donc ou bien l'une d'entre elles est cause de la possession de cette perfection par les autres, ou bien toutes la reçoivent d'une autre réellement distincte d'elles. Or l'acte d'être se dit de tout ce qui est ; donc tout ce qui est, tous les existants créés reçoivent un tel acte d'un Premier qui ne fait pas nombre avec eux en tant qu'il est ce que les autres ont, c'est-à-dire en tant qu'il fait participer par eux une telle perfection qui ne fait qu'un avec lui : Dieu est son acte d'être, et tous reçoivent le leur de Lui (*C. G.* II 15). Mais participer consiste à recevoir d'une manière particulière ce qui appartient à un autre de manière universelle, de sorte que cet autre est dit être participé par le premier (*In Boethii de Hebdomadibus*, 2). Cela dit, nulle créature ne participe Dieu ; qu'elle participe à la perfection qu'est l'acte d'être ne signifie pas qu'elle participerait à la déité, bien que la déité soit l'acte pur d'être, l'hypostase de cette perfection qu'est l'acte d'exister : « Bien que Dieu, qui est principe de ces vertus ou perfections, demeure en lui-même imparticipable, et donc ne soit pas participé, il reste que ses dons sont dispensés aux créatures » (*de Pot*. I, 2, c). Et cette donation de la suprême perfection qu'est l'« esse » est l'acte créateur même.

Notons ceci : la créature prend part à la perfection qu'est l'acte d'exister en limitant cette perfection à ce que, en tant qu'essence ayant raison de puissance par rapport à lui, elle est apte à en recevoir, mais cette perfection est Dieu même puisque Dieu est l'acte pur d'être, tout en n'étant pas Dieu puisqu'elle fait partie des dons de Dieu :

« Esse enim hominis terminatum est ad hominis speciem, quia est receptum in natura speciei humanae ; et simile est de esse equi vel cujuslibet creaturae. Esse autem Dei, cum non sit in aliquo receptum, sed sit esse purum, non limitatur ad aliquem modum perfectionis essendi, sed totum esse in se habet et sic, sicut 'esse-in-universali acceptum' ad infinita se potest extendere, ita divinum esse infinitum est, et ex hoc patet quod virtus vel potentia sua activa est infinita » (ibid. : texte déjà cité au § 48 du présent travail, avec traduction).

L'exister est limité à une essence réceptrice quand il est participé ; l'exister divin, non participable, est infini, donc il n'est pas reçu dans une essence, donc l'essence de Dieu est son exister, et pourtant Dieu possède cet exister qui constitue pourtant son essence : il a ce qu'il est. Dieu communique des dons qu'il a et que sous ce rapport il n'est pas, et tout autant il est ce qu'il communique. Il nous semble que ce bilan appelle une explication. Si la causalité consiste en une communication d'information, c'est-à-dire d'actualité, le problème de la causalité ci-dessus formulé en début de paragraphe trouve sa solution dans la réponse à la question de savoir ce que doit être un être pour avoir ce qu'il est. Et cette réponse n'est autre, selon nous, que la convocation du concept de réflexion ontologique. L'acte en général est sur le mode d'une victoire sur ce qu'il n'est pas en tant qu'acte, mais qu'il est comme le moment négatif obligé de la réflexion qu'il est ; dès lors, ce que Dieu communique, c'est un degré mesuré par sa liberté créatrice de la négativité dont il fait son étoffe et qu'il libère ad extra, laquelle, se réfléchissant ad extra en niant le négatif qu'elle est, pose l'identité à soi positive d'une substance nouvelle.

§ 68. Un dynamisme sui generis de la matière.

Notre suggestion présente pour nous deux autres avantages, en plus de celui de rendre moins « mystérieux » le fait de la causalité, c'est-à-dire en vérité de rendre compatibles les exigences internes de cette dernière, lesquelles, conjuguées sans médiation, ont toutes les apparences d'une contradiction insurmontable.

Tout d'abord, elle permet d'expliquer ces espèces de changements substantiels que la formule canonique, en contexte hylémorphiste, de la relation causale n'explique pas : tout ce qui est mû est mû par un autre, rien ne passe de la puissance à l'acte que par une réalité en acte ; « unumquodque agens agit secundum quod actu est » (*de Pot*.2, 1) ; il est clair que si l'actuation par un moteur est communication d'actualité, ce moteur doit bien avoir ce qu'il donne pour disposer du pouvoir de donner ; cependant, si l'on considère la synthèse chimique de l'eau, on s'aperçoit que le mélange d'oxygène et d'hydrogène, adéquatement compressé, voit s'opérer la mutation substantielle en eau — ainsi la genèse d'une forme nouvelle plus complexe que celles de ses composants — sous l'action d'un catalyseur (le feu) *qui n'est pas porteur de l'information communiquée au mû*, par là qui n'est pas dépositaire de la forme nouvellement éduite de la matière. Le savant actualise le pouvoir de devenir savant qui est dans l'ignorant, et ainsi rend possible la position, en ce dernier, d'un acte d'être savant numériquement distinct de celui du savant, mais le savant possède la perfection qu'il communique. En revanche, le catalyseur n'est pas porteur de la forme de l'eau ; il n'est porteur que d'une causalité dispositive. Alors d'où vient cette forme substantielle nouvelle ?

Elle ne peut venir que des ressources de la matière en laquelle s'opère cette mutation substantielle, ainsi d'un dynamisme que réveille la cause dispositive porteuse de négativité. Expliquons-nous. Il s'agira d'expliquer que ce qui est puissance passive peut être doté de dynamisme.

La matière n'est pas stricto sensu identique à sa privation, puisqu'elle est le sujet de cette dernière ; cependant, ce qui est privation au regard d'une forme nouvelle à venir est la forme même de cette matière tenue pour le sujet dont va être éduite la forme nouvelle, et celle-là entretient à l'égard de celle-ci un rapport de contrariété : la différence entre matière actuée par une forme, ou matière désignée, et privation, est, pour un thomiste, de pure raison (la forme de la farine est privation de la forme du pain, et la forme de la farine est ce blé en acte d'être farine : forme individuée et matière informée sont une même chose) ; et la matière ne subsiste que par la forme qui l'habite, en l'occurrence seulement par ce qui doit être tenu pour la privation de la forme à venir ; elle tient de la forme qui l'actualise son statut de sujet de cette forme ; aussi, lever la privation revient à faire se corrompre une substance immédiatement réduite au statut de matière prime non moins immédiatement investie d'une forme nouvelle, celle-là même dont l'ancienne était la privation. Le plus souvent, ce qui opère la corruption d'une substance et la genèse d'une substance nouvelle est la donation, par un moteur, d'une forme qu'il possède, qu'il fait s'individuer par la matière de l'ancienne. Mais ce n'est pas ce qui se produit dans le cas de la genèse de l'eau. On comprend alors, compte tenu de ce qui précède, qu'une communication de négativité, libérée dans le mû par le moteur, comme pure puissance négatrice, nie ces espèces de négations que sont les privations qui affectent le mû, par là opère cette négation de négation en quoi consiste le surgissement d'une forme nouvelle. Et dans cette perspective le moteur n'est pas nécessairement porteur de la forme qu'il fait s'éduire du mû ; il lui suffit d'être porteur de la négativité dont cette forme est l'envers, s'il est vrai que tout acte, ainsi en particulier toute forme, n'est identique à soi que comme victorieux de sa différence d'avec soi. Les Anciens et les Médiévaux pensaient que le soleil était riche, dans l'actualité de sa causalité équivoque, de toutes les formes dont il suscitait la genèse dans le monde sublunaire. Mais nous savons aujourd'hui qu'il n'en est rien. C'est seulement si la matière peut être pensée telle la forme dans sa négativité qu'il est possible de conférer à la matière un dynamisme producteur de formes que la cause efficiente ne contient pas. Mais si la matière *est* la forme dans sa négativité, c'est que la forme est réflexion.

§ 69. Causalité et communication de l'exister.

Notre solution concernant l'aporie de la relation causale permet d'expliquer une autre chose dont il est bien difficile à un thomiste de stricte obédience de rendre raison. Dieu est cause première de l'actuation des puissances opératives des réalités créées, comme nous l'avons rappelé dans notre § 66 en faisant allusion à la question 105 (5) de la Iᵃ Pars de la *Somme théologique* : « S'il y a beaucoup d'agents ordonnés à la production de l'effet, l'agent second agit toujours par la puissance de l'agent premier : car l'agent premier meut l'agent second pour agir. En conséquence, tous les êtres agissent dans la puissance de Dieu lui-même ; et ainsi Dieu est lui-même la cause de toutes les actions de tous les êtres qui agissent » (trad. Grenet o. c. p. 236). Tout autant : « Dieu meut les réalités non seulement pour agir, comme en appliquant les formes et les puissances des choses à l'opération, à la manière d'un ouvrier qui manie la hache pour fendre du bois, sans donner sa forme à la hache, mais encore il donne les formes aux créatures agissantes et les tient dans l''esse' » (*Iᵃ* qu. 105, 5). Ainsi donc Dieu actualise des puissances opératives, et en même temps il introduit les formes dont résultent ces puissances dans les êtres qu'il meut, et il les fait exister en introduisant de telles formes en elles ; Dieu opère, de ce fait, *et* comme créateur, *et* comme premier principe de mouvement ; il pose un être dans l'être à distance de soi, et il attire cet être à soi.

La question est de savoir comment s'opère la conjugaison de la donation de l'exister et de la donation des formes, si l'on doit tenir, avec saint Thomas, que les formes ne sont pas porteuses de cet exister, mais sont seulement la condition de cette communication de l'exister. Comment l'« esse » peut-il advenir en composant avec un quelque chose de déjà composé de matière et de forme, ou avec cette forme destinée à subsister sans matière, ainsi venir la rejoindre comme « à tire-d'aile », si cet « esse » n'est pas sans l'essence qui le mesure ? Il semble qu'il doive avoir été reçu pour être en lui-même constitué comme cela même qui se fait recevoir, ce qui, comme réciprocation de causalité, est peu cohérent, à moins que la donation de l'exister et l'éduction de la forme soient non seulement concomitantes (dans le même instant), mais encore aient la vertu de s'identifier sans se confondre. Nous évoquions plus haut (§ 44) la relation définie par saint Thomas entre donation de l'exister et individuation, c'est-à-dire réception de la forme dans un sujet : tout être a selon la même raison son acte d'être et son individuation. Or l'individuation (d'une forme par une matière) est l'éduction de la forme (à partir de cette matière par laquelle elle se fait conditionner en lui conférant son pouvoir conditionnant). Donc il faut bien que la donation de l'exister soit elle aussi l'éduction de la forme. Mais à quelle condition la forme peut-elle exister du fait même de son éduction, dans l'opération même de cette dernière, et recevoir cet exister en tant qu'éduite, c'est-à-dire au terme de cette éduction ?

L'être en puissance est une manière de n'être pas, qui pourtant n'est pas strictement du néant. La puissance est le « non-être quelque chose de déterminé », un non-être relatif à cette détermination, un non-être limité. La matière n'est que par la forme qui l'investit : « dimensiones non possunt intelligi in materia nisi secundum quod materia intelligitur constituta per formam substantialem in esse substantiali corporeo » (*Q. D. de anima*, 9 ad 17um) : la matière ne saurait être dotée du pouvoir d'individuer, qui tient à sa divisibilité, ainsi à sa quantité, si cette dernière n'était pas portée par une forme substantielle qui fait exister la matière (et c'est pourquoi, au passage, il nous paraît délicat de définir le principe d'individuation comme « la matière quantifiée » : le principe d'individuation est la matière *désignée*, quantifiée ou divisible à raison de sa « désignation », c'est-à-dire de sa détermination formelle). Et pourtant, bien qu'elle ne soit que par la forme, la matière est le sujet ou principe de réceptivité de la forme qui, de ce fait, pose le récepteur en se donnant à lui. Donc la matière prime, dénuée de forme, n'est pas, elle est le « non-être toute chose », irrélatif à quelque être déterminé que ce soit parce que, d'une certaine façon, relatif à tous (ce qui est en relation avec toutes choses est ce qui les fait se mettre en relation les unes avec les autres par la médiation de lui-même, par là il est ce qui les totalise, les unifie, or être un principe d'unité est l'apanage exclusif de ce qui ne fait pas nombre avec ce qu'il unifie ; et la matière est bien à sa manière un principe négatif d'unité). Comme « non-être toute chose », la matière prime, ou purement matière, est néant. Pourtant la matière prime doit bien avoir une consistance ontologique minimale, un certain être, puisqu'elle est, en tant que prime, le sujet des formes. Ces exigences nous enjoignent d'admettre que le non-être est, en tant que non-être et non seulement comme être de raison, ou encore que le « nihil » du « facere *ex nihilo* », définitionnel de l'acte de créer, ne signifie pas seulement que l'acte créateur n'opérerait pas à partir de quelque chose, mais qu'il opère à partir du néant réel, d'un néant qui est et qui a raison non seulement d'ordre de succession mais de cause matérielle. Nous avons reconnu que nous nous écartions de la lettre du thomisme, paradoxalement sous la pression des exigences de ce dernier, en faisant sa place à la notion de cause de soi ; le deuxième point (solidaire du premier) sur lequel nous nous écartons de cette lettre (exposée en *I^a* qu. 45 a. 1), c'est le statut ontologique du néant : *il n'est pas d'abord la négation de l'être* (négation qui, comme radicale, ne subsisterait que dans l'esprit), *il est l'être même considéré dans le moment obligé de la position de lui-même en sa négativité*. « Omne ens, qua ens, ex nihilo fit » (Heidegger : tout être, en tant qu'il est être, procède du rien), mais dans une perspective hégélienne : tout être en tant qu'il est être est victoire sur le néant en lequel il s'anticipe et dont il se fait procéder.

Cela dit, la puissance absolument puissance, déconnectée de tout acte, ainsi néant, est néant d'essence *et* néant d'« esse », de sorte que son auto-négation — qui ne peut pas ne pas lui survenir puisque le néant est néant de toute chose, ainsi aussi de lui-même — est, tout en un, genèse d'une forme et donation, par elle, d'un « esse » dont elle n'est pourtant pas, en tant que telle, porteuse, et qu'elle reçoit. Cela dit, l'acte pur maîtrise absolument la négativité par laquelle il se fait assomptif de tous les degrés d'être et d'intelligibilité et qu'il contient dans son absolue simplicité, de sorte que, libérant ad extra le négatif de lui-même pour le faire se réfléchir en et comme créature, il le libère selon un certain degré fini, et c'est pourquoi le travail d'un tel négatif est producteur d'un acte formel essentiel et d'un acte formalissime existentiel finis, proportionnés l'un à l'autre. La causalité, c'est l'exercice d'une négativité libérée par la cause dans l'élément d'un mû que cette négativité fait se corrompre en tant qu'elle le nie, par là en tant qu'elle le réduit à la matière prime qui est néant, ainsi néant se niant, et de ce fait éduction d'une nouvelle forme et d'un nouvel « esse », plus précisément position d'un nouvel « esse » (par définition « ex nihilo ») mesuré selon le degré de perfection de la nouvelle forme. La négativité du moteur libérée dans le mû, c'est-à-dire l'acte du moteur en tant qu'il est dans le mobile, perfectionne la matière sous deux rapports, qui sont les deux faces de la même chose. Elle perfectionne la matière en la contraignant à être pleinement, exclusivement et absolument matière ainsi accomplie dans sa ligne de matière, comme matière prime, par là comme néant voué à se renier en et comme forme ; elle perfectionne la matière en se faisant destructrice ou négatrice de la privation affectant cette matière, en comblant une telle privation, sous ce rapport en niant la matière elle-même, sa matérialité, puisque tout l'être de la matière est d'être privation de forme, dès lors que la différence entre matière et privation est une différence de raison. Tout apport d'information fait inchoativement s'exténuer la matière du mû et fait s'identifier autant qu'il est possible le mû lui-même à sa forme : « Quanto forma magis **vincit** materiam, tanto ex materia et forma magis efficitur unum » (*C. G.* II 68 : plus la forme vainc la matière, plus est parfaite l'unité du composé). Ce que la forme vainc, c'est la privation, mais la privation est identique à la matière désignée ; si l'on se souvient de ce qui fut exposé plus haut (§ 67), le moteur demeure immobile et intérieur à lui-même nonobstant son pouvoir de se rendre immanent au mobile parce qu'il peut se faire différent de soi sans cesser d'être soi ; et il s'habilite à se faire différent de soi sans compromettre son identité à soi parce qu'il consiste, structurellement, et indépendamment de toute causalité ad extra, dans l'acte de se rendre victorieux de sa différence interne qu'il *confirme* dans le moment où il l'abolit : en tant qu'il abolit sa différence interne, ainsi cette instance de néant, envers de la forme qui l'assume, la matière est identique à la privation de forme ; en tant qu'il confirme sa différence interne, il intronise la matière sujet des formes. Et c'est pourquoi ce néant d'être qu'est la matière prime, laquelle est tourmentée par le désir de se fuir en tant que néant, est néanmoins doté du pouvoir d'être récepteur des formes auxquelles il aspire à s'identifier en renonçant à lui-même : la privation de forme, qu'il est, est aussi le récepteur de ces formes. Nous nous sommes ici contenté d'illustrer l'équivalence entre ces deux manières de décrire la causalité entendue comme acte du moteur dans le mobile : d'une part corruption d'une substance (ainsi sa réduction au néant) qui est identiquement génération (à partir du néant) d'une nouvelle substance, d'autre part acquisition d'information par une matière en attente de son actuation par une forme comblant une privation. Ces analyses étaient, rappelons-le, destinées à montrer le besoin objectif du recours à la réflexion ontologique pour expliciter l'idée selon laquelle « rien ne passe à l'acte que par une chose en acte », et cela est vrai même quand la cause n'est pas porteuse de l'information qu'elle communique au mû. Mais ces développements expliquent aussi plus généralement pourquoi un moteur, d'autant plus parfaitement moteur qu'il est plus immobile, peut agir dans un mobile sans cesser de demeurer en lui-même : le « terminus a quo » du changement dans le mobile est immanent au moteur.

La réflexion ontologique peut-elle être un concept thomiste ?

§ 70. Le thomisme est ouvert au concept de réflexion ontologique.

Montrons que ces spéculations sont conditionnées par les thèses de saint Thomas lui-même. Un ancien ami prêtre (les choses ont changé : il est toujours prêtre…), intéressé par notre manière d'être thomiste et nos suggestions de résolution des apories du réalisme, attira jadis notre attention sur quelques textes de l'Aquinate bien connus, qu'il colligea pour corroborer nos positions ; ce sont ces rapprochements opérés par lui que nous exploiterons aujourd'hui ; et c'est là une manière de lui dire nos remerciements pour l'intérêt bienveillant qu'il nous fit l'honneur de porter à nos travaux.

« Les formes qui peuvent être reçues dans une matière, sont individuées par la matière, laquelle ne peut être subjectée en rien parce qu'elle est premier sujet » *(S. théol.* Iᵃ qu. 3 a. 1 ad 3ᵘᵐ). La matière est pure puissance (passive) comme Dieu est acte pur : « materia prima (…) est potentia pura sicut Deus est actus purus » *(Iᵃ* qu. 115 a. 1). Pure réceptivité passive et nue, la matière prime est tel l'envers de Dieu dont, à sa manière, elle parle ; le mal est privation du bien, relatif à ce qu'il conteste, de sorte que le mal absolu est impossible, qui serait privation de tout bien et ainsi de tout être ; on peut se demander si cette absolutisation du mal, qui le supprime comme mal, n'est pas la matière elle-même, en tant que matière prime, qui est bonne en tant que constitutive d'une créature ; ce qui ne fait pas, du mal, un bien, mais permet de discerner dans la possibilité du mal, destinée à demeurer à l'état de possible, la matière sacrificielle de la formation du bien. La matière jouit d'une espèce de perfection dans son ordre propre, qui est (ou qui serait, si c'était possible : elle est néant en tant que prime, comme le rappelle saint Thomas : *de natura angelorum*, opusc. XXXIII c. VIII) d'aller jusqu'au bout de la pénurie, jusqu'au bout de la néantisation du fini : seul l'infini peut assumer le fini jusqu'au bout de lui-même, parce que le fini, comme limitation de l'infini, lui est suspendu et de ce fait est impuissant à le limiter radicalement, à le nier absolument ; il se nierait lui-même en le niant, perdrait son pouvoir de nier en se supprimant ; il est incapable de se maintenir en son identité à soi (rester du fini) dans l'épreuve de sa différence d'avec soi (s'infinitiser par radicalisation de sa finitude qui l'identifie au néant de limitation de l'infini), parce que cela même est le propre de l'esprit qui seul sait se réfléchir et s'objectiver, s'actualiser — s'identifier à soi : devenir absolument soi — à raison de son pouvoir de se différencier de soi (l'esprit est pensant en acte en tant qu'il s'objective). L'Aquinate prend d'ailleurs soin de nous rappeler que, comme Dieu, la matière prime est inengendrée et incorruptible (*I^a* qu. 46, a. 1 ad 3um). Elle est aussi indivisible, c'est-à-dire simple, étant réellement distincte de sa quantité : « materiam dividi in partes non convenit nisi secundum quod intelligitur sub quantitate, qua remota, remanet substantia indivisibilis » (*I^a* qu. 50 a. 2 : la matière n'est pas de soi divisible en parties sinon en tant qu'elle est comprise comme dotée de quantité, de sorte que sans la quantité, la substance demeure indivisible).

La matière, pour saint Thomas, considérée en elle-même, n'a ni acte d'exister ni intelligibilité : « materia secundum se neque esse habet neque cognoscibilis est » (*I^a* qu. 15 a. 3, 3). Ce qui est évident si l'on se souvient que le degré d'intelligibilité d'une réalité est proportionné à son degré d'être. Plus un être est parfait en tant qu'être, plus son agir tend à s'identifier à son acte d'être, plus il maîtrise l'acte d'agir qu'il exerce, plus donc il tend à maîtriser son acte d'être, et, de ce fait, plus il est vivant ; mais plus il est vivant mieux il tend à s'identifier à son acte d'intellection, par là plus il est intelligible. La matière n'ayant pas d'être par soi, elle n'a pas d'intelligibilité par soi. Dans le même ordre d'idée, on rappellera que le propre de l'être en puissance est de faire s'identifier les contraires et contradictoires, et que la matière est pure puissance : le principe de contradiction, principe suprême de la raison, ainsi de l'intelligibilité, ne vaut pas pour elle, de sorte qu'elle est irrationnelle, par là inintelligible. Et l'on voudra bien aussi noter que le pouvoir de faire s'identifier les contraires n'est pas tant une propriété de la matière, un accident de cette dernière, que son essence même : il n'appartient d'avoir des accidents qu'à ce qui est substance, et la matière n'est pas substance ; donc ce qu'on dit d'elle est non son accident mais son essence. Son inintelligibilité est ce qui lui tient lieu d'intelligibilité parce que son absence d'essence est ce qui fait sa quiddité. Et dire que l'inintelligible peut tenir lieu d'intelligibilité, ce n'est pas se complaire dans l'irrationnel ou se bercer de mots, c'est signifier qu'il est rationnel qu'il y ait de l'irrationnel, et que ce qui est nécessaire s'accomplit moyennant un moment obligé de contingence ; dans l'élément des choses non pensantes, cette contingence s'appelle le hasard ou la fortune ; dans l'élément des réalités spirituelles, elle se nomme libre arbitre, lequel peut se déterminer « in diversa » ; il est nécessaire que ce qui est doté de raison soit libre, ce qui signifie que la nécessité exprimée par le rationnel se médiatise nécessairement dans un moment de contingence.

Cela dit, la matière est plus « concréée » que créée, car elle n'est rien en acte (I^a qu. 7 a. 2 ad 3um). Créer, c'est faire à partir de rien, mais faire, c'est faire quelque chose, et faire quelque chose c'est produire de l'être en acte. C'est pourquoi : « quia nos ponimus materiam creatam a Deo, non tamen sine forma, habet quidem materia ideam in Deo, non tamen aliam ab idea compositi ; nam materia secundum se neque esse habet, neque cognoscibilis est » (I^a qu. 15 a. 3 ad 3um : parce que nous posons <contre les Platoniciens> que la matière est créée, mais non pas créée sans forme, il existe une idée de la matière en Dieu, cependant cette idée n'est pas autre que l'idée du composé parce que, considérée en elle-même, la matière ni n'a d'exister propre ni n'est intelligible).

Selon ce texte dont nous avons évoqué plus haut la dernière phrase, la matière est tenue pour inintelligible non seulement pour nous mais même en soi, au point d'être inintelligible même pour Dieu.

Pourtant, saint Thomas enseigne corrélativement que « ea quae sunt in potentia, etiamsi non sunt in actu, cognoscuntur a Deo » (I^a qu.14 a. 9 ad 2um : les choses qui sont en puissance, quand bien même elles ne sont pas en acte, sont connues de Dieu) ; il faut donc tenir pour vrai que même la matière est connaissable pour Dieu, par là est en soi intelligible. C'est que, en effet, « materia, licet recedat a Dei similitudine secundum suam potentialitatem, tamen inquantum vel sic esse habet, similitudinem quamdam retinet divini esse « (I^a qu. 14 a. 11 ad 3um : la matière, bien qu'elle s'éloigne d'une ressemblance avec Dieu à cause de sa potentialité, néanmoins, en tant que même ainsi elle a l'être, elle retient une certaine similitude de l'exister divin) : de ce qu'elle existe, fût-ce sur le mode de ce qui n'a pas d'exister propre, elle participe de la perfection divine ; et parce qu'il y a convertibilité entre degré d'être et intelligibilité, il faut reconnaître à la matière en tant que matière une certaine intelligibilité. En rigueur, si l'on reçoit ces formules sans en édulcorer la portée, on doit affirmer qu'il existe une intelligibilité de l'irrationnel, ainsi une rationalité du contradictoire, pour autant que ce contradictoire, en se maximisant, fait de sa radicalisation le moteur de sa propre suppression.

§ 71. L'intelligibilité de la matière.

Cette thèse de l'intelligibilité — déficiente mais réelle — de la matière en tant que matière, est corroborée par les enseignements suivants :

« Talis est ordo in rebus quod superiora in entibus sunt perfectiora inferioribus ; et quod in inferioribus continetur deficiente et particulariter et multipliciter in superioribus continetur eminenter et per quamdam totalitatem et simplicitatem » (I^a qu. 57 a.1, resp. : tel est l'ordre dans les choses, que les choses plus élevées soient plus parfaites que celles qui leur sont inférieures ; et que ce qui est contenu dans les inférieures de manière déficiente, sur un mode particulier et multiple, soit assumé de manière éminente par les choses supérieures, et de manière complète et simple). Si donc, comme il a été vu, une certaine intelligibilité doit être reconnue à la matière, il faudra qu'elle soit assumée superlativement en Dieu.

De fait, « non autem Deus perfecte seipsum cognosceret, nisi cognosceret quomodocumque participabilis est ab aliis sua perfectio. Nec etiam ipsam naturam essendi perfecte sciret, nisi cognosceret omnes modos essendi » (*I^a* qu. 14 a. 6 resp. : Dieu ne se connaîtrait pas parfaitement s'il ne connaissait toutes les manières dont sa perfection peut être diversement participée par des créatures. Et même il ne connaîtrait pas la nature même de l'acte d'être s'il ne connaissait toutes les manières d'être de l'être).

Ainsi donc, pour saint Thomas, puisque toute perfection créée ou créable surexiste en Dieu de manière suréminente, quand l'intelligibilité de toute chose doit être tenue pour une perfection, alors « omnia in eo <sunt> secundum modum intelligibilem » (*I^a* qu. 46 a. 1 ad 3um : toutes choses sont contenues en Dieu sur un mode intelligible).

On aboutit à ceci que — la matière étant de l'être, fût-il de l'être débile — tout être étant un bien en tant même qu'être, tout bien étant superlativement assumé par l'essence divine, alors la matière surexiste en Dieu sur un mode intelligible : Dieu crée la matière, dût-il la créer comme nécessairement jointe à une forme ; Dieu connaît ce qu'il crée, ce qui est connaissable est intelligible ; donc la matière est intelligible. Pourtant, elle est dans le réel le principe de son inintelligibilité. Donc ce qui est principe d'inintelligibilité surexiste dans le souverainement intelligible, et n'y peut surexister que sur un mode intelligible.

Force est d'en déduire que le non-intelligible est intelligible et, puisqu'il y a coextensivité entre degré d'être et degré d'intelligibilité, non seulement le non-être est — il est de et dans l'être —, mais encore l'être ne serait pas être s'il ne contenait le non-être ; et, corrélativement, le souverainement intelligible ou absolument rationnel ne serait pas tel s'il n'assumait un moment d'inintelligibilité ou d'irrationnel ; ce qui plaide en faveur de la conception hégélienne du logique (ce noyau d'intelligibilité, mais qui est aussi leur racine, commun à la Nature et à l'Esprit, à l'être et au connaître), défini comme identité concrète, en tant que définissant « le moment spéculativement rationnel », du « moment abstrait ou relevant de l'entendement », et du « moment dialectique ou négativement rationnel » qui fait s'identifier les contraires et contradictoires.

Qu'est-ce à dire, sinon que cette identité des contraires, pour être intelligible, s'accomplit selon une réflexion ontologique, ainsi selon une réflexion substantielle assomptive d'une contradiction qu'elle réduit, pour s'en émanciper, à un moment d'elle-même ?

On aura beau tenter d'introduire une trousse de cuir à l'intérieur d'elle-même et réduire ses dimensions à un presque point, il y aura toujours en elle un intérieur et un extérieur, un endroit et un envers : elle est incapable de se contenir, à cause de sa matérialité ; mais ce qui échoue à se contenir est extérieur à soi, et ce qui est extérieur à soi est ce qui est impuissant à coïncider avec soi ; la matière est cette instance à raison de laquelle une chose n'est jamais exactement ce à quoi la destine sa forme ou essence, et ce qui, en cette chose, conteste le magistère de cette forme et rend possible son changement substantiel, sa négation, sa corruption solidaire de l'éduction d'une forme nouvelle. Mais la forme vouée à s'incarner dans une matière n'accède à l'existence que par cette incarnation ; elle paie son droit d'exister du devoir d'être contestée, et du consentement à l'être ; en retour, la matière n'est unie à la forme — ainsi ne satisfait au vœu, à l'appétit de sa pénurie constitutive — qu'en étant vaincue par elle, ainsi que le rappelle saint Thomas dans ce texte déjà cité (voir notre § 69 : *C. G.* II 68). La composition d'une matière et d'une forme définitionnelle d'une substance sensible n'est ainsi disposée à exister que dans la mesure où ses principes immanents entretiennent une relation de conflit corrélative de leur convenance ou attirance réciproque. Cela signifie que la forme nie ce qui la conteste ou ce qui la nie, et requiert d'être contestée pour surmonter cette négation d'elle-même ; qui ne voit ici qu'une substance a la structure d'une négation de négation ? Si la puissance est intérieure à l'acte qu'elle conteste, c'est que l'acte *se* conteste en elle, et surmonte cette auto-négation en contestant ce en quoi il s'aliène. Et ce qui est négation de négation est ontologiquement réflexion.

§ 72. Il existe une vie dans l'être en tant qu'il est être.

Revenons sur la question 14 de la *Prima pars* de la *Somme théologique*, qui vient d'être évoquée, afin de rappeler le lien obligé qui existe entre le problème de l'assomption du fini par l'infini, et le problème du statut de l'essence divine qui est son exister.

« Dieu contient en lui toute perfection, l'essence divine entretient avec les essences de toutes choses (cum Deus in se omnes perfectiones contineat, comparatur Dei essentia ad omnes rerum essentias) non le rapport du commun au propre, de l'unité aux nombres ou du centre aux lignes divergentes, mais le rapport de l'acte parfait aux actes imparfaits, comme si je disais : de l'homme à l'animal, ou du six, nombre entier, aux fractions qu'il exprime. Or il est clair que par l'acte parfait on peut connaître les actes imparfaits non seulement en général, mais d'une connaissance propre. Celui qui connaît le nombre six connaît sa moitié : trois, d'une connaissance propre.

Ainsi donc, comme son essence contient tout ce qu'il y a de perfection dans l'essence de quelque autre chose que ce soit, et bien davantage (cum essentia Dei habeat in se quidquid perfectionis habet essentia cujuscumque rei alterius, et adhuc amplius), Dieu peut connaître en lui-même toutes choses d'une connaissance propre ».

Dès lors, il faut conclure que Dieu enveloppe en son essence toutes les essences, ainsi toutes les manières limitées d'exister, par là toutes les manières, pour cette perfection qu'est l'exister, de se faire limiter ; mais Dieu est son connaître, aussi son connaître est-il son être ; donc Dieu assume toute finitude en lui-même, indépendamment de la création du monde, sans pour autant cesser d'être l'Exister sans limite et par soi subsistant ; dès lors, Dieu est celui qui demeure identique à soi dans sa différence. Comment peut-on, encore, faire l'économie, dans l'hylémorphisme thomiste, de l'intromission du concept de réflexion substantielle ?

Et comment Dieu peut-il contenir, dans son essence supposée ne consister qu'en son acte d'exister, toutes les essences sur un mode parfait, si — pour autant qu'il soit permis de s'exprimer ainsi — l'essence de toute essence est de limiter diversement l'acte d'exister ? Est-il encore possible de ne reconnaître à l'essence que le statut négatif de limitateur de l'acte d'exister ? Et même si l'essence en général est réduite à ce statut, comme principe de limitation de l'exister, il reste que l'exister pur assume en lui-même, pour être absolument lui-même, toutes les manières de se faire limiter ; derechef il est identique à soi dans sa différence, se faisant fini sans cesser d'être infini, se mettant à distance de soi sans cesser de coïncider avec soi, par là étant réflexivement identique à soi tout en s'objectivant dans son processus réflexif. Enfin, si Dieu est à la fois celui dont l'essence est d'exister, à la fois celui dont l'essence assume tous les degrés de perfection essentielle, c'est que Dieu est cette essence positive exerçant pleinement l'exister, et que tout autant il est l'exister répudiant toute essence qui n'est essence qu'à limiter l'exister ; mais en tant que sujet d'exercice de son exister que pourtant il est, Dieu a ce qu'il est, et derechef il faut parler de réflexion. Au reste, dire que Dieu repousse toute limitation de son exister tout en assumant — les enveloppant sur un mode intelligible — tous les degrés finis de cet exister, cela même revient à dire que l'essence divine pose l'exister qui se nie ou s'anticipe en elle, repousse toute limitation qu'il doit pourtant contenir pour être illimité : être le savoir exhaustif de lui-même, ainsi tel qu'il est en lui-même *et* tel qu'il est en tant que participable ; et c'est encore convoquer sans le dire l'idée de réflexion.

Il a été montré plus haut (§§ 44, 70 et 71) que la matière est à la fois individuante et inintelligible, mais qu'être individuel et exister sont une même chose. Et l'on a souligné aussi (§ 44) qu'il existe une solidarité obligée entre degré d'être et degré d'intelligibilité. Rapprocher ces informations nous oblige à conclure de la manière suivante : la matière est un principe d'être qui est en soi inintelligible mais qui a raison de principe d'intelligibilité, ce qui semble contradictoire. Comment peut-elle donner ce qu'elle n'a pas ? N'est-elle pas, de soi, non-être ? Comment peut-elle être principe d'être si elle est non-être ? L'unique solution est que le non-être soit intrinsèque à l'être en tant qu'il est être, ce qui revient à dire que l'être est ce qu'il est seulement s'il est ce qui se néantise pour vaincre sa pénurie, et s'il se libère de la coexistence contradictoire de ces deux tendances (s'aliéner et se sauver en se rendant victorieux de soi-même) — qui pourtant le constituent — en s'objectivant, en réduisant ce en quoi il s'objective à ce point de son parcours interne en lequel les deux mouvements opposés s'identifient négativement.

Par quelque biais que l'on analyse les exigences de l'hylémorphisme appliqué au rapport de l'essence et de l'« esse », on convoque, de manière avouée ou non, la réflexion ontologique. Et si cette dernière nous enjoint d'une part de reconnaître une réalité effective au néant, d'autre part d'adopter le concept de cause de soi, c'est encore sous la pression des exigences du thomisme que seront acceptées ces deux transgressions du thomisme littéral.

Il y a une vie dans l'être, une vie de l'être[11], une vie de et dans l'être en tant qu'il est être, dans l'absolument être qui n'est être qu'à raison de son vivre et qui même est son acte de vivre, et qui, pour cette raison, est le mouvement de devenir soi-même en se faisant, comme agir strictement immanent, le « terminus a quo » du « terminus ad quem » qu'il est pour lui-même. Mais ce qui *est* son mouvement (ou devenir) — un mouvement qui *est* —, c'est ce qui, en tant que mouvement, devient, par là se convertit immédiatement en immobilité pure ; parce que ce mouvement, en forme d'identité à soi réflexive, est la forme paradigmatique de tout connaître, l'être absolument être est son connaître, de sorte qu'il est seul à pouvoir se penser tel qu'il est, c'est-à-dire à pouvoir vivre en un seul acte ce qui, pour nous, est indépassablement formulable selon deux opérations : se faire le devenir de soi, s'aliéner dans la différence d'avec soi, *et* faire devenir le devenir qu'on est, nier souverainement la différence d'avec soi qu'on instaure en soi. C'est pourquoi nous

---

[11] Heidegger, comme on sait, voit la décadence de la philosophie, « l'oubli de l'Être », dans la traduction de « phusis » en « natura » (qui sera bientôt tenue pour « essence » et « Idée »), alors que « phusis » est ce qui vient au jour dans un jaillissement permanent, c'est-à-dire ce qui consiste dans ce jaillissement même, ce qui est sa propre manifestation : l'Être est vérité parce qu'il est dévoilement (« aletheia »), et il est dévoilement parce qu'il consiste dans le jeu éternel — ou plutôt sempiternel — de manifestation du voilé auquel il est intrinsèquement lié : l'Être est son furtif apparaître dans l'acte de son retrait, de sorte que sa dissimulation est condition de sa révélation. Pour le moins, nous ne cautionnons pas ici de telles positions. Mais une vérité captive gît peut-être dans ce discours poétiquement obscur, à savoir que l'être peut être dit « phusis » en tant qu'il est vie, dans le moment où « vie » dit victoire sur la mort, solidarité dialectique entre vie et mort.

ne pouvons parler de l'être en tant qu'il est être qu'en termes qui, pris séparément, sont inadéquats et frisent l'hérésie, cependant que, pris ensemble et tenus pour ce qu'ils veulent dire — c'est-à-dire comme désignation d'un acte en soi unique que notre langage est impuissant à formuler parce que notre finitude constitutive nous enjoint de le viser sans jouir du pouvoir de l'objectiver —, de tels termes disent la vérité, celle du Dieu qui est acte pur et pensée de pensée, repos éternel et vitalité infinie.

Si l'on se souvient que l'acte d'exister du vivant *est* son acte de vivre — « vivere enim est esse viventis » (*C. G.* II 57) —, on se rendra sans peine, dans une optique thomiste, à cette idée selon laquelle il y a une vie dans l'être en tant qu'être : l'acte de vivre du vivant, loin de lui être surajouté sur le mode exclusif d'une composition entre une essence et un « esse » qui lui serait extrinsèquement joint, *est* son « actus essendi », de sorte que tout acte d'exister n'est certes pas un acte de vivre, mais consiste, chez les non-vivants, dans une expression inchoative de l'acte de vivre ; il s'agit d'un écart relatif, d'une incapacité à surmonter la non-coïncidence entre les termes du mouvement définitionnel du vivre, qui tendent à s'identifier dans le vivant (et en lui seul) du fait de l'immanence d'un tel devenir ; existe sans être vivant ce qui a la forme avortée d'un acte de vivre, de même que vit sans être connaissant ce qui a la forme avortée d'un acte de connaître, comme le rappelle Aristote dans son *Ethique à Eudème* évoquée ici dans notre § 53. Or l'acte de vivre est intrinsèque à l'*essence* du vivant, il est *exercé* par lui, et c'est pourquoi il est permis d'entrevoir là les conditions de possibilité d'une appréhension *conceptuelle* de l'acte d'exister — fût-elle limitée à la visée d'une identification inobjectivable pour nous de l'origine et du terme du mouvement du vivre —, dans la mesure où cet acte de vivre s'explique par l'opération propre au vivant défini dans son *essence*. Si l'essence doit *être* pour être essence, et n'être pas pour être puissance à son *être*, elle est contradictoire et se repousse de soi mais, *étant* cet acte même de se repousser de soi, alors, se repoussant de ce qu'elle est, elle est le repousser du repousser de soi qu'elle est et se révèle identité à soi réflexive, devenir de soi, réflexion parfaitement immanente, tel le mouvement définitionnel du vivre en lequel tendent à s'identifier l'origine et le résultat d'un tel acte vital. *Tout* acte d'exister, sous ce rapport, peut bien être défini en termes propres à ceux de l'acte vital, et en termes qui relèvent du vocabulaire de l'essence.

§ 73. La réflexion psychologique est dans le sillage de la réflexion ontologique.

Nous avons compris, à travers nos analyses laborieusement exposées plus haut (§§ 51 et 52), que l'intellect en acte est nécessairement intelligible en acte, et réciproquement, au lieu que, quand bien même la sensation est l'acte commun du sens et du sensible, le sensible en acte n'est pas sentant en acte : savoir intellectuellement est savoir qu'on sait, ce qui suppose une réflexion dont les facultés sensibles sont incapables, étant matérielles (l'acte du sens *est* l'acte de l'organe du sens, lequel organe est matériel et dont la faculté est intrinsèquement dépendante). Nous avons compris que savoir est savoir qu'on sait, parce que l'intellect possible ne pense véritablement, ainsi n'objective le pensable, qu'en s'objectivant lui-même préalablement devenu — intentionnellement — le pensable. C'est moyennant cette condition qu'il connaît son objet et se connaît connaissant cet objet dans un même acte. Mais nous avons aussi compris que l'intellect ne juge ou ne sait la vérité (adéquation du concept au réel) qu'en revenant sur soi dans un acte dans lequel il compare l'objet qu'il sait au savoir qu'il en a : *il compare le concept qu'il a produit de l'objet à lui-même en tant que devenu cet objet*. Et nous avons vu que ce jugement est premier par rapport au concept dans l'ordre de l'exercice, mais second par rapport à lui dans l'ordre de la spécification : quand l'intellect possible revient sur soi après avoir été informé par l'espèce, ou après être devenu l'objet, pour, à partir de soi-même devenu l'objet, produire un verbe ou une espèce expresse en laquelle il va penser son objet, le retour sur soi qu'il opère, intérieur au processus de formation du concept, est « materialiter » le même que celui — constitutif du jugement — qu'il opérera ensuite sur lui-même après avoir produit son verbe, et c'est en cela que le jugement est, quant à l'exercice, antérieur au concept qu'il présuppose pourtant pour être rendu possible en étant spécifié par lui. Penser ou ne pas penser, c'est l'exercice ; penser ceci plutôt que cela, c'est la spécification ;

mais l'exercice est lui-même une modalité de la spécification, puisque, sous un certain rapport, penser *est* penser qu'on pense (c'est dans un même acte que l'intellect se sait et sait ce qu'il sait) : si penser en général est toujours penser qu'on pense, alors penser (au lieu de ne pas penser) *est* penser le fait qu'on pense (donc c'est déjà penser quelque chose, la pensée est déjà spécifiée), et dans cette perspective ne pas penser consiste à penser qu'on pense sans penser quelque chose de déterminé, telle une conscience de soi qui, n'étant conscience de rien, est inconscience, c'est-à-dire conscience pure (ce qui explique que la conscience puisse être immanente à l'éclipse de la conscience — comme dans le sommeil où quelque chose en nous est attentif aux bruits extérieurs — et que la conscience vigile puisse être immanente à la conscience onirique — comme on peut en faire l'expérience dans les états hypnagogiques où le rêveur se voit rêver). Or si l'exercice est déjà une spécification, c'est que la formation du concept et celle du jugement se présupposent réciproquement sous le même rapport, ce qui nous place dans la situation inconfortable de la réciprocation de causalité qui, nous l'avons vu encore, en tant qu'elle est la structure de l'être cause de soi, sollicite le recours à la réflexion ontologique : le jugement pose le concept qu'il présuppose, ainsi se pose lui-même en posant ce qu'il pose ; et, plus généralement, l'intellect n'étant que puissance à être intellect aussi longtemps qu'il n'est qu'intellect en puissance, il faut confesser qu'en posant son acte il se pose lui-même, selon la structure d'une cause de soi qui ne prend sens que dans le cadre d'une réflexion s'achevant en réflexion dans son processus. Il n'est pas cause de soi parce qu'il n'est pas la raison suffisante de sa réflexion, mais il a la forme d'une cause de soi. Aussi donc, sous ce rapport, l'expérience de l'intellection nous fait vivre le recours à la réflexion ontologique, et en même temps elle nous fait saisir le caractère strictement indépassable de l'impossibilité pour toute créature, pour tout ce qui est fini, d'avoir la réalité d'une cause de soi en plus d'en avoir la forme (entendue ici comme « structure ») : savoir ce que l'on sait, c'est-à-dire savoir la vérité — ainsi juger —, est savoir qu'on sait, mais l'impossibilité d'accomplir les deux opérations dans un même acte atteste notre finitude essentielle, en tant que cette impossibilité est le reflet, en la conscience psychologique, de l'impossibilité du fini à être la raison de sa réflexion substantielle.

§ 74. Tout négatif n'est pas peccamineux.

Mais, qu'il y ait une vie dans l'être absolument être, cela signifie qu'il y a du négatif dans l'être en tant qu'être, ce qui induit la présence dans les choses créées d'un négatif non nécessairement peccamineux, et ce constat a selon nous une importance considérable en morale et en politique, parce que l'acceptation d'un tel négatif naturel conjure le surnaturalisme, envers du naturalisme. Ce que nous pourrons bientôt aborder.

Comprendre qu'il y a du négatif dans l'être en tant qu'être permet de comprendre qu'il puisse exister, sans compromettre la transcendance et l'inaccessibilité de Dieu, un « ens commune » subsumant Dieu et les créatures, requis pour faire sa place à l'univocité sans supprimer l'analogie (sujet abordé dans nos §§ 61 et 62) : il s'agit bien de l'être absolument être, de l'être absolu tel qu'en lui-même, mais considéré dans le moment de son absence à lui-même, dans le terme extrême de sa négativité ou comme néant. Si l'on se souvient de surcroît que l'intellect possible est puissance à être intellect aussi longtemps qu'il est intellect en puissance, sans forme propre et par là néant, on entrevoit la possibilité — nécessairement avortée, puisque toute connaissance est connaissance de quelque chose — d'un effort exercé par l'intellect d'accéder au savoir de lui-même directement, sans la médiation d'un objet à savoir : telle est sa manière de se forger une idée univoque d'être, qui équivaut immédiatement au néant. Le moi pur est d'une certain façon l'être pur, parce que tout savoir de quelque chose est aussi un savoir de soi (s'objectivant lui-même en ce qu'il sait), et que le savoir de l'être pur, vécu sur le mode d'un effort de chasser de l'esprit tout ce qui est particulier ou être déterminé, aboutit au néant d'être qui est néant de savoir ; l'idée d'être se révèle être l'être lui-même, mais dans sa négativité, lequel est aussi bien le néant de l'idée d'être que le néant de l'être dont elle est l'idée ; en accédant au savoir de lui-même en sa vacuité pure, c'est-à-dire à un savoir de soi qui, comme conscience pure, se convertit en néant de conscience, l'intellect fait être cette idée d'être qui, comme idée de rien de déterminé, se résout en absence d'idée mais, dans l'acte de son glissement en néant, révèle vraiment l'être — tel qu'il est en lui-même, en et pour soi — mais en sa négativité.

CHAPITRE VIII

Le thomisme « thomasien » allié du modernisme ?

§ 75. Un état de pure nature eût-il été possible pour saint Thomas ?

Afin de mesurer la pertinence du mot d'ordre lancé par les clercs traditionalistes en faveur du respect, presque sous peine de péché, de la lettre de l'enseignement de saint Thomas, nous voudrions revenir sur un texte de l'Aquinate naguère souvent évoqué et reproduit par nous, que nous avons commenté dans le cadre du traitement du problème de l'existence d'un désir naturel de Dieu. Nous reviendrons ensuite sur ce dernier problème sans crainte de nous répéter, parce que c'est un sujet de discorde entre traditionalistes, et que le public auquel s'adresse le présent travail est beaucoup plus ciblé que celui auquel nous destinions nos productions précédentes. Il s'agit d'un passage du *Contra Gentiles* (IV 52), dans lequel saint Thomas répond aux objections formulées contre le péché originel.

Certains signes, nous explique l'Aquinate, sont les manifestations probables du péché originel, car Dieu récompense les bonnes œuvres et punit les mauvaises, de sorte que la peine est un témoignage de la faute (« ex ipsa poena possumus certificari de culpa »). Or les hommes subissent diverses peines corporelles et spirituelles. La plus grande peine corporelle est la mort, la plus grande peine spirituelle est l'infirmité de la raison, qui empêche l'homme de dominer parfaitement ses appétits bestiaux et rend facile la chute dans l'erreur.

« Posset tamen aliquis dicere hujusmodi defectus, tam corporales quam spirituales, non esse poenales, sed naturales defectus ex necessitate materiae consequentes. Necesse est enim corpus humanus, cum sit ex contrariis compositum, corruptibile esse, et sensibilem appetitum in ea quae sunt secundum sensum delectabilia moveri, quae interdum sunt contraria rationi, et intellectum possibilem, cum sit in potentia ad omnia intelligibilia, nullum eorum habens in actu, sed ex sensibus natum ea acquirere, difficulter ad scientiam veritatis pertingere et de facili propter phantasmata a vero deviare » :

Peut-être dira-t-on que de telles déficiences, aussi bien corporelles que spirituelles, n'ont pas un caractère pénal, que ce sont des déficiences de nature, conséquences inéluctables de la matière. Il est inévitable que le corps humain, composé d'éléments contraires, soit corruptible ; il est inévitable, aussi, que l'appétit sensible se porte vers ce qui est délectable au sens, tout en étant parfois contraire à la raison. Étant donné d'une part que l'intellect possible est ouvert en puissance à tous les intelligibles, qu'il n'en possède en acte aucun, obligé qu'il est de les acquérir par les sens, il est inévitable qu'il atteigne avec difficulté la science de la vérité, inévitable qu'en raison de la présence des images, il dévie facilement hors du vrai (trad. Cerf, 1993, p. 905).

« Sed tamen, si quis recte consideret, satis probabiliter poterit aestimare, divina providentia supposita, quae singulis perfectionibus congrua perfectibilia coaptavit, quod Deus superiorem naturam inferiori ad hoc conjunxit ut ei dominaretur, et, si quod hujus dominii impedimentum ex defectu naturae contingeret, ejus speciali et supernaturali beneficio tolleretur ; ut scilicet, cum anima rationalis sit altioris naturae quam corpus, tali conditione credatur corpori esse conjuncta quod in corpore aliquid esse non possit contrariarum animae, per quam corpus vivit, et similiter, si ratio in homine appetitui sensuali conjungitur et aliis sensitiviis potentiis, quod ratio a sensitivis potentiis non impediatur, sed magis eis dominetur. Sic igitur, secundum doctrinam fidei, ponimus hominem a principio taliter esse institutum quod, quamdiu ratio hominis Deo esset subjecta, et inferiores vires ei sine impedimento deservirent, et corpus ab ejus subjectione impediri non posset per aliquod impedimentum corporale, Deo et sua gratia supplente quod ad hoc perficiendum natura minus habebat (…) » :

A considérer droitement les choses, on pourra estimer cependant comme assez probable — supposé la providence divine qui ajuste à chaque perfection les objets qui lui conviennent — que Dieu a uni une nature supérieure à une nature inférieure pour que la première dominât la seconde. S'il arrivait que quelque déficience naturelle gênât cette souveraineté, on doit supposer qu'une grâce spéciale, surnaturelle, viendrait lever cet empêchement. Ainsi doit-on juger que l'âme raisonnable, d'une nature plus haute que le corps, lui est unie de telle manière qu'aucun élément corporel ne puisse s'opposer à l'âme, qui fait vivre le corps. De même doit-on estimer que la raison, unie dans l'homme à l'appétit sensible et aux autres puissances sensitives, ne peut être gênée par ces puissances, mais qu'au contraire elle les domine. Dociles à l'enseignement de la foi, nous affirmons que l'homme a été dès l'origine établi par Dieu dans des conditions telles que nos puissances inférieures devaient le servir sans entraves, qu'aucun obstacle corporel ne devait gêner la sujétion de son corps, Dieu et sa grâce suppléant pour ce faire à l'indigence de la nature (…).

§ 76. Suite du § précédent.

L'Aquinate explique ensuite que les puissances inférieures se révoltèrent contre la raison. Il rappelle que de telles déficiences sont naturelles à l'homme si l'on considère dans l'absolu la nature humaine dans ce qu'elle a d'inférieur, mais qu'elles témoignent avec assez de probabilité de leur caractère pénal (« satis probabiliter probari potest hujusmodi defectus esse poenales ») si l'on considère la providence divine et la partie supérieure de l'âme humaine.

Dans sa réponse à la première objection, saint Thomas déclare que la nature humaine avait été établie dès ses origines dans des conditions telles que, par l'office de la « justice originelle », les puissances inférieures étaient soumises à la raison, et le corps à l'âme, Dieu suppléant en cela par sa grâce à l'indigence de la nature (« Deo per gratiam supplente id quod ad hoc deerat per naturam »).

Dans sa réponse à la cinquième objection, il évoque le fait que la nature humaine est privée du secours de la grâce, ce secours que le premier homme avait reçu pour le transmettre à ses descendants. Aussi de telles déficiences sont-elles coupables par rapport à leur source première, et naturelles par référence à la nature privée de secours (« naturales sunt per comparationem ad naturam jam destitutam »).

Dans la réponse à la sixième objection, il précise que le vice d'origine d'où sort le péché originel vient de l'absence d'un principe, à savoir ce don gratuit conféré à la nature humaine dès sa création (« natura destituta ex auxilio gratiae quod ei fuerat in primo parente collatum »). Et il en vient même à déclarer que ce don était d'une certaine manière naturel (« quodammodo fuit naturale »), non qu'il eût pour cause les principes de la nature, mais parce qu'il avait été conféré au premier homme pour être transmis à ses descendants.

Dans la réponse à la neuvième objection, il affirme que le péché du premier homme a détruit seulement un bien de nature surajouté par grâce (« bonum naturale quod per gratiam superadditum fuit »), bien que (réponse à la dixième objection) ce don ne fît pas partie de la définition de l'espèce (« licet ad rationem speciei non pertineret »).

Et dans la réponse à la douzième objection il enseigne que la nature humaine était parfaite avant le péché originel grâce à ce don (« natura (…) erat, beneficio naturae praestituto, adhuc perfecta »).

§ 77. Suite du § précédent.

Si l'on reçoit avec tout leur poids de signification les formules de saint Thomas sans chercher à édulcorer les tensions qu'elles enveloppent, on est mis en demeure de confesser que jamais l'Aquinate n'a pensé qu'un état de pure nature eût jamais pu être seulement possible. La nature humaine, nous a-t-il déclaré, n'eût pas été parfaite sans de tels dons (les dons dits préternaturels induits par la grâce : impassibilité, immortalité, science infuse). Et la nature humaine en sa condition post-lapsaire n'est pas dite blessée, selon lui, par déprédation de ses principes intrinsèques, mais seulement parce que Dieu avait décidé de la faire subsister moyennant l'apport d'un don surajouté. En d'autres termes, l'homme naît pécheur en ce qu'il hérite d'un état naturel induit par une désobéissance adamique, c'est-à-dire d'un état naturel qu'il avait plu à Dieu d'embellir d'un don surnaturel en imposant à l'homme de garder ce dernier et de le transmettre ; mais en fait, selon saint Thomas — le saint Thomas de ce texte —, cette nature dont nous héritons, si on la considère en elle-même, n'est pas moins saine que celle que l'homme eût eue en partage s'il avait été créé « in puris naturalibus ». On ne saurait donc, dans cette perspective, parler de « tache » ou de « blessure », à proprement parler.

Et c'est là quelque chose de contraire au dogme, mais aussi à l'expérience : depuis Adam, l'homme est mauvais, habité par une tendance au bien que sa nature blessée rend peu opérante, et même hanté par l'amour pour le mal, par une complaisance à l'égard du mal, ce qui est la perversité, parce qu'il jouit dans sa transgression de l'exaltation de sa liberté prise pour fin. Dans cet ordre d'idée, on peut ajouter que pour saint Thomas l'homme de l'état post-lapsaire, sans la grâce, ne peut éviter tout péché, au point que, si Dieu n'avait, par pur amour, décidé de racheter le genre humain, tout homme eût été damné, sauf la Vierge Marie évidemment. Si la nature de l'homme après le péché est en elle-même identique à ce qu'elle eût été en état de pure nature, on doit en déduire que tout homme créé en état de pure nature eût été damné ; mais alors il faudrait consentir à cette idée fausse, moderniste, selon laquelle la grâce était requise pour que l'homme demeurât humain.

Selon nous, ce n'est pas le négatif qui est le mal, c'est la langueur qui l'affecte et l'empêche de surmonter la possibilité d'y céder. Mais cette langueur a raison de blessure : sans la grâce, l'homme est aujourd'hui pire qu'il n'eût été s'il avait été créé en état de pure nature, et il est donc affligé réellement d'une « tache ».

On pourra ainsi, certes, pour innocenter ce texte de toute tendance à compromettre la gratuité de la grâce, avancer que les déficiences dont parle saint Thomas n'eussent pas eu raison de fautes si Dieu avait décidé de créer l'homme en état de pure nature. Mais enfin, quand bien même il en eût été ainsi, la nature humaine sans la grâce n'eût pas, pour saint Thomas, été parfaite, de son propre aveu. On aura beau dire ce que l'on voudra. S'il est dans la vocation de la nature humaine, en vertu de l'ordination naturelle du corps à l'âme, que les forces inférieures soient dominées par les forces supérieures, il reste contre nature que la raison se révèle impuissante à maîtriser les passions. Et ce qui est contre nature est par définition peccamineux.

Et qu'est-ce que cela signifie, sinon que la nature humaine n'est pas vraiment naturelle aussi longtemps qu'elle n'est pas soutenue par la grâce ? Mais alors comment, en adoptant de telles prémisses, ne pas en venir à tenir les dons gracieux pour autant d'exigences de la nature, à peine de reconnaître dans l'Auteur du monde un créateur injuste ?

Or c'est là, ni plus ni moins, le message moderniste du Père Henri de Lubac, condamné par Pie XII dans *Humani generis*. Et c'est proprement une hérésie.

Cet état de pure nature tel que décrit ici par saint Thomas ressemble étonnamment à l'état de nature rousseauiste, au moins par un caractère commun aux deux : la perfectibilité est pour Rousseau une détermination de la nature humaine, elle est même la différence spécifique de l'homme, et elle est en attente, comme toute tendance vraiment naturelle, de son accomplissement, cependant que cette perfectibilité est fondamentalement, pour Jean-Jacques, non un principe de progrès mais un principe de dépravation, telle une nature qui serait par nature, si l'on peut dire, contre nature. D'où, chez Rousseau l'idée de changer la nature humaine, parce qu'elle est en son fond mal faite ; de lui substituer une nature artificielle, construite par la liberté et la raison constructiviste de l'homme congénitalement révolté contre sa condition et contre l'Auteur maladroit et pervers de cette condition[12]. Or la nature humaine chez saint Thomas, considérée en sa nudité, est incapable d'opérer selon les vœux que lui prescrivent ses principes immanents, au point qu'elle n'est intègre que par un don surnaturel qui pourtant doit être tenu pour absolument gratuit. Autant dire qu'elle requiert

---

[12] Les délires si actuels, d'inspiration gnostique (la création est mauvaise, œuvre d'un dieu mauvais produit par un Dieu inconscient et inachevé, et l'homme se sauve en sauvant Dieu, en achevant ce Dieu auquel l'homme est consubstantiel), relativement au transhumanisme, n'ont pas d'autre postulat que celui qui avait implicitement été adopté par Rousseau.

objectivement quelque chose qu'il lui est pourtant interdit de réclamer ; elle est ainsi condamnée à un exercice atrophié de ses pouvoirs.

Avec le respect qui est dû aux hommes de Dieu — en tant qu'ils sont hommes de Dieu et non, il est vrai, toujours en tant qu'hommes — nous nous trouvons contraint d'écrire ceci :

S'il en est qui nous soupçonnent de friser l'hérésie et de favoriser le modernisme du fait de nous écarter de la lettre de saint Thomas — alors que nous ne nous en écartons, en vérité, que pour en respecter l'esprit en commençant par essayer de surmonter les apories de la doctrine du Maître —, force est de leur rétorquer par avance qu'ils favorisent objectivement le modernisme en lui concédant, par fidélité aveugle à saint Thomas, ce sur quoi le modernisme se fonde : Dieu n'aurait pu créer l'homme sans dommage sans lui donner la grâce.

Alors faut-il suivre saint Thomas sur ce point ? Et, s'il faut le rectifier, qui le rectifiera ? S'il faut reconnaître au thomisme, à tout ce que contient la lettre du thomisme, au nom de l'autorité du magistère, le caractère de principe normatif de la rectitude intellectuelle en matière philosophique, comment pourra-t-on seulement envisager de le rectifier ? Répétons-le : il y a un art de lire le magistère.

§ 78. Nécessité d'un point de suture entre nature et surnature.

Plus haut (§ 18), nous avons fait allusion à la nécessité, pour demeurer pleinement catholique, d'en appeler à l'existence d'un point de suture entre les ordres naturel et surnaturel. On tiendra pour acquis que, s'il existe effectivement un désir naturel de Dieu, c'est-à-dire un désir de voir Dieu tel qu'en Lui-même, dans le moment où l'on tient — comme il se doit — la grâce pour absolument gratuite, on doit concéder, si l'on entend rester cohérent, une possibilité naturelle de connaître Dieu tel qu'il est en et pour lui-même. Cette possibilité décrit ce en quoi eût consisté la béatitude de l'homme créé en état de pure nature, si ce dernier avait conservé son intégrité : même sans les dons surnaturels que l'homme pouvait perdre — ce qu'il fit — en usant de sa liberté de manière dévoyée, la volonté même non blessée de l'homme n'était pas indéclinable. Mais cette possibilité concerne aussi tant l'homme créé en état de grâce avant la Chute que l'homme d'après la Chute, blessé et racheté. Il en est ainsi parce que s'il existait — thèse qui désolait Maurice Blondel, mais dont il oubliait la part de vérité — seulement un extrinsécisme radical, exclusif de toute affinité ou convenance entre nature et surnature, les fins naturelle et surnaturelle seraient indépendantes au point d'exclure de se rencontrer jamais, et l'homme habité par de telles fins serait déchiré entre les deux puisque l'une est immanente à l'homme, quand l'autre lui est transcendante ; c'est au prix du sacrifice de la première qu'il pourrait satisfaire aux réquisits de la seconde. Mais si la recherche de la fin surnaturelle doit s'exercer au prix du sacrifice de la recherche de la fin naturelle, c'est la nature elle-même qui est sommée de s'atrophier puisque, aussi bien, la nature d'un être est sa finalité même. Et cette vision des choses est la racine du surnaturalisme, qui ne conçoit l'intromission de la grâce que sur le mode d'une frustration de la nature dont l'atrophie se retourne contre la pieuse intention des surnaturalistes puisque la nature est le sujet obligé de réceptivité de la grâce au reste dotée du double pouvoir de surélever et de soigner. Il est en revanche nécessaire de proclamer de manière concomitante la césure ontologique radicale entre nature et grâce, la discontinuité des deux, autrement, le « terminus ad quem » d'une sphère s'identifiant au « terminus a quo » de l'autre, alors, si cette identification des deux n'est pas aussi une négation des deux, les deux sphères n'en feront qu'une, n'établissant qu'une différence de degré et non de nature entre nature et grâce, ce qui évidemment induira que la surnature est naturelle ou que la nature est déjà et par soi surnaturelle. Les conséquences logiques de cette position sont au fond à chercher dans le panthéisme, puisque la surnature est la nature de Dieu. Mais accepter l'idée que, pour une nature intègre, l'essence de Dieu serait accessible à la simple raison, n'est-ce pas tout autant naturaliser la surnature et mener aussi sûrement au panthéisme ?

On voit combien il est difficile de « tenir les deux bouts de la chaîne », à telle enseigne que les grands commentateurs de saint Thomas ont souvent adopté la théorie de la « double fin » en excluant qu'il existât un authentique désir naturel de Dieu. C'est pourquoi nous commencerons par interroger quelques textes du corpus thomiste afin de circonscrire autant que possible la vraie position de saint Thomas. Et nous verrons que sur ce point l'Aquinate n'a jamais, semble-t-il, adopté de position définitive, et qu'il ne l'a jamais fait parce que le problème posé par le besoin de synthèse entre les deux vérités contenues dans les deux positions extrêmes n'a jamais à ses yeux trouvé de solution rationnelle. Là encore, puisqu'il faut suivre saint Thomas, dit-on, selon le code de droit canonique, on a envie de demander à quel saint Thomas il convient de se soumettre…

CHAPITRE IX

La question du désir naturel de Dieu
dans le thomisme

§ 79. Enjeu moral et politique de la possibilité d'un désir naturel de Dieu.

Nous n'allons pas redire tout ce que nous avons pu déjà développer dans des travaux plus anciens à propos du désir naturel de Dieu. Nous nous contenterons de résumer l'essentiel de notre point de vue. Préalablement, nous ferons tout de même observer que *l'existence du désir naturel de Dieu est solidaire d'une conception vraiment thomiste du bien commun, c'est-à-dire d'une conception véritablement organiciste de la Cité.*

Une telle conception veut que l'homme soit ordonné à la Cité comme à sa fin, ainsi comme à un bien qu'il aime en tant qu'il lui est rapporté, nonobstant le fait qu'il vise ultimement la vision de Dieu auquel évidemment, par son statut de créature, il est ordonné comme à un bien auquel il est encore plus fondamentalement rapporté. Introduire dans l'homme deux fins hétérogènes, cela conduit immanquablement, pour atténuer les effets destructeurs du déchirement qu'induit leur présence, à tenir le souci du bien commun pour celui d'un bien intermédiaire qui exclut d'avoir raison de fin. Par voie de conséquence obligée, on subordonnera la politique à la morale, on détrônera la première de son statut aristotélicien de science pratique architectonique : la Cité sera considérée comme l'instrument exclusif d'une sanctification de la personne, dans une perspective au fond plus augustinienne que thomiste ; le caractère diffusif de soi du bien, qui le rend d'autant meilleur qu'il est plus commun, sera oblitéré.

Le Bien, selon le thomisme, est ce que toute chose désire en tant qu'elle désire sa perfection, et cette définition signifie que la recherche du bien perfectionne le désirant, mais non pas que cette recherche et cette possession seraient de manière obligée l'instrument du désirant qui, en effet, peut se perfectionner du fait même d'être instrument du bien qu'il aime, et non nécessairement en faisant de ce bien l'instrument de lui-même ; et s'il se veut instrument de ce bien vers lequel il tend, c'est que ce bien a pour lui, semble-t-il, raison de cause finale ultime, parce que l'aimant ne peut se rapporter à ce qu'il aime, ou vouloir le bien de ce qu'il aime en l'aimant plus que soi-même, que si ce qu'il aime, d'une manière ou d'une autre, *se veut en lui* et par là se le subordonne. Dès lors, si ce bien qu'aime le désirant n'a pas pour lui raison de fin dernière, on sera tenté de penser qu'il ne peut, semble-t-il, l'aimer, qu'en le rapportant à soi. Dieu étant fin dernière de l'homme, faudra-t-il n'aimer la Cité qu'au titre d'instrument du perfectionnement de l'individu ? Ce serait bien là en effet supprimer la consistance ontologique du bien commun comme commun ; ce serait le réduire à la somme des biens particuliers. Il en sera heureusement autrement, à deux conditions. Il faudra que le désir du bien commun ait pour vocation obligée de s'anticiper dans celui des biens finis (à charge pour un tel désir investi dans le fini d'apprendre à s'arracher à ce à quoi il a commencé par se vouer). Il faudra de plus tenir pour définitionnel du Bien absolu, absolument commun, d'être aimé de telle sorte que l'amour qu'on lui porte se médiatise dans des biens intermédiaires, dont le bien commun politique. Alors seulement il sera possible, sans contradiction, d'aimer le bien commun politique comme commun, en lui étant rapporté, sans pour autant déifier la Cité. En retour, s'il est définitionnel du Bien absolu d'être aimé de telle sorte que l'amour qu'on lui porte se médiatise dans des biens intermédiaires, c'est qu'il est définitionnel de ce Bien absolu d'assumer intemporellement, indépendamment de la création du monde, tous les degrés de finitude du bien, posés et dépassés aussitôt que posés.

Si l'homme est invité à aimer le bien commun en tant que commun, du fait même de sa diffusibilité, d'autant meilleur que plus commun, alors il faudra — l'homme étant pour la Cité — qu'il se reconnaisse comme ordonné tout entier à la Cité, quoique non totalement puisqu'il est ordonné totalement à Dieu, objet de la béatitude. Mais une chose est ordonnée tout entière et non totalement à une autre si et seulement si cette autre s'anticipe en la première et se veut en elle ; elle est tout entière et non totalement ordonnée à une autre si cette autre entend se rejoindre et s'identifier à soi, ou se poser, à partir de ce en quoi elle s'anticipait et donc, sous ce rapport, à partir de ce en quoi elle se niait. Autant dire qu'il y a ordination de la partie au tout seulement si le tout se veut en ses parties, s'anticipe en elles et se les subordonne pour se poser en tant que tout. Soit : il y a organicité politique moyennant le fait que la Cité s'anticipe en ses parties pour se les subordonner, se différencie à l'intérieur d'elle-même afin de se faire l'unité du divers en laquelle elle s'identifie à soi. Dès lors, il y a organicité, c'est-à-dire Cité qui soit entitativement tout d'ordre mais fonctionnellement substantielle, seulement à la condition suivante : il faut que les individus qui la composent tendent, comme vers leur meilleur bien — soit, encore, comme vers le meilleur de leur bien propre —, vers le bien du tout pris comme tout, c'est-à-dire vers le bien commun, cause finale de la Cité. Autant dire qu'il y a organicité seulement si la Cité s'élabore selon les scansions d'une réflexion ontologique, laquelle consiste à faire dépendre la position du résultat (identique au départ) de l'épreuve consistant à se préfigurer dans tous les degrés de perfection inférieurs au résultat. Autrement dit, la Cité s'anticipe nécessairement dans les individus qu'elle se subordonne, et s'anticipe en eux pour les inviter à l'aimer en se rapportant à elle. Et cela se comprend si l'on s'aperçoit que la Cité est comme un « homme en grand » ; elle fait se réaliser les virtualités de la nature humaine plus excellemment dans une communauté que dans un individu, et sa structure est celle de l'individu : esprit, « cœur », passions (pour l'âme) ; ceux qui prient, ceux qui combattent, ceux qui travaillent (pour la Cité).

Mais il faut observer que la Cité n'est pas ce dont le bien est l'objet de la béatitude, elle n'est donc pas le bien ultime. Elle est telle qu'elle entretient à l'égard du bien absolu le même rapport, analogiquement, que celui qu'entretiennent les individus à son égard : le bien absolu s'anticipe dans le bien commun politique pour l'inviter à l'aimer en se rapportant à lui, c'est-à-dire — la Cité n'étant qu'un tout d'ordre — pour inviter les individus qui composent la Cité à aimer ce bien absolu en se rapportant à lui.

Nous ne voulons pas dire que Dieu s'anticiperait dans la Cité pour être Dieu ; nous voulons dire que ce degré de perfection qu'est le bien commun de la Cité est idéellement assumé, avec ceux qui lui sont inférieurs et ceux qui lui sont supérieurs, de toute éternité, par Dieu exerçant sa déité, qui seul est le bien suprême et absolu. Tendre vers Dieu, c'est tendre vers Celui dont le propre est de se vouloir, avant la création du monde, tout entier et non totalement dans ses manières finies d'être participé ou participable. Que faut-il déduire de tels rappels ? Ceci : s'il y a bien commun politique, alors il faut admettre qu'il existe un désir naturel de Dieu qui s'investit dans la recherche des biens qui lui sont inférieurs — dont le bien commun politique —, lequel, supérieur au bien particulier, se subordonne l'individu ; les biens finis sont à aimer pour être dépassés, ainsi crucifiés au profit de biens meilleurs, mais, le bien absolu n'étant tel que par assomption et dépassement de toute finitude, il n'est visé par le désir qu'en invitant ceux qui le désirent à faire se médiatiser leur désir dans la recherche de biens finis, dont le bien commun. Réciproquement, il y a bien commun seulement si le désir de servir la Cité est enté sur le désir d'un bien absolu qui, considéré en lui-même, est un bien qui se fait assomptif de tous les degrés finis de cette bonté qu'il réalise absolument, évidemment au-delà de la chose politique. Court-circuiter le service du bien commun au nom du culte de Dieu (position surnaturaliste qui subordonne l'Etat à la personne pieuse, réduisant le bien commun à l'ensemble des conditions sociales nécessaires au salut individuel) équivaut dialectiquement à déifier l'Etat (exténuer le désir de Dieu pour l'investir dans le salut de la Cité, tel Machiavel préférant le salut de sa patrie à celui de son âme) : si l'on déifie l'Etat, qui n'est que par les personnes qui s'inscrivent en lui, on se déifie, on se prend pour fin, on fait de l'absolutisation apparente de la Cité l'envers du désir inavoué de s'absolutiser en tant qu'individu, et en cela la Cité dépérit.

Si, a contrario, l'homme est supposé tendre vers Dieu par un appétit spécifique parfaitement étranger au désir qui le fait tendre vers le bien commun politique, alors il ne tendra vers ce dernier que comme vers un instrument auquel il exclura de se subordonner ; le bien commun de la Cité sera pour le bien particulier vertueux de l'homme. Il n'y aura plus de bien commun à proprement parler, et cette frustration objective rejaillira sur la vie religieuse du croyant : réduite à un ensemble de moyens au service de la sanctification individuelle, la Cité n'aura plus de principe intrinsèque d'unité, et c'est à l'unité surnaturelle de l'Église que la Cité politique devra emprunter l'unité qu'elle requiert pour synthétiser ses moyens. Il en résultera une « théocratisation » de l'autorité politique, qui tantôt favorisera la théocratie royale anti-romaine, gallicane, anglicane ou autre, tantôt favorisera la théocratie romaine anti-royale. Dans le premier cas, on détruira le caractère monarchique de la structure de l'Église au profit du conciliarisme ; dans le deuxième cas on favorisera la propension des hommes d'Église à affaiblir le pouvoir politique toujours suspect de rébellion contre l'Église, et à l'affaiblir en favorisant la diffusion de l'esprit démocratique.

Faut-il vraiment, pour sauver la gratuité de la grâce, abandonner la primauté du bien commun politique ?

§ 80. Désir naturel de Dieu et principe de raison d'être.

Nous proposerons ici une brève discussion relativement au désir naturel de Dieu, afin de mettre sous les yeux d'un public particulier — ce public que nous privilégions parce que ce travail lui est particulièrement adressé — quelques pièces du dossier concernant, dans le corpus thomiste, l'existence d'un tel désir. Pour de plus amples développements, nous renvoyons à nos travaux passés.

« Tale est (…) in nobis sciendi desiderium, ut cognoscentes effectum, desideremus cognoscere causam, et in quacumque re cognitis quibuscumque eius circumstantiis, non quiescit nostrum desiderium, quousque eius essentiam cognoscamus. Non igitur naturale desiderium sciendi potest quietari in nobis, quousque primam causam cognoscamus, non quocumque modo, sed per ejus essentiam » (*Compendium*, 104 : Tel est en nous le désir de connaître que, connaissant l'effet, nous désirons connaître la cause, et que, en toute chose, les circonstances quelles qu'elles soient étant connues, notre désir ne se repose pas jusqu'à ce que nous ayons connu l'essence de cette chose. Il s'ensuit que le désir naturel de connaître, en nous, ne peut se reposer, jusqu'à ce que nous connaissions la cause première, non de n'importe quelle façon, mais par son essence).

Il est, selon saint Thomas, dans la vocation naturelle de l'intellect de remonter jusqu'à la cause première, non seulement pour savoir qu'elle existe, mais pour savoir ce qu'elle est *en elle-même, connue par son essence* ; d'ailleurs, comme on l'a vu ici plus haut (notre § 13), il est impossible d'affirmer une existence sans se forger une idée minimale de l'essence de ce que l'on déclare exister ; pour enquêter sur l'existence d'une chose, on doit savoir ce que l'on cherche et, aussitôt consommée la saisie de cette existence, on peut s'attendre à ce que soit relancé le désir de mieux connaître l'essence dont elle est l'existence.

Cet acquis nous interdit donc d'adopter cette position couramment défendue dans l'Ecole, selon laquelle, si l'homme avait été créé en état de pure nature, sa béatitude naturelle eût consisté à voir Dieu dans ses effets : voir Dieu dans ses effets, c'est voir les effets de Dieu, c'est voir en eux la causalité divine ou plutôt l'effet de cette dernière, ce n'est pas voir Dieu dans son essence.

Il nous semble intéressant, au passage, de nous demander pourquoi, au fond, tout savoir du fait qu'une chose existe requiert celui, au moins vague, de ce qu'elle est, et appelle de savoir au mieux ce qu'elle est après qu'est acquise la certitude qu'elle existe. On peut s'attendre à ce que ces deux raisons se révèlent n'en être qu'une.

D'aucuns pourraient en effet nous dire que le principe de causalité suffit pour expliquer la recherche d'une existence dont on ne sait rien, et dont on pourrait à la limite se dispenser de savoir quoi que ce fût, sinon qu'elle est cause d'un effet qui ne rend pas raison de soi et que l'expérience nous livre. On soutiendrait dans cette ligne de pensée que ce qui ne rend pas raison de soi est inintelligible — le principe de causalité étant tenu pour analytique, ainsi réductible au principe de contradiction — aussi longtemps qu'on ne lui suppose pas une cause dont il suffirait, pour apaiser l'instinct de la raison en quête d'une raison d'être, de savoir qu'elle est cause des effets donnés par l'expérience, sans qu'il fût besoin aucunement de circonscrire l'essence d'une telle cause (si le principe de causalité est reçu comme analytique, il est contradictoire — ainsi inintelligible — de supposer qu'un être puisse être contingent sans être causé).

C'est cette réponse que nous voudrions ici remettre en question.

C'est un fait que notre raison n'est pas satisfaite aussi longtemps que, en sa frénésie de rendre raison, elle n'a pas rencontré quelque chose qui rende raison de tout, y compris de lui-même et d'elle.

Si les lois de la raison ne sont pas les lois de l'être en tant qu'être, la métaphysique est impossible, avons-nous affirmé plus haut (§ 24) : ce qui est métaphysique est par définition au-delà de l'expérience sensible dont la raison, en tant qu'humaine, est bien obligée de partir pour s'exercer : « nihil est in intellectu quod non prius fuerit in sensu » ; c'est la seule assurance de l'identité des lois qui la régissent et de celles de l'être en tant qu'être (et non en tant qu'être seulement sensible) qui garantit à la raison que ses conclusions valent pour l'être qu'elle pense, et non pour la seule pensée de cet être, puisqu'elle ne peut vérifier expérimentalement le bien-fondé de telles conclusions. Dès lors, si ses lois — les lois logiques, et non seulement les catégories de l'intellect — ne sont pas celles de tout être, la raison « tourne à vide », n'embrasse rien, reste enfermée dans une représentation du réel qui n'est pas le réel même exhaussé au statut de pensée.

Si en revanche les lois de la raison sont tenues, comme elles doivent l'être, pour celles de l'être en tant qu'être, alors le désir, propre à la raison, de remonter au principe — désir dont vit l'intellect se faisant raison —, n'est rien d'autre que le reflet, en la raison, de cet appel, inscrit dans les choses finies, de l'infini de perfection qu'elles participent et dont, à ce titre, elles sont autant de limitations ; toute chose, selon l'adage néo-platonicien, tend naturellement, comme vers sa fin, à faire retour à son principe ; tout être est habité par des désirs — ainsi des manques — au service de ce désir fondamental induit par sa différence spécifique, c'est-à-dire par son essence qui, cause de l'existence des appétits propres à ce dont elle est l'essence, se fait absence ou manque d'elle-même en un tel désir, et qui somme celui que tourmente ce désir de se restituer à son essence, de tendre à la réaliser au mieux, par là, inchoativement, de s'identifier à elle : l'essence d'un être se veut en lui, aussi aime-t-il cette essence plus que lui-même, et il l'aime comme lui étant rapporté ; mais l'essence d'une chose est ce principe d'être qui reconnaît son fondement dans la pensée divine où elle préexiste comme essence créatrice ; donc tout être fini tend à sa manière vers Dieu et l'aime objectivement plus que toute chose selon la pulsation du désir de soi de son essence en lui : « unumquodque suo modo naturaliter diligit Deum plus quam seipsum » (I^a qu. 60 a. 5 : tout être, chacun à sa manière, aime naturellement Dieu plus que lui-même).

Or si le fini, comme limitation de l'infini, est en appétit de ce dont il procède et qui est sa négation (l'infini est bien négation du fini qui, en retour, est bien négation partielle ou totale de l'infini), c'est qu'il trouve sa vérité, son entéléchie, dans ce qui le sublime, l'assume et le dépasse, s'y anticipe et s'en fait procéder en le vainquant souverainement : le bourgeon reconnaît sa vérité dans la fleur qui se pose en le supprimant parce qu'elle s'est préfigurée en lui, s'y éclipsant et s'y niant. Si donc le fini est en appétit de faire retour à sa source, c'est que l'infini qui le cause est déjà, en lui-même — qu'il ait ou non posé ce fini dans l'existence —, négation souveraine de ce fini en lequel il s'est anticipé : la cause doit avoir la forme d'une victoire sur son effet — qu'elle pose ou non ce dernier, qu'elle en soit effectivement cause ou non — pour que cet effet, posé dans l'existence, soit hanté par le désir de faire retour à sa cause. Un être ne peut tendre vers un bien qui consiste dans sa suppression que si ce bien se veut en lui et se le subordonne, ainsi s'anticipe en lui pour s'en faire procéder, car c'est alors seulement qu'un tel bien peut être un bien qu'il aime en s'y rapportant. Ne comprenons pas que tout bien désiré serait consubstantiel à la chose qui le désire, ou que la cause serait consubstantielle à son effet ; reconnaissons seulement que tout effet ne peut être tourmenté par le désir de tendre vers sa cause que s'il est, posé hors de sa cause, l'extériorisation contingente d'un moment du processus d'autoconstitution de sa cause. Dire que la cause première introduit et fixe, en son effet, un désir qui excède cet effet au point de l'inviter à se supprimer pour se satisfaire, c'est donc dire que la cause est réflexion, assomptive de ses degrés d'être inférieurs, par là assomptive en elle-même de tous ses effets possibles qui préexistent à eux-mêmes en elle sur le mode de moments de l'autoconstitution de leur cause. Et cela définit l'essence de la cause comme assomption et dépassement de toutes les essences, par là comme leur sublimation : l'essence se fait exister par réflexion ontologique, et en retour l'exister s'« essencifie », se spécifie ou se fait *cet* « esse » par la même réflexion. Or la cause première est ce dont l'essence est d'exister ; autrement dit, elle est ce qui est — ce qui exerce en plénitude — l'essence de l'acte d'exister. Donc l'essence de l'acte d'exister n'est autre que cette essence dont il est l'exister, en tant que dotée du pouvoir de se réfléchir et de s'introniser par là telle l'essence infinie sublimant toutes les essences finies, ce qui n'est autre que l'« omnitudo realitatis ». Puis donc que l'exister a pour étoffe cette essence dont il est l'exister, mais cette essence en tant que dotée du pouvoir de se réfléchir, alors la recherche d'un exister entendu comme cause, ou encore d'une cause dont on est supposé ne connaître que le fait d'exister, est objectivement la recherche de cette essence même. Voilà pourquoi toute recherche du savoir d'une existence présuppose celle, au moins obscure, de l'essence dont elle est l'existence, et appelle, une fois le fait de cette existence assuré, le perfectionnement de la connaissance de cette essence. Quand on sait que Dieu existe, on aspire à Le connaître ; l'univers et toutes les existences qui nous enchantent et nous ravissent nous ont parlé de Lui en nous enjoignant de conclure à son existence, parce que ces essences se sont révélées être autant de moments de la position nécessaire, en et par lui, de son existence ; et, en retour, quand on a conclu à son existence, on aspire à pénétrer le secret de son essence, parce que cette existence, manifestation de son essence, est comme l'extérieur de cette dernière qui renvoie à elle comme les mots renvoient à leur sens.

La cause première qui, par définition, rend raison de toute chose, n'est telle qu'à être le rendre raison d'elle-même au sens non atténué de cause de soi, comme réflexion ontologique dont le propre est de faire se médiatiser avec lui-même en tant qu'autre celui qui l'exerce, par là celui qui, hypostasiant la forme syllogise, est aussi bien une essence qui pose son exister qu'un exister qui s'essencifie ;

quand il est raison suffisante de la réflexion qu'il exerce, il est l'identité *concrète* de son essence et de son exister, identité des deux dans leur différence, il est cause première et divin. Et c'est parce que la cause première est le rendre raison d'elle-même que la raison humaine est naturellement investie par le désir de remonter au principe non seulement quant à l'existence de ce dernier, mais encore quant à son essence. *L'affirmation de l'existence d'un désir naturel de Dieu n'est que la conséquence obligée de la valeur universelle du principe de raison d'être.*

Cela dit, si l'on entend se dispenser de faire sa place à l'idée de cause de soi, dans le souci d'en rester scrupuleusement à la lettre du thomisme, on doit tenir le principe de causalité pour analytique, réductible au principe de contradiction, afin de se dispenser d'aller chercher dans le rendre raison de soi divin la raison du pouvoir rationnel, humain, de remonter au principe premier. Mais on remarquera que si l'on se donne le principe de causalité tel un jugement analytique, on explique le besoin de chercher une cause à ce qui est contingent, mais l'esprit se satisfait d'avoir discerné la nécessité ou rationalité d'affirmer l'existence de cette cause ; on n'explique pas que, cette cause étant affirmée comme existante, l'esprit éprouve le besoin d'accéder à son essence.

En *C. G.* II 45, l'Aquinate s'efforce à expliquer pourquoi il était nécessaire que le monde créé fût composé d'une diversité de créatures. Un tout composé de créatures inégales est plus excellent que la plus excellente des créatures de ce tout, quand bien même elle assume, en les dépassant, tous les aspects bons des créatures qui lui sont inférieures. Il en est ainsi parce que, dans ce tout, la plus excellente de ces parties peut communiquer sa bonté aux autres, exercer sur elles sa causalité. Aussi la communicabilité du bien est-elle constitutive de sa bonté — et c'est là le fondement de la supériorité intrinsèque du bien commun sur le bien particulier —, *parce que l'exercice du pouvoir de causer est définitionnel de la perfection de ce bien.* Force est d'en déduire que le degré de bonté actuelle d'une réalité, qui est convertible avec son degré d'être, est déterminé par son degré de puissance causale exercée. Le Premier est la Bonté même et il est l'Être même, donc sa puissance causale est infinie et doit être actuelle, cependant que toute causalité ad extra est contingente, sans quoi on arriverait à cette absurdité que Dieu aurait besoin de la création pour être Dieu. Il en résulte que cette causalité actuelle est exercée de toute éternité en Dieu, indépendamment de la création du monde et d'un esprit créé. Mais c'est là confesser que Dieu est cause de soi et qu'il est le rendre raison subsistant de lui-même.

On doit savoir ce qu'est une chose pour savoir qu'elle existe, et l'on aspire à savoir ce qu'elle est quand on sait qu'elle existe : la même raison fonde ces deux exigences, qui est que l'être en tant qu'être et absolument être est ce qui rend raison de soi, posant ce qu'il présuppose et s'intronisant réflexion, faisant s'identifier l'origine et le résultat. Mais la raison qui fonde ces deux exigences est aussi celle qui fonde le primat du bien commun.

Les considérations qui précèdent éclairent peut-être les raisons pour lesquelles ceux, dans l'École, qui refusent le principe de raison, mais qui corrélativement refusent l'idée de cause de soi, sont ceux mêmes qui ont tendance à minimiser l'importance du bien commun et à le réduire à l'ensemble des conditions d'accès, pour chacun, à son bien propre vertueux ; ce qui n'est autre que subordonner la politique à la morale, en privant la première de son statut vrai, aristotélicien, de science architectonique.

La morale est l'affaire des clercs parce qu'elle est intrinsèque à la sanctification individuelle ; si la politique est subordonnée à la morale, elle est subordonnée aux clercs qui par là satisferont leurs pulsions théocratiques. Si au contraire la morale qui vise le bien particulier est subordonnée au bien commun dont se soucie le Politique (lequel, par ailleurs, trahit son essence s'il violente ou déprécie les exigences morales), alors le Politique échappe aux prises des clercs auxquels sera dévolu seulement le soin de condamner les politiques s'écartant de la morale.

§ 81. Désir naturel de Dieu chez saint Thomas.

« Omnis intellectus naturaliter desiderat divinae essentiae visionem » (*C. G.* 57, 4 : tout intellect désire naturellement la vision de l'essence divine). La formule est si explicite qu'elle suffirait à trancher : il existe bien pour saint Thomas un désir naturel de Dieu.

Cependant, il est impossible à la créature d'accéder naturellement (« secundum modum substantiae creatae ») à la vision de l'essence divine (I^a II^{ae}, q. 5 a. 5). Une béatitude *per intellectum* est possible mais seulement si l'homme est soutenu par la « lumière de gloire instaurant son intellect dans une certaine déiformité » (I^a q. 12 a. 1). Mais le désir humain demeurerait frustré s'il n'atteignait pas sa fin ultime :

« Impossibile est beatitudinem hominis esse in aliquo bono creato. Beatitudo enim est bonum perfectum, quod totaliter quietat appetitum ; alioquin non esset ultimus finis, si adhuc restaret aliquid appetendum. Objectum autem voluntatis, quae est appetitus humanus, est universale bonum. Ex quo patet quod nihil potest quietare voluntatem hominis nisi bonum universale, quod non invenitur in aliquo bono creato sed solum in Deo : quia omnis creatura habet bonitatem participatam. Unde solus Deus voluntatem hominis implere potest » (I^a II^{ae} qu. 2 a. 8 :

Il est impossible que la béatitude de l'homme se trouve en quelque bien créé que ce soit. En effet, elle est le bien parfait qui repose totalement l'appétit, sans quoi elle ne serait pas la fin ultime s'il lui restait encore quelque chose à appéter. Mais l'objet de la volonté, laquelle est l'appétit proprement humain, est le bien universel. Par où il est clairement établi que rien ne peut reposer la volonté humaine sinon le bien universel, lequel ne se découvre dans aucune créature mais seulement en Dieu, puisque toute créature n'a qu'une bonté participée. Dès lors seul Dieu peut combler la volonté humaine).

Mais alors comment éviter le caractère non gratuit du don de la grâce, si la création est bien faite, si donc tout appétit vers ce qui a raison de fin a naturellement vocation à être satisfait ?

§ 82. Désir de Dieu et puissance obédientielle.

De ce qu'aucun bien ne semble pouvoir être, en même temps et sous le même rapport, gratuit et nécessaire à la nature en tant que nature, on a voulu contourner le désir naturel et réduire la faculté jouant le rôle de sujet récepteur de la grâce à une puissance obédientielle, c'est-à-dire à une puissance dont l'homme n'aurait même pas eu connaissance s'il avait été créé en état de pure nature ; la puissance obédientielle est une puissance dont la non-actuation ne la rend pas pour autant imparfaite : « si talis potentia <obedientialis>non reducitur ad actum, non erit potentia imperfecta » (*de Veritate* 8, 4, ad 13). C'est une puissance qui n'est pas en attente de son actuation, qui en quelque sorte se surajoute à la nature de l'être qu'elle habite, qui ne fait pas nombre avec ses puissances naturelles, qui désigne une sorte de plasticité dans la créature par laquelle Dieu se réserve de la traiter au-delà de l'ordre qu'il a institué en elle. Il n'y a pas, dans cette perspective, de désir naturel de Dieu, lequel désir est non pas naturel mais obédientiel, suscité par le don gracieux par quoi la créature est habilitée à se saisir de Dieu, et inconscient de lui-même s'il ne reçoit pas un tel don. Telle est la solution de Cajetan :

« (…) illa verba litterae, quod intellectus humanus, non cognita prima causa nisi an sit, habet naturale desiderium ad cognoscendam primam causam quid est, etc., non carent ambiguitate ; propterea quia naturale desiderium non excedit vim naturae, nec est ad supernaturalem operationem, non solum ipsius, sed omnis intellectus creati » (*In I^{am} II^{ae}* q. 3 a. 8 : ces paroles prises à la lettre, selon lesquelles l'intellect humain, ne connaissant de Dieu que le fait qu'Il est, aurait un désir naturel de le connaître dans son essence, ne manquent pas d'ambiguïté ; en effet le désir naturel n'excède pas la force de la nature, et n'est pas en vue d'une opération qui excède la nature, et cela vaut non seulement pour l'intellect humain mais pour tout intellect créé). Un tel désir n'apparaît en l'homme que si ce dernier est instruit par Révélation (état de grâce supralapsaire) de ce que Dieu lui a préparé une telle fin : « Et sic, licet homini absolute non insit naturale hujusmodi desiderium, est tamen naturale homini ordinato a divina providentia in illam patriam (…) » (id. : ainsi, bien qu'un tel désir ne subsiste pas, absolument parlant, en l'homme, on peut dire cependant qu'il existe dans l'homme une tendance naturelle à la Patrie céleste, en tant que l'homme y est prédisposé par la divine Providence) . Dès lors, « (…) homo non naturaliter, sed obedientialiter ordinatur ad felicitatem illam » (*In I^{am}* q. 12 a. 1 : ce n'est pas par nature mais selon une puissance obédientielle que l'homme est ultimement ordonné à cette félicité). Il y aurait donc deux fins dans l'homme, l'une consistant à voir Dieu dans ses effets, proportionnée aux pouvoirs naturels, et l'autre, surnaturelle, actualisant une puissance obédientielle. Puissance obédientielle, refus du désir naturel de Dieu, double fin dans l'homme sont trois notions solidaires.

§ 83. Réflexion critique.

La première difficulté de cette solution est, comme il l'a été dit, le surnaturalisme, l'écartèlement de l'homme entre deux fins indépendantes. Mais il en est d'autres, dans le corpus thomasien lui-même :

« Intellectus agens non sufficit per se ad reducendum possibilem intellectum perfecte ad actum, cum non sint in eo determinatae rationes omnium rerum, ut dictum est. Et ideo requiritur ad ultimam perfectionem intellectus possibilis quod uniatur aliqualiter illi agenti in quo sunt rationes omnium rerum, scilicet Deo » (Q. D. *de Anima* a. 15 ad 9[um] : l'intellect agent ne suffit pas à réduire parfaitement à l'acte l'intellect possible puisque les raisons des choses ne sont pas toutes contenues dans l'intellect agent, comme on l'a dit ; c'est pourquoi l'ultime perfection de l'intellect possible requiert qu'il soit uni d'une manière ou d'une autre à cet agent dans lequel sont contenues les raisons de toutes choses, à savoir Dieu).

Il est question ici d'intellect possible, qui est naturel, et non de puissance obédientielle. Il est vrai que si cette union qui actualise exhaustivement l'intellect possible ne peut être que strictement surnaturelle, alors, en état de pure nature, l'intellect possible fût demeuré, si l'on s'en tient à ce qu'explique saint Thomas, imparfait pour l'éternité. Si la négation du désir naturel de Dieu est lourde de conséquences peu recevables, son affirmation ne fait pas moins de difficultés en contexte de strict thomisme, et c'est pourquoi l'admission de l'existence de ce désir nous obligera à nous écarter de la lettre du thomisme. Ce qui rend, quoi qu'il en soit, difficilement recevable, aussi, la thèse chez saint Thomas de la négation du désir naturel de Dieu, ce sont les données suivantes :

1) Pour saint Thomas, la vertu théologale de foi, et la grâce qui l'inspire, sont gratuites et au-delà de la nature, mais il est contre

nature de refuser la foi (*II^a II^{ae}* qu.10 a. 1). Cette thèse va objectivement dans le sens de ce que nous préconisons, à savoir qu'il existe un point de suture entre nature et surnature, de telle sorte que, ce terme ayant raison de point de suture naturellement atteint, on soit déjà d'une certaine façon dans l'élément du surnaturel cependant que, se soustrayant à lui en faisant machine arrière, on violente l'ordre naturel lui-même ; s'il n'y avait pas un tel point de suture, refuser l'ordre surnaturel serait contre surnature et non contre nature. Un tel point de suture entre les deux ordres, c'est un trait d'union qui puisse, d'une part, relever de l'ordre naturel (pour être appétible par les puissances naturelles et être accessible à elles) *et* de l'ordre surnaturel (pour être le bien absolu qui transcende toute finitude, tel qu'en lui-même), d'autre part être principe de discontinuité radicale entre les deux ordres — ainsi ne pas appartenir à l'ordre naturel pour être surnaturel, *et* ne pas appartenir à l'ordre surnaturel pour être naturel. Qu'il soit difficile de satisfaire de manière concomitante à tous ces réquisits n'est pas douteux, mais c'est bien là la donnée du problème que nous avons à résoudre si nous renonçons à évacuer l'existence d'un désir naturel de Dieu. Retenons simplement, pour l'heure, que s'il est contre nature de refuser la grâce, c'est qu'il est naturel de l'accepter, bien qu'elle soit gratuite. Il est *contre nature* de refuser la grâce, il n'est pas contre « puissance obédientielle » de la refuser.

2) Dans le *de Veritate* (8, 4 ad 13) plus haut évoqué, quand saint Thomas nous enseigne qu'une puissance obédientielle non réduite à l'acte n'est pas dans un état imparfait, il est question non de la béatitude, mais du pouvoir qu'aurait l'ange de connaître tous les effets réels ou possibles de la puissance divine quand il a la vision béatifique. La puissance obédientielle se dit du seul miracle (*I^a II^{ae}* qu.113 a. 10), non de la béatitude qui, quant à elle, va dans le sens de la nature (*C. G.* III 54 resp. 1a). Ainsi se dit-elle de la science infuse dans le Christ (*III^a* qu. 11 a. 1, texte sur lequel s'appuie Cajetan pour faire de cette puissance le sujet de la grâce, comme si la réception du don de la grâce partageait avec le miracle d'être un événement contre nature).

C'est ce que rappelle Etienne Gilson qui, selon nous, expose fidèlement, sur ce point, la position de saint Thomas dans le texte suivant ; et nous faisons nôtre, sur ce point (et sur ce point seulement), sa conclusion d'historien :

« Placés nous-mêmes en présence de ceux qui veulent que la vision béatifique soit un cas de puissance naturelle et ceux qui veulent qu'elle soit un cas de puissance obédientielle, nous devons constater que saint Thomas lui-même les renvoie dos à dos, ou plutôt qu'ils n'ont raison ni les uns ni les autres, car aucune des deux formules ne va exactement au fait qu'elles voudraient exprimer. L'âme est en puissance naturelle à la béatitude, puisque celle-ci comble une potentialité de sa nature : on a vu qu'il en est ainsi même dans le cas du Christ ; mais c'est un cas de puissance naturelle passive à laquelle aucune puissance naturelle active ne correspond ; il faut donc qu'elle soit réduite à l'acte par une cause surnaturelle et, à vrai dire, divine comme s'il s'agissait d'un cas de puissance obédientielle. Pourtant ce n'en est pas un, car la puissance obédientielle n'est pas la nature en puissance à sa propre perfection, alors que la vision béatifique est éminemment un cas d'actualisation d'une puissance dans le sens de la nature : *secundum naturam* » (*Archives d'histoire littéraire du Moyen Age*, XXXI, 1964, pages 67-88, p. 87).

Hélas, une telle analyse invite Gilson à se rallier aux thèses du Père de Lubac, c'est-à-dire, pour parler crûment, au modernisme. Et c'est pour n'être pas moderniste, sans cesser d'être thomiste, que nous préconisons le recours à une solution dont les données du problème viennent d'être esquissées ici (notre « 1 » du présent §). Aussi serons-nous mis en demeure de nous écarter de ce que dit Gilson quand il affirme que le désir de Dieu est le fait d'une « puissance naturelle passive à laquelle aucune puissance naturelle active ne correspond » : si cela est certain en ce qui concerne l'ordre surnaturel proprement dit et considéré dans toute sa richesse positive, c'est moins indubitable si l'on ne considère que le point de suture entre nature et grâce.

§ 84. Doctrine du désir-velléité.

Ce qu'il pouvait y avoir de forcé, de spéculativement peu satisfaisant dans la théorie de la double fin entendue dans la perspective d'un désir de Dieu qui ne serait qu'obédientiel fut aperçu par divers thomistes qui, mus par le souci de préserver la gratuité de la grâce, envisagèrent une autre solution, celle de l'amour-velléité, qui semble faire l'unanimité aujourd'hui chez les thomistes non modernistes. Saint Thomas avait certes parlé d'une double fin dans l'homme (par exemple : I^a II^{ae} qu. 62, a. 1), mais seulement pour signifier qu'il y avait une fin naturellement accessible et une autre qui requérait la grâce, la première étant dite imparfaite et en son fond insuffisante au regard du désir naturel de Dieu.

On se référa volontiers alors au texte suivant :

« Est autem duplex hominis bonum ultimum, quod primo voluntatem movet quasi ultimus finis. Quorum unum est proportionatum naturae humanae, quia ad ipsum obtinendum vires naturales sufficiunt ; et haec est felicitas de qua philosophi locuti sunt (…) Aliud est bonum hominis naturae humanae proportionem excendens, quia ad ipsum obtinendum vires naturales non sufficiunt, nec ad cogitandum vel desiderandum ; sed ex sola divina liberalitate homini repromittitur » (*de Veritate* 14, 2, c : en l'homme, le bien ultime est double, qui d'abord meut la volonté au titre de fin ultime. Le premier bien est proportionné à la nature humaine, parce que les forces naturelles suffisent pour l'obtenir ; et telle est la félicité dont les philosophes ont parlé. L'autre est le bien de l'homme excédant la proportion de la nature humaine, parce que pour l'obtenir les forces naturelles ne suffisent pas, ni pour le connaître ni pour le désirer ; mais il n'est promis à l'homme que par la seule libéralité divine).

Telle est la position du Père de Broglie (*La Place du Surnaturel dans la philosophie de saint Thomas d'Aquin*, in *Recherches des sciences religieuses*, 1924), mais aussi du Père Garrigou-Lagrange (dans *Le Sens du mystère* chapitres 1 et 2, et *Le Réalisme du principe de finalité* II chapitre 5), développée en s'appuyant sur la définition suivante de saint Thomas (*Sentences*, 2 d 33 q. 2 a. 2 ad 2) : « <voluntas> quae impossibilium est (...) potius velleitas quam voluntas dici debet : non enim aliquis vult simpliciter, sed vellet, si possibile foret » (La volonté qui porte sur l'impossible doit être dite plus volontiers velléité que volonté ; en effet on ne veut pas au sens strict mais on voudrait si cela était possible).

Qu'il nous soit permis encore d'évoquer saint Thomas pour réfuter ce que l'on fit dire à saint Thomas, et que saint Thomas lui-même se plut peut-être à penser un temps (comme il est difficile de se dire thomiste !...).

Paradoxalement, c'est, pour ce faire, le témoignage du Père Garrigou-Lagrange que nous évoquerons, bien qu'il soit fermement hostile à l'idée d'un désir naturel de Dieu. Dans *Le Sens commun, la philosophie de l'être et les formules dogmatiques* (Desclée-Debrouwer, 1922, p. 120), il évoque le passage de la *Iª IIªe* qu. 2 a. 7 dans lequel il est établi par l'Aquinate que l'objet de la volonté est le bien universel. Ce n'est pas, nous explique le célèbre dominicain, le bien abstrait « in universali », car la volonté se porte vers le bien qui est dans les choses ou qu'elle veut réaliser tel qu'en lui-même, « prout in se est » ; ce n'est pourtant pas immédiatement Dieu même, qui ne spécifie immédiatement que les vertus théologales. C'est le bien non limité, « bonum non coarctatum » (Cajetan), non restreint. Or ce bien, nous dit-il, « comme tel (…) n'existe qu'en Dieu qui peut être connu et aimé soit naturellement soit surnaturellement ». Qu'est-ce à dire ?

Remarquons d'abord que ce qui focalise la volonté a priori n'est pas ce bien consistant à voir Dieu dans les choses, la Cause dans ses effets créés ; ce qui pré-ordonne la volonté et la définit en la finalisant, c'est le bien absolu et infini lui-même, et non cette espèce de bien fini en quoi eût consisté, pour les négateurs du désir naturel de Dieu, la béatitude de l'homme créé en état de pure nature. D'autre part, si un tel bien ne peut exister qu'en Dieu, c'est qu'il est Dieu (le bien qui est en Dieu est Dieu même parce que Dieu n'est pas seulement bon, il est la Bonté même). Rappelons aussi que le propre d'une velléité est de trouver son accomplissement dans le fait de *renoncer* à son objet quand il est jugé impossible : l'homme, dira le partisan de la théorie de la double fin, voudrait bien voler mais il n'a pas d'ailes, il voudrait bien voir Dieu mais il ne le peut par ses propres forces ; donc il doit renoncer à de tels biens qui excèdent ses capacités ; il doit inviter sa volonté à se détourner de ce qui suscite sa complaisance ; mais c'est par sa volonté qu'il l'invite ; donc *elle* doit se mouvoir elle-même, opérer une réflexion sur soi pour se détourner de ce qui est objet de velléité.

La volonté, pour être dotée de libre arbitre, doit être indéterminée afin de pouvoir se déterminer ; elle doit ne pouvoir être nécessitée par aucun bien particulier afin de jouir du pouvoir de choisir tel ou tel d'entre eux, c'est-à-dire de le rendre nécessitant pour elle ; elle doit donc être prédéterminée par le bien universel, finalisée par lui, et c'est à raison de cette prédétermination qu'elle est libre à l'égard de tous les autres biens. C'est aussi cette prédétermination qui lui donne sa nature, car l'appétit rationnel a une nature : il est ordonné au bien objectif, il n'est pas ce dont le choix déterminerait la bonté de ce qu'il appète. Or le bien universel, c'est, par définition, l'essence même du bien, mais en tant qu'elle est réalisée dans et comme le Bien absolu. Donc la volonté est naturellement finalisée — ainsi a priori conditionnée — par Dieu. De ce que la volonté tire, d'un tel conditionnement nécessitant, son pouvoir de s'autodéterminer, on voit mal qu'elle puisse se déterminer à renoncer à ce que l'intellect lui désigne comme impossible, puisque c'est cela même qui la finalise qui lui donne de se déterminer, et que ce qu'elle est invitée à tenir pour impossible est cela qui la finalise. Pour renoncer librement à ce qui est le principe de ses choix libres, elle devrait renoncer à elle-même, ainsi renoncer à choisir, en l'occurrence renoncer à choisir de renoncer, ce qui est absurde. *Ce qui fait que la volonté est volonté est ce qui fait qu'elle est désir naturel de Dieu* ; donc son objet ultime ne peut être l'objet d'une velléité. Il ne peut y avoir de velléité qu'à l'égard de ces biens qui lui sont inaccessibles mais qui sont inférieurs à son bien ultime, car c'est en s'appuyant sur la recherche de son bien ultime qu'elle trouve le pouvoir de s'écarter des biens qu'il serait inopportun d'élire (tel le pouvoir de voler) ; elle ne saurait juger inopportun de ratifier cela même qui lui donne de ratifier quoi que ce soit. Il en résulte que le désir naturel de Dieu ne peut subsister à l'état de velléité.

§ 85. La réponse de saint Thomas.

Par conséquent :

« Respondeo dicendum quod ultima et perfecta beatitudo non potest esse nisi in visione divinae essentiae. Ad cuius evidentiam, duo consideranda sunt. Primo quidem, quod homo non est perfecte beatus, quamdiu restat sibi aliquid desiderandum et quaerendum. Secundum est, quod uniuscuiusque potentiae perfectio attenditur secundum rationem sui obiecti. Obiectum autem intellectus est quod quid est, idest essentia rei, ut dicitur in III de anima. Unde intantum procedit perfectio intellectus, inquantum cognoscit essentiam alicuius rei. Si ergo intellectus aliquis cognoscat essentiam alicuius effectus, per quam non possit cognosci essentia causae, ut scilicet sciatur de causa quid est; non dicitur intellectus attingere ad causam simpliciter, quamvis per effectum cognoscere possit de causa an sit. Et ideo remanet naturaliter homini desiderium, cum cognoscit effectum, et scit eum habere causam, ut etiam sciat de causa quid est. Et illud desiderium est admirationis, et causat inquisitionem, ut dicitur in principio Metaphys. Puta si aliquis cognoscens eclipsim solis, considerat quod ex aliqua causa procedit, de qua, quia nescit quid sit, admiratur, et admirando inquirit. Nec ista inquisitio quiescit quousque perveniat ad cognoscendum essentiam causae. Si igitur intellectus humanus, cognoscens essentiam alicuius effectus creati, non cognoscat de Deo nisi an est; nondum perfectio eius attingit simpliciter ad causam primam, sed remanet ei adhuc naturale desiderium inquirendi causam. Unde nondum est perfecte beatus. Ad perfectam igitur beatitudinem requiritur quod intellectus pertingat ad ipsam essentiam primae causae. Et sic perfectionem suam habebit per unionem ad Deum sicut ad obiectum, in quo solo beatitudo hominis consistit, ut supra dictum est." (*I^a IIa^e* qu. 3 a. 8 resp. : la béatitude ultime et parfaite ne peut être que dans la vision de l'essence divine. Pour le prouver, il faut considérer deux choses. La première est que l'homme ne saurait être parfaitement heureux tant qu'il lui reste quelque chose à désirer et à chercher. La seconde est que la perfection d'une faculté doit être appréciée d'après la nature de son objet. Or l'objet de l'intelligence est ce qu'est la chose, son essence, dit Aristote (*de Anim*. III 6, 430 b 27). D'où il résulte que la perfection de l'intellect se mesure à sa connaissance de l'essence d'une chose. Donc si un intellect connaît dans son essence un certain effet, mais de telle sorte que par cet effet il ne puisse parvenir à la connaissance de la cause dans son essence même et savoir d'elle ce qu'elle est, on ne peut pas dire que cet intellect atteigne purement et simplement à l'essence de la cause, bien que, par l'effet envisagé, il sache de cette cause qu'elle est.

Voilà pourquoi l'homme garde *naturellement* <nous soulignons> le désir, quand il connaît un effet et l'existence de sa cause, de savoir en outre, au sujet de cette cause, ce qu'elle est. Et c'est là un désir d'admiration et d'étonnement qui provoque la recherche, comme dit Aristote au début de sa *Métaphysique* (A 2, 983 a12) (…) Donc si l'intellect humain connaissant l'essence d'un effet créé ne connaît de Dieu rien d'autre que son existence, il n'est pas assez parfait pour atteindre véritablement à la cause première, mais il garde le désir *naturel* de découvrir cette cause. Ainsi n'est-il pas encore parfaitement heureux. Il est donc requis pour la parfaite béatitude que l'intellect atteigne à l'essence même de la cause première. Et ainsi il possédera la perfection en s'unissant à Dieu comme à son Objet, en qui seul consiste la béatitude ».

Ce qui se passe de commentaire.

§ 86. Ce que nous pouvons par nos amis…

La théorie de la double fin, tant dans le cadre conceptuel de la puissance obédientielle que dans celui de l'amour-velléité, s'est révélée insatisfaisante. Saint Thomas le pressentait, et c'est pourquoi, en dernier ressort, il se rallie en quelque sorte à une réponse qu'il faut bien qualifier de verbale. Se faisant en effet l'objection consistant à remarquer que les êtres inférieurs ne sauraient être mieux dotés que les supérieurs, en vertu de l'excellence intrinsèque de ces derniers, pour atteindre leurs fins respectives propres, il répond que «sans doute la nature ne fait pas défaut à l'homme dans les choses nécessaires ; pourtant elle ne l'a pas pourvu d'armes et de vêtements comme elle l'a fait pour les autres animaux ; mais elle lui a donné une raison et des mains qui lui permettent d'acquérir ces choses. De même la nature ne fait pas défaut à l'homme dans les choses nécessaires en ne lui donnant pas le moyen d'obtenir par lui-même la béatitude, car cela était impossible ; mais elle lui a donné le libre arbitre, par lequel il peut se tourner vers Dieu qui le rendra bienheureux. Comme dit Aristote : 'Ce que nous pouvons par nos amis, nous le pouvons en quelque sorte par nous-mêmes' (*Eth. Nic.* III) » (*Iᵃ IIᵃᵉ* 5, 5, 1). On conviendra sans peine que c'est là une réponse assez peu éclairante, qui laisse entier le problème contenu dans le constat, opéré par

Blondel, selon lequel le surnaturel serait absolument nécessaire et absolument impossible à l'homme ; nécessaire parce que le désir de la vision de Dieu est inscrit dans la nature de l'homme, ayant sous ce rapport le statut d'un dû (à peine de faire de Dieu un créateur injuste) cependant que la grâce est absolument gratuite. Ajoutons que, dans sa réponse, saint Thomas met sur le même plan deux choses qui ne sont guère comparables : Dieu n'a pas pourvu l'homme de fourrures ou de cornes, mais il lui a donné des mains, lesquelles, comme le montre Aristote, sont l'outil des outils ; elles sont l'instrument de la raison pour produire les outils que la nature se dispense de lui donner, mais ces instruments, et cette raison même, lui sont donnés par sa nature ; en revanche, même doté par la nature d'un libre arbitre, l'homme est pour saint Thomas incapable de produire l'instrument qui lui permettrait de s'emparer de Dieu. C'est pourquoi selon nous l'analogie est peu convaincante.

Saint Thomas, il est vrai, tente encore une autre réponse dans le cadre de l'acceptation de l'existence d'un désir naturel de Dieu. Il observe en effet qu'il est plus parfait d'être une créature rationnelle pouvant conquérir le bien parfait par le secours divin, que d'être une créature privée de raison qui n'est pas capable d'un tel bien mais qui obtient un bien proportionné aux forces de sa seule nature ($I^a II^{ae}$ qu. 5 a. 5 ad 2). L'Aquinate entend nous faire comprendre que le pouvoir d'aller plus loin avec l'aide d'un autre est plus parfait que le pouvoir sans l'aide d'autrui d'aller moins loin ; cela signifie que la dignité d'un être est d'autant plus grande que plus grande est son aptitude à goûter à des biens plus parfaits. L'idée est certainement fondée dans la mesure où la nature d'un être est sa fin ; si sa fin ultime coïncide avec la connaissance de Dieu, c'est qu'un être aspirant à connaître et à aimer Dieu est effectivement « de la race de Dieu », comme l'enseignait déjà Cléanthe le Stoïcien, et cela quand bien même un tel homme ne serait pas capable d'atteindre sa fin par les forces à lui naturellement dévolues.

Pourtant, l'aptitude, dans un être, à aspirer à des biens, est proportionnée au pouvoir d'autonomie de cet être, c'est-à-dire à sa capacité de s'en emparer par ses propres forces, car toute puissance est proportionnée à son acte. Nous nous permettrons de nous citer pour présenter les raisons sur lesquelles nous nous fondons (il s'agit d'un extrait de notre *Présentation de l'institut Charlemagne*, 2ème partie, chapitre 6, § 3) ; ce passage était dirigé particulièrement contre la thèse de l'amour-velléité :

« Il n'est pas d'acte opératif qui ne soit mesuré par sa puissance opérative, et il n'est pas de puissance opérative qui ne soit déterminée par l'acte substantiel de celui qui opère par ses facultés ; admettre que l'homme pourrait être habité par un désir qui, même comme simple velléité, pourrait transcender les capacités de son essence, c'est conférer à l'être en puissance une perfection intentionnelle supérieure à celle de son acte entitatif, ce qui est absurde. Dans le *de Malo* (q. 16 a. 5 resp.), saint Thomas précise bien que 'la volonté est proportionnée à l'intellect '. Soutenir la thèse de l''amour-velléité ' <et a fortiori d'un désir qui requerrait absolument un principe d'actuation supérieur à ceux dont dispose naturellement le sujet désirant>, c'est prétendre que la volonté humaine serait capable d'aimer un bien supérieur aux biens que la connaissance intellectuelle naturelle peut lui présenter comme aimables, et que, au vu de cette incapacité de l'intellect, la volonté renoncerait à le vouloir et choisirait de rester à l'état de velléité. Mais cela est irrationnel, parce qu'il est de la raison de la volonté d'aimer le bien 'prout in se est ' (tel qu'il est en lui-même), mais en tant qu'il lui a été présenté comme bon par l'intellect. Si un bien est appété, c'est ipso facto qu'il est reconnu comme connaissable et, s'il est accessible à l'intellect, c'est qu'il l'est à la volonté qui trouve dans l'intellect la racine et la mesure de sa puissance :

'(…) voluntas ad nihilum ex necessitate movetur quod non appareat habere necessariam connexionem cum beatitudine, quae est *naturaliter* volita » (*de Malo*, 3,3, c : la volonté n'est nécessairement mue par rien qui n'apparaisse avoir une connexion nécessaire avec la béatitude, laquelle est naturellement voulue). Si donc l''ultimus finis', qui est *naturel,* était impossible à atteindre en état de pure nature — de sorte que sa considération ne susciterait qu'une velléité — il résulterait que la nature humaine serait, de soi, mal faite. En effet : 'Finis (…) ultimus, qui est felicitas, non competit nisi *voluntarie* agentibus, qui sunt domini sui actus » (*III C.G.* 148 Praeterea : La fin dernière, qui est la félicité, ne convient pas aux agents sinon volontairement ; elle ne convient qu'à ceux qui agissent volontairement, qui sont maîtres de leurs actes). Si la béatitude est *voulue* ; si la volition *suit* la délibération qui proportionne les moyens à la fin (Iᵃ IIᵃᵉ 13, 4) ; si la nature inscrite en l'homme le destine à la béatitude ; si elle exclut qu'il puisse la *vouloir* à proprement parler en se dispensant d'ordonner les moyens à la fin, — c'est qu'elle fixe en l'homme l'appétit foncier d'un bien qu'elle ne peut satisfaire. Comment accorder ce résultat avec le texte suivant : 'naturale desiderium nihil est aliud quam inclinatio inhaerens rebus ex ordinatione primi moventis, quae non potest frustrari ' (in *I Ethic. lect.* 2 n 21 : Le désir naturel n'est rien d'autre qu'une inclination inhérant dans les choses à partir d'une ordination du premier moteur, qui ne peut être frustrée) ? Et avec celui-là : 'dicere quod inclinatio naturalis non sit recta, est derogare auctori naturae' (Iᵃ q. 60 a. 1 ad 3 : déclarer que l'inclination naturelle n'est pas droite, c'est se soustraire à l'auteur de la nature) ? » <fin de citation>.

Dès lors, comment peut-on, sans incohérence, affirmer qu'un être capable d'aspirer à beaucoup, mais par un autre, aurait plus de dignité qu'un être qui aspire à peu mais qui peut y parvenir par lui-même, si la perfection du bien auquel on peut tendre est proportionnelle au degré d'autonomie de celui qui y tend ? On ne peut, au fond, selon les principes aristotéliciens du thomisme, naturellement aspirer à quelque chose que si, corrélativement, on jouit des moyens non moins naturels d'y parvenir. C'est pourquoi nous avons du mal à reconnaître un discours thomiste dans le propos suivant, à saveur existentialiste et quelque peu grandiloquent, d'un Joseph de Finance (*Être et agir dans la philosophie de saint Thomas*, 1945, pp. 339-340, 341) : « Dans l'esprit (…) forme affranchie de l'être, un organisme apparaît qui n'est plus seulement explicable par les exigences d'une essence déterminée. Il ne s'agit plus d'accomplir la nature, il s'agit de la dépasser (…) La gloire la plus haute de l'homme, c'est d'être naturellement incliné vers une fin qui dépasse son pouvoir ». La grâce est « sanans » en tant qu'« elevans », elle *accomplit* la nature. A toute distance de cette idée selon laquelle approprier l'homme à Dieu et le rendre actuellement « capax Dei » consisterait à le déconstruire, à le soustraire à sa nature, à l'émanciper de son essence, l'intromission de la surnature parfait la nature en accusant ses limites constitutives.

Cela dit, puisque la surnature accomplit la nature dans l'acte de la faire s'excéder, ainsi, du fait même de la désaxer, force est d'en inférer que cela est possible seulement si ce désaxement est un moment obligé, une détermination constitutive de l'ordre naturel lui-même. Et cette exigence se résout dans la thèse de l'identité à soi de l'étant comme identité *réflexive* à soi. Tout être, en tant qu'il est être, est porteur de son autre, de son négatif qu'il conserve en le niant, entretenant sa souveraineté sur soi-même et donc sa puissance en nourrissant en son sein son ennemi intime qui le conteste. Et ce risque assumé, cette inquiétude secrète tapie au fond de sa sérénité conjure toute tendance gnostique du fait que ce que l'on conserve en le niant est aussi ce que l'on *abolit* en l'assumant. Le mal n'est pas le négatif, mais l'impuissance accidentelle d'un tel négatif à s'appliquer sa propre négativité, lequel, livré à lui-même, soustrait au magistère de l'essence qui l'exerce, se fait principe de destruction. La paix n'est pas l'absence ou le refus des conflits, elle est la victoire souveraine et sereine opérée sur la possibilité des conflits. On voudra bien remarquer quant à ce dernier point que tel est le résultat auquel parvient celui qui — pour se dispenser de reconnaître l'existence d'un désir naturel de Dieu, par là de s'imposer d'aimer les biens finis tout en cultivant la puissance de s'en arracher — déclarerait que le bien « non coarctatum » qui focalise a priori la volonté créée, évoqué ici plus haut (§ 84), est en Dieu sans être Dieu, et que ce bien est riche de la bonté divine (puisqu'il ne peut se trouver qu'en Dieu) sans être Dieu ; mais c'est là implicitement admettre que Dieu a ce qu'il est, ainsi que Dieu est réflexion ; et si Dieu est réflexion, les créatures qui Lui ressemblent le sont aussi ; et toute réflexion est victoire de l'essence sur son être-autre : on ne fait pas l'économie du négatif dans l'être.

§ 87. Résolution proposée.

Saint Thomas affirme le plus souvent l'existence franche d'un désir naturel de Dieu, expectant, non édulcoré en velléité ou en cette tendance induite par une puissance obédientielle : « Par béatitude on entend la perfection dernière de la nature rationnelle ou intellectuelle ; et c'est pourquoi la béatitude est l'objet de désir naturel, car tout être désire naturellement son ultime perfection » (Iᵃ qu. 62, a. 1 resp.) ; il existe une « infinité absolue » de l'acte d'intellection (et de la volonté) puisque le vrai et le bien sont convertibles avec l'être, de sorte que ces deux actes (intellection et volition) ont un objet qui, de soi, s'étend à tout ce qui est (Iª qu. 54 a. 2 resp.)[13]. Pourtant saint Thomas en même temps ne renonce pas au recours à l'idée de puissance obédientielle (*de Veritate* qu. 29 a. 3 ad 3 ; *de Virtutibus in communi* a. 10 ad 13 ; IIIª qu. 11 a. 1). Sur cette difficile question de l'existence, pour saint Thomas, d'un désir naturel de Dieu, nous ne pouvons cette fois encore que confesser notre perplexité : quel thomisme faut-il suivre ?

Les thomistes traditionalistes optent pour Cajetan et Garrigou-Lagrange afin de conjurer le risque de glisser dans le modernisme « lubacien », mais on a vu les obstacles qui se dressent contre cette lecture. Ce qui est certain, c'est que l'injonction magistérielle de souscrire au thomisme est là encore bien ambiguë, parce qu'elle participe de l'ambiguïté du thomisme lui-même. Et le mot « ambiguïté », dont nous osons user après Prouvost, ne doit pas être pris comme une remise en cause du thomisme ou une insulte. Nous rappelons notre position : les thèses de saint Thomas sont vraies mais non toujours aisément compatibles entre elles si l'on en reste aux clés de résolution strictement thomistes, de sorte qu'il faut sortir du thomisme pour revenir à saint Thomas. Il est donc temps, pour nous, de rappeler notre schéma de résolution du problème du désir naturel de Dieu.

Dans les domaines de ce genre, on avance en tremblant, frisant l'hérésie à tout instant, et l'on doit faire preuve d'autant de clarté que possible en s'armant au mieux de la vertu de prudence, laquelle, perfectionnant l'intellect pratique (la prudence perfectionne l'intellect dans l'ordre de l'agir), rejaillit sur l'intellect spéculatif. Nous avancerons donc à pas mesurés sans parvenir peut-être à éviter toute obscurité, non par souci inavouable de masquer ce que notre solution pourrait avoir d'irrecevable aux yeux de la foi, mais parce

---

[13] Si la nature humaine n'était pas blessée, l'homme aimerait Dieu naturellement par-dessus toute chose (Iª IIᵃᵉ q. 109, a. 3). « La nature raisonnable (…) en tant qu'elle connaît la raison universelle de bien et d'être, se trouve ordonnée immédiatement au principe universel de l'existence » (IIª IIᵃᵉ q. 2 a. 3).

que la matière est — on en conviendra — éminemment délicate en soi. Malgré ces efforts, s'ils le désirent, nos détracteurs trouveront bien — n'en doutons pas — le moyen de s'emparer d'une formule non assez explicitée qu'ils trouveront téméraire ou malsonnante, et qui les « autorisera » à nous lyncher, nous désignant comme « vitandus ». Mais qui ne risque rien n'a rien. Il existe, même chez les thomistes traditionalistes, des esprits capables, par leur scrupuleuse honnêteté intellectuelle, de reconnaître que la doctrine thomiste du désir de Dieu est problématique. Ici, nous *proposons*, armé de notre seule convoitise intellectuelle et des connaissances limitées dont nous disposons, ce que nous croyons être une solution ; quand bien même cette dernière serait défectueuse, elle aurait, en tant même qu'entreprise s'achevant en échec, le mérite d'être une invitation à la réflexion, par là le mérite d'être une petite capacité à contribuer à susciter, dans un esprit plus puissant et plus sage que le nôtre, l'élaboration d'une solution meilleure.

Puisqu'il existe un désir naturel de Dieu qui coïncide en son fond avec la nature de la volonté humaine, dans le moment où — cependant que la grâce est absolument gratuite — toute puissance appétitive est accompagnée du pouvoir naturel de l'actualiser, c'est que, contre tout apophatisme de principe, il existe, en droit (si la nature humaine n'était pas blessée), une manière de connaître Dieu tel qu'en lui-même, réellement distincte, évidemment, de la vision béatifique surnaturelle à laquelle, par la grâce de Dieu, l'homme est, de fait, promis quand il n'est pas damné.

Si le bien qui finalise la volonté, à savoir ce bien non limité, est ce bien qui ne peut être réalisé qu'en Dieu même (dixit Garrigou-Lagrange, confer ici notre § 84), c'est, avons-nous dit, que ce bien est Dieu même. Mais il doit s'agir d'un Dieu tel qu'il peut avoir ce qu'il est, ainsi n'être pas ce qu'il est sans cesser d'être identique à soi, afin d'être immanent à la volonté (pour la finaliser) sans cesser de lui être incommensurable et transcendant, identique à lui-même. Si Dieu est la réalisation hypostatique de toute perfection possible, non sans être maître de son acte d'être qu'il est — il ne serait pas absolument parfait et ne serait pas son acte d'être s'il n'en était le maître : un agir est exercé, et Dieu est son agir —, alors Dieu est réflexion et, à ce titre, est assumé par lui ce moment éternellement surmonté d'opposition radicale à soi-même qu'est le degré nul des degrés de perfection qu'il assume ; par analogie, la force s'absolutisant maîtrise toute chose, y compris elle-même qui par là, dans l'acmé de sa puissance, est en demeure de se faire faiblesse sans cesser d'être force, et à raison même de son absolutisation en tant que force : de même que ce qui ne manque de rien ne manque *vraiment* de rien, pas même de l'expérience du fait même de manquer, de même ce qui est absolument fort peut tout, y compris faire l'expérience de la faiblesse. Et la présence de Dieu dans la créature, par sa causalité, peut être tout autant, comme perfection absolue posée dans sa négativité, la présence de Dieu finalisant la volonté, focalisant et nécessitant cette volonté (pour la rendre libre vis-à-vis de tous les biens finis) destinée à ne s'apaiser qu'en lui. L'intellect, pour connaître, est conformé au réel par des espèces, mais il n'y a pas d'espèces pour conformer la volonté à ce qu'elle aime et a vocation à aimer, bien qu'elle doive être mise en contact avec son bien pour l'appéter puisqu'elle est ordonnée à lui tel qu'il est en lui-même. La volonté est focalisée par la présence réelle de l'aimé dans l'aimant, sans pour autant actualiser le vouloir parce que cette présence est celle du bien ultime, mais elle est dans l'aimant présence de l'aimé dans le moment de son absence à lui-même, c'est-à-dire dans sa négativité.

Si l'homme n'est pas déchiré entre deux fins, c'est que la fin naturelle, pourtant distincte de la fin surnaturelle, touche déjà à l'élément de cette dernière et lui appartient d'une certaine façon, sans cesser d'être naturelle et sous ce rapport sans cesser de ne lui pas appartenir. Il doit exister, comme entéléchie naturelle du désir naturel, un point de suture entre nature et surnature. Parce que la grâce soigne en surélevant, elle redonne son intégrité à la nature, elle restitue la nature à elle-même, loin de l'arracher à elle-même pour la déformer ; mais la déformer, c'est l'infinitiser, alors qu'elle est finie et tient son être naturel de sa finitude même ; donc elle l'enracine dans sa finitude constitutive en l'infinitisant, et cela n'est possible qu'à deux conditions, du côté du créateur et du côté de la créature, c'est-à-dire à une seule condition considérée des deux côtés : il faut que l'infini soit, comme réflexion substantielle, identité concrète de l'infini et du fini radicalisé, à savoir du néant ; il faut que l'infini actuel soit victoire éternelle sur le néant qu'il assume, ce qui a pour conséquence que toute créature est aussi, en sa ressemblance avec le Créateur, le résultat d'un acte victorieux de conjuration du néant dont sourd la créature « ex nihilo facta », laquelle est aussi réflexion, mais sans être la raison suffisante de la réflexion qui s'exerce en elle, puisque c'est là le privilège de Dieu seul. Un tel néant, en lequel nous reconnaissons le point de suture cherché, est « materialiter » identique au fini et à l'infini ; mais il est « formaliter » infiniment différent selon qu'il est tenu pour le néant assumé par l'infini actuel, ou pour le néant assumé par le fini. Il n'en demeure pas moins que ce néant, « materialiter » commun au fini et à l'infini, est pour cette raison tel que, étant atteint, c'est l'infini en acte qui est atteint, mais dans sa négativité ; et la saisie d'un tel néant est ce qui définit la béatitude naturelle. Parce que la matérialité est le principe de l'inconscience, l'âme séparée du corps se connaît sans reste jusqu'en ce tréfonds de néant dont elle sourd et qui est la présence de Dieu en elle tel qu'il est en lui-même, ainsi de Dieu réduit à son acte créateur, et c'est la saisie de cette présence de Dieu qui est selon nous le constitutif formel d'une béatitude naturelle. Mais il est aussi le point de départ possible d'une béatitude surnaturelle. Transparente à elle-même en tant que séparée, l'âme humaine se connaît, ainsi s'atteint par réflexion, c'est-à-dire épouse noétiquement la réflexion ontologique qui la fait être, en se saisissant « ad tergum ».

Mais qu'en est-il de la béatitude surnaturelle, qui consiste, par le don de la grâce, à se saisir de Dieu, ainsi de l'infini en acte considéré dans sa plénitude positive ?

Déformer la créature, cela revient à conférer, sous l'effet d'une libre décision divine, au néant qui habite cette créature, et qui a déjà la signification même du néant divin, l'efficience d'une négativité *divine* se réfléchissant, se niant souverainement et s'infinitisant mais par là en retour confirmant le fini puisqu'il y a solidarité, dans un processus réflexif, entre retour à l'origine et avancée ; déformer la créature, c'est lui faire vivre la pulsation de négativité qui, comme négation de négation ou néant se reniant, est génératrice d'être, mais la lui faire vivre non seulement comme pulsation divine par quoi l'homme est créé, mais encore comme pulsation divine par quoi le divin est Dieu. L'erreur de l'idéalisme absolu, le péché de Hegel, c'est d'avoir conféré à l'ordre naturel ce qui ne vaut que pour l'ordre surnaturel, à savoir que le savoir que nous avons de Dieu est le savoir que Dieu a de lui-même en nous, en ce sens que, pour Hegel, Dieu ne saurait accéder au savoir de lui-même sans nous ; cette affirmation, prétendant décrire l'ordre naturel ou strictement rationnel, rend la création consubstantielle à Dieu en faisant du monde et des esprits finis autant de moments de la vie éternelle et intestine de Dieu. Point n'est besoin, pour un catholique, d'insister sur le caractère irrecevable de cette thèse. Mais une telle affirmation, limitée au domaine surnaturel, nous paraît signifier adéquatement l'état de dignité en lequel l'homme est surnaturellement et gratuitement surélevé : greffé sur Dieu par Dieu, il vit de la vie même de Dieu sans cesser d'être créature, et sans que le don de la grâce contracte en quelque façon la valeur d'un dû pour la nature.

Un tel point de suture doit, d'un certain point de vue, ne pas appartenir à l'ordre surnaturel afin d'appartenir à l'ordre naturel dont il est l'entéléchie ; il doit, comme ne lui appartenant pas, être *négation* de l'ordre surnaturel, mais il peut être tenu pour négation *de l'ordre surnaturel*, c'est-à-dire tenu pour l'ordre surnaturel lui-même dans sa négativité. Ce point de suture doit ne pas appartenir à l'ordre naturel pour appartenir à l'ordre surnaturel incommensurable au premier ; il doit donc, comme n'appartenant pas à l'ordre naturel, être *négation* de l'ordre naturel, mais il peut être tenu pour négation *de l'ordre naturel*, c'est-à-dire pour l'ordre naturel considéré dans sa négativité. Pour satisfaire aux réquisits qui viennent d'être formulés, qui sont paradoxaux et en apparence contradictoires, ce point de suture doit être le moment *commun* aux deux ordres (naturel et surnaturel) considérés chacun dans le moment de son identité négative avec lui-même, c'est-à-dire dans l'extrême inférieur — qui leur est commun — de leurs réflexions constituantes respectives ; un tel néant de nature est aussi néant de surnature, mais comme moment de la vie des deux, de sorte qu'atteindre un tel néant fait que la nature se saisit de quelque chose qui déjà touche à l'ordre surnaturel tout en ne se réduisant à rien de ce qu'est Dieu positivement. Il y a bien quelque chose de commun entre la créature et son Créateur, mais, n'étant autre qu'un néant, il est tel que, nonobstant leur acte de s'identifier l'un à l'autre en s'identifiant à et en lui, ils n'ont rien de commun.

§ 88. Âme séparée contre nature ?

Il vient d'être question de l'âme séparée.

Nous faisions observer au début de ce travail (§ 2) que saint Thomas tient pour contre nature un état de l'âme humaine séparée du corps après la mort, laquelle est naturelle[14] ; et saint Thomas d'enseigner que la résurrection de la chair est strictement surnaturelle, de sorte que, selon de telles prémisses, l'intervention d'une initiative surnaturelle semble bien exigée — selon le vœu des modernistes qui excluent la possibilité d'un état de pure nature — par la philosophie de l'Aquinate.

On peut certes nous objecter le contenu de la question 89 de la *Prima Pars*, articles 1 à 3. Saint Thomas y enseigne ceci (article 1) :

Le mode d'agir d'une réalité dépend de son mode d'être, et l'âme a un mode d'agir différent selon qu'elle est ou non unie à son corps, sans pour autant cesser d'avoir la même nature. Il précise : « non quod uniri corpori sit accidentale » (non que son union au corps lui soit accidentelle), car il est dans sa nature d'être unie à son corps. Séparée, elle a vocation à connaître comme le font les anges, en se tournant vers ce qui est intelligible de soi, bien qu'être séparée soit en dehors de sa nature : « esse separatum a corpore est praeter rationem suae naturae ». Et c'est pourquoi elle est unie à un corps, à savoir pour exister et agir selon sa nature. Bien qu'il soit, dans l'absolu, meilleur de connaître en se tournant vers ce qui est, de soi, intelligible, plutôt que d'avoir recours aux images, ce mode angélique de connaître eût été pour l'âme, si l'homme avait été doté à l'origine d'un tel mode de connaître, moins parfait que le mode strictement humain ; pour saint Thomas, ce n'est pas le corps qui encombre l'âme, c'est l'âme qui, du fait de sa débilité intrinsèque, le requiert pour sa propre perfection, c'est-à-dire comme son complément obligé. En effet, toute faculté de connaître procède

---

[14] « (…) il est évident que l'union de l'âme avec le corps est une union naturelle, puisque l'âme est par essence forme du corps. Il est donc contre nature, pour l'âme, d'exister sans le corps » (*C. G.* IV 79).

d'un influx de la lumière divine, lequel se divise et se diversifie d'autant plus qu'il s'approprie à des intellects de nature plus humble (le plus humble de tous étant l'intellect humain). Dans les esprits angéliques, les formes par lesquelles ils connaissent sont en petit nombre et universelles, et d'une plus grande puissance pour comprendre les choses. Chez les humains, il faut, pour connaître, des formes plus nombreuses et moins universelles. Si donc les âmes humaines possédaient des formes aussi universelles que celles de l'ange, elles n'accéderaient qu'à une connaissance confuse parce que générale. Par analogie, les esprits intellectuellement faibles parmi les hommes ont besoin de plus nombreuses explications que les esprits spéculativement puissants, et de maints exemples concrets, individuels. Et la connaissance des âmes séparées peut bien être dite naturelle, mais seulement parce que Dieu est l'auteur tant de la lumière naturelle que de la lumière de grâce.

A l'article 2, il explique que si l'âme séparée est dans un état moins parfait qu'unie au corps, elle est cependant plus libre pour connaître, affranchie qu'elle est de l'alourdissement et des soucis induits par le corps qui empêche la pureté de l'acte intellectuel ; et il en profite pour nous rappeler que la félicité ultime de l'homme est la vision de Dieu, qui suppose la grâce.

A l'article 3, il précise que l'âme séparée, connaissant par des espèces reçues de l'influx divin, comme les anges, n'acquiert qu'une connaissance générale et confuse des choses. C'est seulement dans l'ange que l'on peut dire, avec saint Augustin, que ce que Dieu fait dans les natures réelles, il le fait dans les intelligences angéliques.

Que tirer de ces résultats ? Nous dirons que l'Aquinate semble embarrassé. D'un côté l'âme séparée est capable de poser des actes intellectuels plus purs que quand elle est unie à son corps. Cela concédé, puisqu'il est tenu pour naturel (non accidentel) à l'âme d'être unie au corps, la connaissance propre à l'état séparé ne lui sera dite naturelle qu'en tant que Dieu est l'auteur de la lumière naturelle (distincte de la lumière de grâce) dont cette âme séparée sera bénéficiaire, mais elle ne sera pas dite naturelle du point de vue de la constitution de l'âme ; l'état de l'âme séparée sera même dit, comme on l'a vu (confer *C. G.* IV 79), contre nature. Au reste, saint

Thomas maintient que cette connaissance est vague et confuse, moins parfaite que la connaissance dont jouit l'âme aussi longtemps qu'elle est unie à son corps par les organes duquel elle élabore les images dont elle abstrait les espèces. Il semble donc bien que le problème évoqué ici au § 2 demeure, même si l'on a recours au diagnostic de la question 89 : une connaissance vague et confuse ne peut pas ne pas susciter un sentiment de frustration, lequel sied bien peu à un état qui aurait été celui, terminal, de la condition de créature humaine en régime de pure nature ; comment ce qui est supposé avoir raison d'entéléchie naturelle de la vie terrestre pourrait-il être moins parfait que ce qui convient à la vie terrestre ?

Dans notre perspective, nous esquisserons la solution suivante :

Si l'on veut éviter le recours à la grâce entendue comme condition d'équilibre de la nature même non blessée, il nous semble que l'on soit mis en demeure de tenir le statut d'âme séparée pour naturel et plus parfait que celui d'âme unie au corps, et cela non dans un contexte platonicien mais en contexte hylémorphiste. Par le recours au concept de réflexion ontologique, il est permis de systématiser l'idée selon laquelle toute forme destinée à parfaire une matière ne l'actualise qu'en tant qu'elle la *vainc*, se rend victorieuse de ce en quoi elle s'anticipe et s'aliène pour s'y faire individuer, de sorte qu'en parfaisant la matière elle tend à l'exténuer en tant que matière, à la réduire à ce néant d'être qui est néant de matière, par l'opération de la réduire au statut de matière prime. S'il est donné à une forme d'excéder, par ses opérations spirituelles, la matérialité qu'elle investit, alors la matérialité peut être tenue pour un *moment* de concrétion de cette forme, un moment de substantification de cette essence, lequel, comme tout moment d'une identité à soi réflexive s'achevant dans son départ, ainsi comme négation de négation, contient tout entier et non totalement ce dont il est le moment. Dès lors, si la matérialité est un moment de la vie de l'âme, cette dernière conserve — comme niée, comme assumée et dépassée — la matière dont elle est l'acte (elle la conserve comme prime, c'est-à-dire comme néant, comme néant de matière en tant que matière purement matière) , et l'âme entretient à l'égard de son corps le même rapport que celui du papillon par rapport à sa chrysalide : il intériorise ce dont il procède en le réduisant au statut de puissance à produire de nouvelles chrysalides, tout comme l'âme séparée qui conserve le pouvoir de retrouver son corps, surnaturellement, mais sans se sentir frustrée de ne plus l'avoir. Elle peut gracieusement retrouver son corps, qui sera glorieux, non comme condition de ses opérations spirituelles, mais comme manifestation de sa gloire, comme effet de l'acte de condescendre à rayonner jusque dans les degrés les plus humbles que sont les moments passés de sa genèse. Mais, en tant que séparée, elle ne sera plus en cet état que saint Thomas croyait violent, et qui semblait requérir l'intervention surnaturelle compromettant la gratuité de la grâce et la cohérence de la nature humaine. Si l'on ajoute que cette matière réduite au néant coïncide « materialiter » avec ce néant dont elle est tirée en tant que créée ‒ lequel est, de manière générale, l'être même considéré dans son absolue négativité ‒, on comprend que l'âme connaisse naturellement, en se saisissant de son acte créateur, toute chose créée à partir de ce même acte : ainsi qu'il l'est suggéré en Iᵃ qu.73 a.1, Dieu crée tout en même temps et dans un seul acte qui est riche de tous les actes d'exister constitutifs du monde créé, parce que tout a été créé en ces six jours qui sont les moments de la même activité créatrice. Le monde n'étant pas dans le temps (c'est bien plutôt le temps qui est dans le monde puisqu'il en mesure le mouvement interne, et l'on en peut dire autant de l'espace), il n'y a succession dans le monde que pour qui est intérieur à ce monde. Pour qui le saisit de l'extérieur (bien qu'il n'y ait pas d'extérieur physique ou spatial du monde), c'est-à-dire du point de vue de sa cause première, tout est simultané. Tout est posé « en même temps », avec les rapports de causalité qu'entretiennent les unes à l'égard des autres les choses créées, mais de telle sorte que le caractère successif de ces rapports de causalité ne soit réel que pour qui est inclus dans ce monde physique[15]. Et quand nous

---

[15] Nous ne voulons pas dire pour autant, avec les partisans de la métempsycose, que toutes les âmes auraient existé au début des temps avant même que de chuter dans des corps ; qu'il n'y ait qu'un acte créateur ne signifie pas que les effets de ce même acte seraient concomitants ; ils se succèdent évidemment dans le temps, et l'âme de nos petits-enfants n'est pas contemporaine de celle de nos aïeux. Néanmoins, Dieu est celui dont l'essence est son opération ; son essence étant absolument simple, son opération est unique : il n'y a qu'un seul acte créateur « ex parte Dei », bien qu'il y ait, « ex parte rerum », une multitude de réalités créées qui réellement sont

disons « en même temps », comprenons : dans l'instant, c'est-à-dire en vérité hors du temps, car l'instant est dans le temps sans être de la nature du temps ; et « hors du temps », ainsi dans l'éternité dont notre présent fait mémoire, parce que le présent est à la fois ce présent qui change en permanence, enfoui dans le passé aussitôt que posé, à la fois cette présence du temps lui-même, présence intemporelle (si la présence du temps était temporelle, le temps passerait, ferait place à l'intemporalité), par là immanence de l'éternité au temps. Si donc l'unique acte créateur, donateur d'exister, a la forme d'une réflexion ontologique, alors l'âme séparée devenue pleinement intelligible à elle-même s'atteint dans son « terminus a quo » créateur et, en cet acte, saisit tout le monde créé. Sous ce rapport, Dieu fait aussi dans les intelligences humaines, et non seulement dans les anges, ce qu'il fait dans les natures réelles. Nous ne saurions développer ici ce qui n'est qu'un schéma de résolution, parce que tel n'est pas le propos du présent ouvrage.

---

successives et distinctes les unes des autres, telles que chacune entretient une relation réelle de dépendance à l'égard de son créateur.

CONCLUSION

§ 89. Appréhension de la quiddité de l'exister qui n'est pas, sous tous les rapports, « extra genus notitiae » (échappant à l'ordre du concept).

Si, à tout étant intellectif fini, doit être reconnue la structure d'une identité à soi réflexive pour l'habiliter à se faire investir par l'infini surnaturel sans en périr mais en y puisant, avec le pouvoir d'aller au-delà de soi, celui de se reconstituer, c'est que, du côté de la surnature, on doit aussi trouver une structure habilitant l'infini à se finitiser sans cesser d'être infini. Et c'est ce dont nous avons tenté de rendre raison dans ce travail. Nous nous autoriserons à étayer ce propos en suggérant que l'idée selon laquelle l'infini va jusqu'au bout du fini mieux que le fini ne va jusqu'au bout de lui-même est une idée que saint Thomas n'eût pas désavouée si elle lui avait été ainsi présentée, pour cette raison que d'une certaine façon cette idée affleure dans certaines de ses solutions, dont la suivante :

« Quand un intellect créé voit Dieu par essence, l'essence même de Dieu *devient la forme intelligible de l'intellect.* Il faut donc que quelque disposition surnaturelle lui soit surajoutée pour qu'il s'élève à une telle sublimité. Puisque la vertu naturelle de l'intellect créé ne suffit pas à voir l'essence divine (…) il faut donc que par un effet de la grâce divine cette vertu en lui soit surdéveloppée » (Iᵃ qu. 12 a. 5 resp.).

L'audace de saint Thomas manifestée dans de tels passages a quelque chose qui emporte l'admiration. Que l'infini actuel possède la force illimitée de se réduire, pour se livrer aux créatures, à un mode d'être qui est celui d'un accident de l'intellect créé, ainsi à une réalité débile, établit sans conteste que l'absolu de saint Thomas respecte à sa façon les exigences de l'absolu d'Hölderlin : « non coerceri maximo, contineri tamen a minimo, divinum est » (ne pas être enfermé par le plus grand, être cependant contenu dans le plus petit, tel est le divin). Dieu dépasse infiniment, en perfection, toutes choses créées ou créables, parce qu'il peut se faire plus petit qu'elles sans cesser de les excéder. De sorte que nous eussions fait nôtre la formule de Joseph de Finance s'il avait voulu nous faire comprendre que la créature ressemble à Dieu jusque dans sa pénurie ontologique, et que cette ressemblance la dispose à développer une convenance de la nature à l'égard de la grâce, qui ne remet pas en cause la gratuité de cette dernière.

Nous avons, en quelque sorte, pris ici le contre-pied de l'enseignement suivant :

« Certains philosophes — tel Nicolas de Cuse — ont pensé que le rapport de la vérité naturelle à la vérité proprement divine pouvait se comparer au rapport d'une série convergente à sa limite (…) Une mauvaise intelligence de la doctrine de l'analogie pourrait en détruire le sens obvie. Si la théologie naturelle connaît Dieu *sub ratione entis*, elle ne l'atteint nullement à la manière d'une partie du sujet de la métaphysique ; elle ne le connaît qu'en tant que principe tout extrinsèque de ce sujet. Ce principe, elle ne peut le saisir quant à ce qu'il est proprement, c'est-à-dire quant à ce qui le constitue dans son altérité même. Elle ne peut le connaître que de façon négative. Si Dieu était contenu dans les limites de cet être qui fait le sujet de la métaphysique, la foi ne servirait qu'à renforcer de quelque façon la *ratio entis* pour la convertir en *ratio deitatis*. Ou encore, elle ne ferait qu'atteindre distinctement ce que la métaphysique nous aurait fait connaître confusément. La connaissance de Dieu selon sa déité serait au moins dans la droite ligne de la sagesse philosophique ; elle serait comme la limite d'une série convergente » (Charles de Koninck, *Le Scandale de la Médiation*, NEL, 1962, pp. 38 et 39).

En nous essayant à définir l'être en tant qu'être comme réflexion, nous avons tenté de montrer que le terme de cette réflexion, coïncidant avec son départ, est à la fois le sujet et l'objet d'une sublimation — tel un passage à la limite — de lui-même obtenue par objectivation de soi dans la forme d'une réflexion du résultat du processus dans un moment du processus dont il est le résultat : l'essence se fait « esse » en s'objectivant dans elle-même, en « ex-sistant ». L'outil conceptuel que nous évoquions dans notre § 5 n'est autre que la réflexion ontologique.

On peut, pour faire œuvre de métaphysicien, partir de l'exister tenu pour inconnaissable par concept, ainsi tel ce dont on dit ne rien connaître sinon qu'il est l'acte d'une essence qui, elle, sera connue, mais d'une manière qui se révélera en dernier lieu insatisfaisante : l'exister est l'acte de l'essence, mais il est tout autant l'essence en tant qu'elle est en acte puisqu'il n'est pas sans elle ; or dire qu'il est l'essence en acte revient à dire que ce qui actualise l'essence est non seulement ce qui la fait passer du possible au réel, par là ce qui fait qu'il y a du possible (qui ne précède chronologiquement une existence que s'il est suspendu à une autre existence : le projet de la maison préexiste dans l'esprit de l'architecte), mais encore ce qui perfectionne intrinsèquement l'essence en vitalisant sa vertu causatrice : l'essence n'est pleinement essence, essence actualisée dans son ordre d'essence, que par l'exister auquel, de ce fait, elle renvoie quant à son explication dernière. Dès lors, l'exister apophatique (il est défini comme acte de l'essence, par rapport à elle et non en lui-même) renvoie à l'essence (il est l'essence en acte qui explicite ce qu'il est en tant que *cet* exister) qui en retour renvoie à l'exister ; peut-on se satisfaire de ce système de bascule frappé par le tourment du mauvais infini de la réitération ?

On est ainsi invité à partir de l'essence pour s'interroger sur ce qui doit lui advenir pour se mettre à exister. Et c'est la démarche, complémentaire de la précédente, sur laquelle nous avons plus volontiers insisté ici, dans le but de discerner le principe de l'harmonie des deux points de vue qui sont également nécessaires. Dans les deux démarches, la raison humaine est mise en demeure de confesser qu'elle n'est pas sa propre origine, qu'elle s'exerce dans le sillage d'une Raison absolue qui est l'Être même, identité concrète de l'essence et de l'exister. Mais la deuxième démarche permet au moins d'entrevoir l'intelligibilité de ce qui la transcende, ainsi d'entrevoir que ce qui la transcende dépasse les pouvoirs de la raison non par défaut mais par excès d'intelligibilité, et cela avive la convoitise de la raison. Saint Thomas enseigne magnifiquement (Iᵃ IIᵃᵉ qu. 3 a. 8, citée dans notre § 85) que, quand on connaît un effet, on cherche naturellement à remonter à sa cause, et que l'intellect n'est pas satisfait aussi longtemps qu'il ne la connaît pas dans son essence. Aussi, quand on sait qu'une chose existe qui, manifestement, n'est pas son acte d'exister ; quand de plus on a des raisons d'identifier en elle un effet[16], alors la reconnaissance de cet effet, invinciblement, poussera l'intellect à en découvrir la cause et à chercher à la saisir dans son essence. Eh bien !, de manière plus générale, quand on se sait entouré d'actes d'exister ; quand on se sait être soi-même un acte d'exister parmi d'autres, quand donc on entrevoit que l'acte d'exister est commun à plusieurs, et qu'il est chaque fois quelque chose de posé par autre chose, on l'appréhende tel un effet, et l'on s'aperçoit que l'acte d'exister lui-même peut faire l'objet d'une recherche particulière : de même qu'il y a des choses qui existent et qui suscitent la recherche de l'essence de leur cause, de même l'acte d'exister en général suscite la recherche de sa quiddité en tant qu'exister ; reçus tels des effets, ces actes d'exister dont on sait qu'ils actualisent des essences sont des actes qui ont au moins autant d'intelligibilité que ces essences dont ils sont les actes, puisqu'il y a solidarité entre degré de perfection ontologique et degré d'intelligibilité ; mais, en tant qu'actes d'essences, ils ont raison de cause par rapport à elles, et sous ce rapport l'intellect, en quête des causes, est naturellement porté à connaître l'acte d'exister dans son essence (puisque la connaissance d'une cause le presse de parvenir à la connaissance de l'essence de cette cause), par là à percer le secret de l'essence de l'acte d'exister en général, ou de sa quiddité. Mais si l'essence d'un acte d'exister était autre que l'essence dont cet exister est l'acte, alors un tel exister aurait deux essences et, en vérité, il y aurait deux actes d'exister ; donc l'essence de l'exister *est* cette essence dont il est l'exister, pour autant qu'une telle essence se voie dotée du pouvoir de se réfléchir, comme il l'a été montré plus haut (§ 57) ; mais ce qui se réfléchit se confère la forme d'un intérieur s'extériorisant dans lui-même, ainsi d'un savoir. *L'essence de l'acte d'exister, c'est l'identité de l'essence dont il est l'exister et du savoir qu'elle a d'elle-même*. Une telle identité se révèle dans les choses créées, celles qui sont telles que leur essence n'est pas la raison suffisante de la réflexion qu'elle

---

[16] Sur les raisons du pressentiment sur lequel s'appuie la raison pour entrevoir, dans le contingent, un effet : voir plus bas notre § 91.

exerce ; et l'on peut ainsi désigner Celui dont l'essence est d'exister par le passage à la limite de l'identification — asymptotique pour nous — des termes constitutifs de chacun des étants qui nous sont accessibles : l'essence d'un acte fini d'exister est cette essence, pour nous accessible, dont il est l'acte, en tant qu'elle se voit conférer la forme d'un savoir d'elle-même, c'est-à-dire le pouvoir d'exercer le savoir d'elle-même. Les esprits finis peuvent bien accéder au savoir d'eux-mêmes, mais ce savoir *suit* le savoir que leur essence a d'elle-même et qui les fait exister, et ainsi le savoir qu'ils ont de leur existence n'est pas positionnel de l'existence de leur savoir : ce que nous pouvons expérimenter à tout instant et qui suffit à prouver que nous ne sommes pas Dieu et que Dieu existe. Par acquit de conscience, nous précisons que nous ne voulons pas signifier que les choses se connaîtraient, qu'un arbre existant serait pensant par là qu'existant. Nous voulons seulement montrer que l'essence de l'arbre devient cet arbre existant en se voyant conférer la forme et l'opération d'un savoir, c'est-à-dire d'une objectivation de soi, comme si elle était un moi ; l'acte créateur ou donation de l'exister consiste précisément, selon nous, en ceci : l'essence est faite existante en étant faite « ex-sistante », identique à soi dans sa différence, identique à soi jusque dans le moment de sa différence d'avec soi.

§ 90. Une connaissance du fini peut faire accéder à celle de l'infini tel qu'il est en lui-même.

On peut formuler ce qui précède dans un langage peut-être plus suggestif en méditant le texte suivant de saint Thomas (Q. D. *de Potentia*, qu. 9 a. 5) :

« Puisqu'il y a de l'intellection en Dieu et que Dieu intellige toute chose en se connaissant lui-même, il convient de poser en son être une conception de l'intellect, laquelle est absolument de la raison de ce qu'est l'acte d'intelliger (« oportet quod ponatur in ipso esse conceptio intellectus, quae est absolute de ratione ejus quod est intelligere »). Mais si nous pouvions comprendre, de l'intelliger divin, ce qu'il est et la manière dont il est, comme nous comprenons notre acte d'intelliger, la conception du Verbe divin ne serait pas au-delà de notre raison, pas plus que celle du verbe humain ».

Cet enseignement est confirmé par la formules suivante :

« Quicumque intelligit, ex hoc ipso quod intelligit, in eo procedit aliquid intra ipsum, quod est conceptio rei intellectae, ex vi intellectiva proveniens et ex ejus notitia procedens. Quam quidem conceptionem vox significat, et dicitur verbum cordis significatum verbo vocis » (I^a qu. 27 a. 1) : tout être quel qu'il soit, de cela qu'il intellige, est tel que quelque chose procède à l'intérieur de lui, qui est la conception de la chose intelligée, provenant de la puissance intellective et de la connaissance qu'elle en a. La voix signifie cette conception qui est dite verbe du cœur signifié par le verbe vocal.

Ce que nous sommes là invités à comprendre, c'est d'abord que cette « dictio verbi », ce « verbum mentis » est tellement essentiel à tout acte d'intellection qu'il se retrouve même en Dieu. Ce qui dans l'intellect humain est accident de ce dernier est en Dieu Verbe personnel subsistant inclusif de l'essence divine, et cela nous est connu par la seule Révélation, inaccessible à la simple raison. Il reste que *tout* acte d'intellection s'accompagne de la prolation d'un verbe intérieur :

« Et quanto aliqua natura est altior, tanto id quod ex ea emanat magis est intimum (…) Ultima igitur perfectio vitae competit Deo, in quo non est aliud intelligere et aliud esse, ut supra dictum est ; et ita oportet quod intentio intellecta in eo sit ipsa divina essentia » (*C. G.* IV, 11, *de Sancta Trinitate, de generatione Filii*) : plus une nature est élevée, plus ce qui émane d'elle lui est intime (…). L'ultime perfection du vivre convient à Dieu, en lequel l'acte d'intelliger est l'acte même d'être, comme on l'a dit plus haut ; aussi faut-il reconnaître que ce qui est intelligé en Dieu est sa divine essence.

Ce que nous sommes encore invités à comprendre, c'est que cette vérité selon laquelle il est de la raison de tout acte d'intellection de s'exercer moyennant la prolation d'un verbe immanent à l'intellect est une vérité accessible à la simple raison ; mais il en est de même pour ces vérités selon lesquelles Dieu est son intelliger et son acte d'exister, de sorte que ce qu'il intellige et ce qui est intelligé est lui-même, et enfin que ce verbe engendré en quoi Dieu s'intellige est encore Dieu : Dieu est l'acte de se penser et ce concept engendré pour se penser est une même chose avec l'essence qu'il pense et avec l'acte de la penser. Mais c'est là, du point de vue de la simple raison qui ignore la conjonction de l'unicité de l'essence et la différence des Personnes, confesser que Dieu est l'acte de s'engendrer, que donc Dieu est cause de soi ; la simple raison peut comprendre que le verbe engendré ne saurait être un accident puisque Dieu est acte pur infiniment simple. Dès lors, la simple raison peut comprendre, à partir de l'analyse de l'acte humain d'intellection — analyse au travers de laquelle elle discerne l'essence de *toute* intellection, même divine, sous le rapport au moins du fait que toute intellection est production d'un concept —, quelque chose de l'essence de l'intellection divine qui, étant identique à l'essence divine, fait que cette compréhension donne à la simple raison d'accéder à quelque chose de l'essence divine telle qu'elle est en elle-même : si notre intellection était divine, ce que nous engendrerions serait notre essence et, parce que tout engendrement suppose l'existence, nous comprendrions que cette essence qui est nôtre et que nous engendrerions serait inclusive de son acte d'exister. Ces déductions élémentaires illustrent bien le fait que nous pouvons signifier quelque chose de l'essence divine telle qu'elle est en elle-même par *passage à la limite* des exigences internes aux choses que nous connaissons qui relèvent du créé, sans que ce pouvoir ait la prétention de produire une objectivation de l'essence divine. Et il en est de même pour l'acte de vivre en général : le vivre convient à Dieu, *tout* vivre intellectif est production d'un verbe, et nous pouvons avoir quelque idée de ce vivre en nous représentant notre propre acte de vivre et de penser en maximisant — encore par *passage à la limite* désignant son terme idéal sans prétendre l'embrasser dans une objectivation exhaustive — l'immanence du mouvement du vivre qui, comme mouvement dont le départ coïncide avec le terme, se résout en immobilité pure. Pour reprendre les termes dont nous usions au § 5, nous pouvons bien confirmer que nous sommes fondé à distinguer entre objectivation de l'acte d'exister et désignation de cet acte. L'acte d'exister considéré en son essence d'exister en tant qu'exister, c'est l'acte d'une essence (dont l'exister sera l'acte, ou bien qui sera cet acte même) à laquelle revient, par elle-même (essence divine) ou par Dieu, d'opérer une intellection d'elle-même productrice d'un concept qui est elle-même. Et cette opération est précisément la réflexion ontologique. Il est donc licite de déclarer que l'on peut accéder à l'essence de l'exister en tant qu'exister sans prétendre à embrasser l'essence divine en sa plénitude positive. L'exister d'une essence, c'est cette essence en tant qu'elle se voit conférer la forme d'une identité à soi réflexive l'habilitant à s'objectiver elle-même tout entière dans le processus de sa réflexion. Notons en dernier lieu que si saint Thomas tient pour acquis que *tout* acte d'intellection, même divin, s'accomplit dans la prolation d'un concept, c'est que l'analogie qu'il établit entre intellection divine et intellection humaine enveloppe une part d'univocité : les deux intellections peuvent être subsumées sous le concept commun de prolation d'un verbe.

Le concept par quoi nous pensons le réel est le reflet, en nous, du concept par quoi Dieu pense le réel et le fait être en le pensant.

§ 91. Pourquoi *tout* acte d'intellection engendre un verbe.

Il ne nous semble pas que l'Aquinate ait donné les raisons au nom desquelles il pouvait se prévaloir d'une connaissance de ce qu'est l'acte d'intellection humain pour étendre la propriété qui lui est nécessairement liée — à savoir la prolation d'un verbe — à tout acte d'intellection, même divin. Nous croyons qu'il ne l'a pas fait pour deux raisons. D'abord, pour le faire, il eût fallu établir que l'adoption de l'analogie d'attribution *intrinsèque* suppose la recevabilité d'une thèse univociste non ablative de la théorie de l'analogie. Or saint Thomas n'a pas développé cette condition. Par ailleurs, le Docteur commun, instruit par la Révélation que le Père engendre de toute éternité un Verbe à lui consubstantiel, a peut-être jugé suffisante cette donnée théologique pour trancher la question. Il reste que, en droit, du point de vue de la simple raison, cette extension à l'Incréé d'une propriété inhérente à l'intellection finie, cette adoption de l'engendrement d'un verbe par une intellection quelle qu'elle soit, appelait une démonstration. Nous nous permettrons de proposer l'argumentation suivante :

L'intellect humain, qui sait qu'il engendre nécessairement un verbe pour s'actualiser, est capable de se voir fonctionner, est habilité à s'objectiver, à entrer dans la compréhension du processus de son actuation : être informé par une espèce et réagir en s'objectivant, dans un verbe, « soi-même en tant que devenu le pensable », soit, encore, s'identifier à soi par réflexion et se différencier de soi dans la position d'un concept. L'intellect humain est donc doué de la vertu d'être identique à soi dans sa différence, de demeurer auprès de soi dans l'épreuve de son être-autre. Or c'est là la marque infaillible de la présence de l'infini concret ; l'infini qui se croit tel en se voulant exclusif du fini, par là l'infini abstrait, laisse le fini hors de soi et se révèle par là finitisé par lui, basculant malgré lui dans le contraire de lui-même. Est concrètement infini ce qui réalise l'identité contradictoire de l'infini et du fini, tel un infini se rendant victorieux du fini en lequel il s'anticipe, ainsi tel un infini s'identifiant à soi par réflexion, et achevant ce retour à soi cn s'objectivant dans sa réflexion le terme de la réflexion qu'il est, confirmant ce qu'il nie dans l'acte où il le nie afin de se soustraire à sa contradiction constitutive ; et cela consiste bien à être identique à soi dans sa différence. Il en résulte que si l'intellect a les attributs de l'infini concret, il a la structure de l'absolu. Parce qu'il ne peut y avoir, dans un même ordre de chose donné, deux infinis coexistants, (ils se finitiseraient réciproquement), on est tenté de conclure, aussitôt qu'elle prétend à une compétence dans le savoir de l'être en tant qu'être, à la divinité de la raison humaine, laquelle repousse immédiatement cette idée folle en s'éprouvant comme n'étant pas la raison suffisante de la réflexion constituante qui la fait exister, et que présuppose sa réflexion noétique, à savoir son opération propre. Il demeure, de cette épreuve de son infinité (saint Thomas lui-même parle bien, dans la I^a qu. 54 a. 2, de « l'infinité absolue de l'acte d'intellection »), que l'intellect acquiert la certitude de jouir d'une structure qui se retrouvera en tout acte d'intellection, jusques en Dieu.

Si nous n'indisposons pas le lecteur en le priant de bien vouloir revenir un instant à la note par laquelle nous enrichissions notre § 13, nous nous permettrons d'ajouter ceci :

Nous avions souci, en rédigeant cette note, de corroborer la thèse selon laquelle il n'est possible de savoir qu'une chose existe et de chercher à savoir si elle existe, que quand on dispose d'un minimum de savoir sur ce qu'elle est. Mais nous avons compris, ce faisant, quelque chose de plus dont l'exposé prend sa place ici dans le présent § 91.

Le principe de causalité n'étant pas analytique, force est d'en appeler au principe de raison suffisante, lequel est solidaire, en tant qu'il fait de la causalité un transcendantal (rien n'est sans raison d'être ; tout être, en tant qu'être, a une cause et est cause), de l'idée de cause de soi en ce qui concerne le Premier être (il est sa propre raison d'être et son fondement). Et cette idée de cause de soi est une modalité du concept de réflexion ontologique (l'être n'est être que s'il a la forme d'un poser de soi-même), laquelle s'apparaît à elle-même dans la réflexion opérative de la vie conscientielle (demeurer identique à soi dans sa différence). Or l'idée de réflexion ontologique enveloppe celle de l'être entendu comme victoire sur le néant. Dès lors, on comprend mieux peut-être, désormais, que l'absence de Dieu, qui définit cette espèce de manque qu'est le désir humain, soit encore et déjà, d'une certaine façon, la présence de Dieu et son appel en nous : il existe un désir naturel de Dieu qui suppose une connaissance de ce qu'est Dieu, laquelle est en même temps ignorance ; or on ne peut, par le seul principe de causalité, en inférer que Dieu existe ; si le principe de causalité était analytique, le constat de l'indigence des choses à expliquer la perfection qu'elles exercent suffirait à poser l'existence de leur cause, et ce constat même de leur indigence, renvoyant à la connaissance de ce dont elles sont la limitation, nous enjoint d'admettre que nous avons quelque idée de l'essence de cette cause : si le principe de causalité était analytique, l'effet (la connaissance de l'objet : avoir quelque idée de l'essence de l'absolu) renverrait nécessairement à l'existence de cet objet. Mais ce principe de causalité n'est pas un jugement « per se primo modo ». Donc cet objet est déjà là, non livré par une inférence, comme donné au connaître dans l'acte où il s'en révèle absent, et cela même n'est possible que si cet Objet est présent dans son absence, identique à soi dans sa différence et demeurant soi-même jusque dans le moment de cette différence d'avec soi, en lui-même et indépendamment de nous. C'est l'intuition d'une telle présence qui met l'intellect, d'emblée, en quête de l'absolu et l'invite à se savoir capable de ce dernier ; c'est le tressaillement de l'intelligence éprouvant une telle Présence qui constitue le moteur de l'application spontanée du principe de raison avant même qu'il ne soit rendu raison du principe de raison.

Il est aussi permis, moyennant ces précisions — qui ne sont ontologisantes que sous le rapport de la non-déité vaincue mais assumée par Dieu —, de tenir pour recevable cette idée de Rosmini selon laquelle l'idée d'être est la *forme a priori de l'intellect humain*. Malebranche — dont Rosmini se voulait le disciple critique, dans le sillage de saint Bonaventure dont l'Église fit un docteur — enseignait que, « si l'on pense à Dieu, il faut qu'il soit » (*Entretiens sur la métaphysique*, II 5). Il en est ainsi non parce que nous tirerions l'existence de l'idée de parfait, mais précisément, au contraire, parce que nous n'avons pas d'idée de Dieu. « L'infini ne peut se voir qu'en lui-même, car rien de fini ne peut représenter l'infini. On ne peut voir l'essence de l'infini sans son existence, l'idée de l'Être sans l'Être, car l'Être n'a point d'idée qui le représente ». Ce qui, dans notre perspective prendra la forme suivante : ce à quoi nous pensons n'est pas vraiment une « contuition » bonaventurienne ou malebranchiste (intuition non de l'essence infinie mais des essences finies dont chacune exprime la connaissance que Dieu a de lui-même en tant que participable) ; il s'agit de la connaissance de Dieu considéré dans le moment de son absolue absence de déité, car ce moment coïncide avec la conscience de soi pure, laquelle est vide, et vide en tant qu'elle révèle que l'intellect en puissance est puissance à être de l'intellect, par là néant, ainsi que nous l'avons suggéré dans notre § 51. L'idée d'être, selon la leçon de saint Bonaventure et de Malebranche, mais aussi comme thèse adoptée à sa manière par Capreolus, c'est l'idée de Dieu, et l'idée de Dieu en nous est le néant d'être entendu telle la déité considérée dans le moment obligé de son absence à elle-même ; et l'idée de néant d'être est le néant de toute idée, ou idée qui s'éclipse dans l'acte d'être produite. L'idée de Dieu, ainsi définie, est là déjà dans le moindre acte de conscience de soi. Les preuves classiques de Dieu ne sont pas vaines pour autant ; elles ont pour véritable fonction de dévoiler le sens de cette expérience du néant que fait la conscience se faisant conscience pure : si la conscience n'est conscience que comme conscience de quelque chose, conscience advenant comme portée par ce dont elle est la conscience, conscience dont tout l'être est de n'être pas ce dont elle est conscience, de telle sorte que la conscience de rien est un rien de conscience, c'est d'abord parce que la conscience pure ou conscience de rien est conscience de soi comme conscience de ce néant qu'elle est, comme néant se prenant pour objet. Mais si cette idée d'être, forme a priori de notre intellect, est la présence de Dieu en nous — fût-ce la présence de Dieu en sa non-déité, comme immanence à l'homme du savoir que Dieu a de lui-même —, alors est attesté, en cette présence, que le savoir que l'homme a de l'être est le savoir que l'être en tant qu'être a de lui-même en l'homme, et ainsi est fondée la certitude — à laquelle sont suspendues les preuves a posteriori de Dieu, mais certitude tenue pour un simple axiome par les thomistes — de ce que les lois de la raison discursive sont les lois de l'être en tant qu'il est être[17].

Nous n'ignorons pas l'aversion qu'inspire le seul nom de Rosmini dans le cœur d'un thomiste rigoureux, qui plus est d'un thomiste catholique intégriste. C'est pourquoi nous rappelons au lecteur les précisions suivantes :

---

[17] Que les catégories de la pensée soient les catégories de l'être est une chose acquise pour le thomiste, contre toute tentation kantienne, et pour le salut de la métaphysique. Mais que les formes de la raison discursive soient fondées dans l'être en tant qu'il est être est beaucoup moins évident pour lui, qui tend à dévaluer l'universalité de ces formes en réduisant la raison à une espèce dégradée d'intelligence — celle de l'intelligence imparfaite en tant qu'elle se meut, passe de la puissance à l'acte. Mais si l'identité des lois de la raison et de celles de l'être n'est pas acquise, on ne voit pas qu'il soit possible à la raison d'exiger l'existence de ce que ses lois lui enjoignent de déduire et de juger, ainsi de déclarer vrai. Si les lois de notre raison ne sont pas fondées dans l'être en tant qu'être, alors l'affirmation de l'existence de l'être nécessaire, tirée du constat de l'existence de l'être contingent, ne vaut que pour la raison humaine et ne devient expressive que des exigences du mode contingent d'exercice de cette raison. Par ailleurs, on pourra objecter à notre propos ceci : le savoir que l'homme a de l'être n'est identique au savoir que l'être a de lui-même en l'homme que sous le rapport de cet être considéré dans le moment de son absence à lui-même, ou comme néant, de sorte que l'identité des lois de l'être et de celles du connaître ne serait acquise que pour ce moment, et ne préjugerait aucunement de la portée universelle des scansions de notre raison. Mais cette objection oublie que le propre d'un moment est de contenir tout entier, quoique non totalement, ce dont il est le moment. Si tant l'être absolu que l'être relatif ont la forme universelle d'une identité à soi réflexive, chaque moment de cette réflexion contient le tout de ce qui se réfléchit, bien que ne le contenant pas totalement. Et quand bien même l'unique moment commun aux deux réflexions n'est que celui de l'absence à soi radicale de ce qui les exerce, il suffit pour attester l'identité des lois de la connaissance humaine de l'être et des lois de cet être qui est objet d'une telle connaissance.

Léon XIII condamna en 1887, sur la demande des thomistes membres de la Compagnie de Jésus, quarante propositions tirées des textes de Rosmini, mais Pie IX avait déclaré exemptes d'erreurs contre la foi et les mœurs toutes ses œuvres en interdisant que son orthodoxie fût remise en question (décret « Dimittantur » du 15 juillet 1854). Il ne s'agissait pour Léon XIII que d'une mesure prudentielle visant à prévenir les interprétations abusives que les modernistes pourraient faire de cette philosophie. Relisons ces lignes de Régis Jolivet, tirées de son manuel de métaphysique (*Traité de philosophie*, tome III, Vitte, Lyon 1966, 8ème édition, p. 391) en lequel des générations de thomistes furent formées, maints de ces thomistes constituant aujourd'hui le noyau dur des Traditionalistes les plus circonspects face aux infiltrations modernistes :

« Rosmini a vivement critiqué la position de Malebranche et de Gioberti, dont il a bien vu qu'elle risquait de conduire au panthéisme. Mais, opposé à l'ontologisme malebranchien et giobertien, Rosmini ne laisse pas d'admettre et de professer un ontologisme de type particulier, qu'il faudrait dire augustinien et que la tradition thomiste, loin de le repousser, a adopté et assimilé. Il consiste, semble-t-il, à dire que la relation à l'être est constitutive de la raison humaine et qu'elle est fondamentalement le sens même de l'homme. Cette relation originelle, quand on la saisit par la voie de la réflexion sur les moyens et les procédés du savoir, apparaît comme l'intériorité véritable et, au sens augustinien, comme la relation même à Dieu, présent en moi comme aspiration à la vérité de l'être et exigence de vérité, avant même de l'être comme vérité. De ce point de vue, l'idée de l'être se présente comme impliquant, par le jeu d'un discours spontané, naturel à l'intelligence humaine, l'idée même de Dieu. Elle est déjà, en ce sens, non pas vision, mais *connaissance potentielle* de Dieu. Et s'il est vrai, comme saint Thomas l'a répété, et Rosmini après lui, que les voies qui nous conduisent à Dieu passent nécessairement par le monde créé, il reste sûr, pour saint Thomas comme pour Rosmini, que le sens même du monde et de son organisation ne nous orienterait pas vers Dieu, s'il n'était d'abord pour nous révélation de la dialectique immanente à l'être et, comme tel, par l'innéité potentielle de l'idée d'être dans la vertu de l'intellect actif, révélation de la présence obscure et voilée de Dieu au plus intime de nous-mêmes. *Redi in te, ibi habitat veritas* ».

Quelle leçon en tirer aujourd'hui pour le « pusillus grex » des catholiques préservés du modernisme ? Ceci, dont il ne semble pas qu'ils en aient beaucoup pris conscience :

La peur pathologique de l'erreur, génératrice de procès d'intention, devient peur du mauvais usage, par les méchants, de certaines vérités, et elle finit par se consommer en peur de la vérité elle-même, pour le plus grand plaisir des méchants, qui haïssent la vérité. La frilosité inspirée par la peur du modernisme est l'allié objectif des modernistes. Les Traditionalistes ne retiendront, de ce qu'ils auront appris de Rosmini, que la condamnation de 1887, inspirée par un clan thomiste structuré en armée combattante, plus préoccupé de s'imposer en faisant taire toute objection que de répondre aux défis intellectuels qui lui étaient lancés, confondant complaisamment raideur ou crispation et rigueur conceptuelle ; un tel clan thomiste ne s'apercevra pas que la spéculation de Rosmini sur l'idée d'être, adéquatement et aisément déconnectée des aspects peut-être plus contestables (moraux et politiques) de sa pensée, pouvait apporter au thomisme des éléments de solution à des problèmes que ce dernier avait peut-être insuffisamment développés ; en l'occurrence, cette spéculation ontologisante émancipée de tout panthéisme eût fortement contribué à empêcher le surgissement de l'atmosphère intellectuelle qui prévaut aujourd'hui partout surtout depuis l'abandon de la dogmatique marxiste. Nous voulons parler de cette poussée devenue, jusque dans les rangs des catholiques, dominante depuis la deuxième moitié du XIXème siècle jusqu'à nos jours, de l'existentialisme et du retour au scepticisme kantien, ou à ce thomisme plus ou moins « kantisé » du « Dieu chose en soi » promu par la doctrine de l'apophatisme de l'« esse ». On a là un comportement intellectuel typique de l'esprit « bien-pensant » analogue à cette condamnation — opérée par les défenseurs de la propriété privée faisant des yeux de Chimène aux séductions du capitalisme — du corporatisme et de toute forme d'économie dirigée parce que soupçonnés de nourrir un communisme latent ; ces mêmes bien-pensants américano-papistes, soutiens inconditionnels du libéralisme économique, sont aveugles à cette logique du libéralisme qui le condamne dialectiquement à se consommer en socialisme planétaire. C'est vraiment Gribouille se jetant à l'eau pour se préserver de la pluie.

§ 92. Savoir que l'on ne sait pas : déjà savoir quelque chose de ce que l'on dit ne pas savoir.

Réhabiliter le rôle de l'essence dans le couple hylémorphique de l'essence et de l'« esse » n'est nullement outrepasser notre finitude. Mais cette réhabilitation a le mérite de nous faire éprouver que Celui qui est « superior summo meo » est tel à raison de son pouvoir d'être « interior intimo meo » : il n'est pas celui qui se dérobe — tel un « esse » qui ne se ferait annoncer que par son retrait, tel le Dieu de Moïse dans le buisson ardent — mais Il est telle cette lumière qui s'adoucit pour se donner sans le brûler à l'œil de chouette qu'elle ravit, lequel œil sait que fixer cette lumière trop longtemps ne lui ferait percer le secret de sa luminosité qu'en le rendant aveugle et, au vrai, en le détruisant avant qu'il ne comprenne quoi que ce fût. Nous ne pouvons pas tout savoir parce que nous sommes finis, mais c'est parce que nous sommes finis que nous sommes ; aussi est-ce parce que nous sommes finis que nous pouvons savoir quelque chose. Notre ignorance indépassable, qui n'est pas une déclaration d'apophatisme, est alors vécue sur le mode de l'apaisement et de la reconnaissance, et non sur celui de l'impuissance excédée qui, insatisfaite de sa condition, tend à en appeler de manière indue à un complément de création qui la déiformerait, compromettant la gratuité des dons de Dieu. Faire aller la nature, fût-ce sous l'injonction de la surnature, aussi loin que possible dans la ligne de sa perfection essentielle, ce n'est pas détourner la nature de la surnature ; c'est au contraire se disposer à s'ouvrir à la surnature considérée en sa parfaite gratuité. On ne peut, par exemple, croire et savoir en même temps et sous le même rapport ; mais il est possible de croire que Dieu existe sans savoir par démonstration qu'il existe, et tel est le cas de la plupart des croyants ; par conséquent, quand celui qui croit que Dieu existe en vient de surcroît à savoir qu'il existe, son perfectionnement rationnel accompli dans l'ordre naturel rejoint en son « terminus ad quem » le « terminus a quo » d'un acte opéré surnaturellement. Il y a bien « point de suture » entre les deux ordres, et c'est à faire accéder la nature à ce dernier qu'on se dispense de surnaturaliser les bienfaits naturels comme de naturaliser les dons surnaturels. Même en cet état historique — qui est nôtre — de nature créée et blessée mais accompagnée de la grâce, la fin naturelle conserve son pouvoir d'attraction et reste d'actualité comme tâche terrestre à accomplir. Et le moteur de la grâce n'invite la nature à aller au-delà d'elle-même qu'en lui intimant de commencer par accomplir cette tâche.

Aussi longtemps qu'une production philosophique, aussi médiocre soit-elle, ne contrevient pas aux exigences de la norme extrinsèque de la « stella rectrix » qu'est la Révélation, on peut espérer que ce travail contribuera à faire avancer la recherche de la vérité, sinon toujours dans les réponses qu'elle propose, à tout le moins par les questions qu'elle pose. Procéder autrement, sous l'effet d'une paralysie induite par la crainte de l'erreur, résulte d'une crispation intellectuelle stérilisante qui laisse les contestataires du dogme s'emparer du souci philosophique pour en faire un usage retourné contre la vérité. Quant à savoir si notre travail est stérile, ou s'il fait avancer la recherche du vrai, nous laisserons le lecteur en juger.

§ 93. L'être absolument être est l'être qui a ce qu'il est.

Dieu est simple. Dieu agit. Dieu est donc son agir : tout ce qui est différent de son agir est doté d'une essence différente de son acte d'exister ; l'exister n'étant en puissance à rien, ce qui est son exister ne saurait être en puissance à l'exister accidentel d'une opération (*Quodlibet* VII art. 7 ad 1 : « substantialis simplicitas excludit compositionem materiae et formae, non autem compositionem ex esse et quod est : quam compositionem ad minus accidentalis compositio praesupponit »). Dieu crée, ainsi pose des actes contingents. Il faut dès lors dire que Dieu est maître de son agir afin de conjurer la thèse erronée d'une création nécessaire. Aussi Dieu est-il maître de son être. Être maître de son être consiste à exercer son être. Exercer quelque chose, c'est entretenir à son égard une relation d'avoir. Dieu est donc l'unité de l'être et de l'avoir, son essence propre est celle d'un être capable d'avoir ce qu'il est. Mais autre est ce qui exerce, autre ce qui est exercé. Dieu est par conséquent l'identité de l'identité à soi et de la différence d'avec soi, ce qui revient à dire que Dieu est réflexion subsistante, acte de s'identifier à soi à partir de sa différence d'avec soi assumée, abolie souverainement dans et par l'acte d'être éprouvée. En tant que Dieu est ce qu'il est, il est son exister. En tant qu'il a ce qu'il est, il est essence exerçant cet exister qu'il est. Dieu est donc identité de l'identité de son essence et de son exister, et de la différence de son essence et de son exister : **l'essence de Dieu est d'exister, en tant que cet exister consiste dans l'acte, pour une telle essence, d'avoir ce qu'elle est ; l'essence de l'exister, hypostasiée en et comme Dieu, est « ex-sistence » de l'essence** ; pour cette raison, il est légitime de comprendre l'« esse » comme « ex-sistence », tel un « se tenir hors de ». Et parce que tout ce qui est causé par Dieu — à savoir absolument tout — fait toujours mémoire de ce dont il procède et par là lui ressemble, tout être, en tant qu'il est être, vérifie, selon son degré de perfection fini et dans la forme d'une réflexion constitutive dont il n'est pas la raison première, cette formule canonique de l'identité de l'identité et de la différence. Mais Dieu seul est raison suffisante de la réflexion qu'il exerce et qu'il est. Ce qu'une chose a, elle ne l'est pas, et tout ce qu'elle n'est pas est tout ce qui est ou peut être en dehors d'elle. S'il est donné à un être d'avoir *tout* ce qu'il est, ainsi d'opérer sa réflexion constituante selon un agir strictement identique à son être — ce qui ne convient qu'à Dieu —, c'est qu'il a ce qu'il n'est pas, et que rien de ce qu'il n'est pas n'échappe à sa possession ; dès lors, ce qui a ce qu'il est, c'est ce dont l'essence enveloppe de toute éternité, indépendamment du monde et d'un esprit créé, toute perfection possible ; c'est l'« omnitudo realitatis ». Et elle est en retour l'exister hypostasié.

La réflexion ontologique, principe d'harmonisation entre réalisme de l'acte d'être et réalisme de l'essence existante, ne remet nullement en cause le primat de l'exister entendu comme acte de l'essence :

Toutes choses, quelque différentes qu'elles soient les unes des autres, ont en commun d'exister, d'être de l'existence. Répondre à la question « qu'est-ce que c'*est* ? », c'est chercher à définir la modalité selon laquelle l'exister de cette chose se distingue de celui des autres, de telle sorte que l'être-copule est déjà porteur du sens de l'être existentiel ; l'essence, dont la désignation est la réponse à cette question, spécifie l'acte d'être, elle le contracte, elle le particularise, et par là ou bien elle le nie partiellement en le limitant, ou bien elle le particularise en lui donnant d'avoir pour particularité — qui le distingue des autres — d'épuiser en sa richesse infinie toutes les manières particulières d'être de l'existence ; mais cette même essence est suspendue à son exister, elle lui emprunte pour être, sans quoi elle n'est rien ; intérieure à et suspendue à ce à quoi elle se contre-divise, elle se révèle bien telle la *puissance* de l'exister, ou puissance à exister. Mais, de ce qu'elle doit être, pour être essence, *et* n'être pas pour être puissance à son être, alors, considérée en elle-même, elle est contradictoire, tel un repousser de soi ; cela dit, comme repousser de soi, ainsi comme acte de repousser son être, ce dont l'être est de se repousser de soi se révèle consister dans le repousser de soi du repousser de soi qu'il est. Et cela atteste bien que l'essence est réflexion, positionnelle de soi par la négation de la négation de soi, acte réflexif identifiant l'origine et le résultat du processus en quoi il consiste, tel un vivant dont le mouvement constitutif est immanent. Cela dit, ce qui est son devenir, n'étant que le devenir de son être, est devenir du devenir qu'il est, par là immobilité de ce qui, même dans les choses qui demeurent en devenir, ne devient pas, à savoir leur acte d'exister : l'exister est participé et ne participe rien, il est ce qu'il y a de plus formel et de plus parfait, et c'est pourquoi il est immobile : le devenir de ce devenir intemporel qu'est l'essence se résout en un devenu qui est l'existence, l'essence existante, l'existence de l'essence ; dès lors, immobile en tant que dépassement de toute mobilité par acte de faire devenir le devenir qu'il est, ce qui est sa réflexion réfléchit sa réflexion en l'intériorisant, en la réduisant tout entière à un moment de son propre processus, et à ce titre l'essence est existante, en tant même qu'immobile. Ce qui est sa réflexion, c'est ce qui est l'acte de son devenir-soi et qui, nécessairement, sublime sa mobilité en s'intériorisant : s'il était possible à un intérieur physique d'intérioriser son extérieur, il se ferait identité concrète de l'intérieur et de l'extérieur, mais par là il opérerait la sublimation de sa spatialité, et il se révélerait esprit. De même, ce dont l'essence est son devenir-soi sublime sa mobilité en la radicalisant, en se réfléchissant, en faisant se retourner contre elle-même cette fuite de soi qu'est le devenir, et ainsi ce dont l'essence est son devenir-soi se révèle acte d'exister. Dès lors, ce qui est sa réflexion est tel qu'il a ce qu'il est, et ainsi l'essence est-elle ce qui exerce l'exister, de sorte qu'elle est non seulement la *puissance* de l'exister ou exister en puissance, mais encore la puissance *de l'exister*, ou l'exister révélant sa puissance intérieure faisant de lui un subsister maître de son acte d'être, un subsister dont l'impossibilité de n'être pas (ou la nécessité d'être) n'est que l'envers de son éternelle et libre *décision* d'être : l'acte pur est puissance active infinie.

« *Rei quae est suum esse, competit esse secundum totam essendi* **potestatem** » (*C. G.* I, 28 : « à la chose qui est son propre acte d'être il convient d'être selon toute la *puissance* de l'exister »). L'acte pur est puissance active infinie parce qu'il est non contradictoirement sujet d'exercice de l'acte qu'il est : ce dont l'essence est son acte d'exister subsiste, comme vient de nous le rappeler saint Thomas, selon toute la puissance de l'exister, au double génitif, comme cet exister qui se fait puissance à lui-même, se fait poser par la puissance qu'il pose. L'Aquinate ne peut s'empêcher, pour définir cet exister illimité supposé non grevé de ce néant d'être que serait l'essence, de le déclarer doté de toute cette *puissance* d'exister que par ailleurs il définit telle l'essence, puisque l'essence est à l'« esse » comme l'est la *puissance* à l'acte ; Dieu est son exister en tant que Dieu *exerce* cet exister ; on pourra bien distinguer entre « potestas » et « potentia » pour laisser entendre qu'il n'y aurait pas de potentialité en Dieu. Oui, il n'y a pas de puissance passive ; mais il y a puissance active ; il y a même tellement puissance active en Dieu que Dieu est cette puissance même ; Dieu est puissance active à l'acte pur d'être qu'il est. Et cette identité concrète, ainsi non contradictoire, de la puissance et de l'acte, n'est possible que comme réflexion.

Et l'essence de Celui dont l'essence est d'être définit la particularité de cet exister subsistant : sa particularité est d'envelopper, comme ses Idées, toutes les essences ou perfections possibles. Le divin exclut toute limitation dans l'exercice de sa perfection, et il est son exister ; mais l'infini actuel ne serait pas le parfait, il ne serait pas le « sans limite » s'il était limité par son infinité, borné par son excellence et frappé par l'interdit d'exercer la finitude ; est divin ce qui peut, en soi-même et indépendamment de toute création, se complaire dans la finitude sans cesser d'être infini, et cette complaisance est manifestée, pour le croyant, dans l'Incarnation ; ce qu'il a de particulier, c'est d'exclure toute manière d'être particulière non en se passant d'une manière d'être ou essence, mais en les assumant toutes, en se faisant l'acte de les assumer toutes ; et sous ce rapport il est essence ayant son exister autant qu'exister ayant une essence et exister se tenant lieu d'essence.

L'agir divin serait-il nécessaire, même l'acte de créer ? L'essence divine serait-elle muable, assujettie aux affections de l'agir divin ? Evidemment non. Pourtant Dieu agit *et* Dieu est son agir ; Dieu crée *et* Dieu est son acte de créer ; l'acte d'être divin est nécessaire, la création est contingente. La conjugaison rationnelle de ces exigences est obtenue si l'on admet ceci : Dieu pose librement l'acte créateur qu'il aurait pu ne pas poser parce que, acte pur d'exister ayant — comme cette puissance active à lui-même en laquelle il se risque — la libre maîtrise de son acte, il se pose librement comme le créateur de ce monde, se choisit comme ce créateur qu'il aurait pu choisir de n'être pas sans rien perdre de sa déité ; il a choisi l'existence plutôt que la non-existence de ce monde, et de ce monde-ci plutôt que d'un autre monde ; il en est ainsi parce qu'il est l'acte libre de poser son être nécessaire.

En Dieu, ainsi considérées en leur absoluité, liberté et nécessité s'identifient. Nous avons abordé ce sujet dans d'autres ouvrages (entre autres dans notre « *Comme un agneau muet* », chapitre VII § 86. 2, Reconquista Press 2021), et nous n'y reviendrons pas ici. Nous nous contenterons de rappeler qu'un tel traitement appelle l'intromission du concept de réflexion ontologique dans l'hylémorphisme. Ce qui en quelque sorte confirme le bien-fondé du propos du présent ouvrage.

En guise de postface

§ 94. Acide démocrate-chrétien dans le miel de la Tradition.

Ayant publié une bonne vingtaine d'ouvrages, l'auteur s'est vu honoré d'une audience à sa mesure, c'est-à-dire fort pauvre et limitée, juste assez riche toutefois pour éveiller l'inquiétude de diverses autorités religieuses s'arrogeant, par auto-proclamation, et sur le principe implicitement invoqué de juridictions de suppléance multipliables à l'infini, le rôle et l'autorité du Saint-Office, lequel — faut-il le rappeler ? — n'est (ou plutôt n'était) même pas infaillible. Ces gens jouissent sur leurs ouailles désemparées d'une autorité considérable ; ils en usent souvent bien, mais il leur arrive d'en abuser, faisant et défaisant — avec la bonne conscience de clercs imbus de leurs prérogatives — les réputations par des jugements sans appel. Si l'on voulait être grinçant, on pourrait se souvenir du fait que l'esprit théocratique des papes du Moyen Âge, d'inspiration augustinienne et bernardienne, s'est prolongé de manière inavouée mais mal celée dans l'esprit démocrate-chrétien se voulant d'inspiration thomiste : les papes prétendaient posséder les deux glaives et distribuer le glaive temporel aux laïques, les démocrates-chrétiens prétendent réduire les laïques à des sous-curés pour en faire des supplétifs de l'apostolat à l'intérieur d'une démocratie bourgeoise de type « libéral-conservateur » qu'il ne faudrait plus remettre en cause[18]. Ce qui induit un cléricalisme étouffant et

---

[18] Daniel-Rops, servile admirateur de la diplomatie de Léon XIII, rappelle (*L'Église des révolutions, un combat pour Dieu, 1870-1945*, pp. 164-166) : « La politique dite du Ralliement correspondit donc pour Léon XIII à la fois à une conception doctrinale très fondée et à des préoccupations légitimes de tactique. Elle tient en une maxime : '**amener les catholiques à accepter le régime républicain pour agir dans son sein et faire modifier la législation antireligieuse**' ». Et l'historien de rappeler ces passages de *Inter sollicitudines* du 20 février 1892 : « Accepter les nouveaux pouvoirs n'est pas seulement permis mais réclamé, voire imposé par la nécessité du

ruineux, dans tous les sens du terme. Et cet esprit clérical et théocratique sévit dans les rangs des catholiques de Tradition autant qu'ailleurs, quand bien même le clergé de cette mouvance nourrit en général peu de sympathie pour l'idée démocratique ; mais il préfère, sans l'avouer, une démocratie dans laquelle il lui est loisible de maintenir politiquement en enfance son troupeau spirituel, à un régime politique fort, débarrassé de la démocratie et des maux qu'elle induit, mais dans lequel le clergé serait maintenu dans les limites — spirituelles — de ses compétences ; une telle préférence, qu'assume et tente de justifier l'abbé Julio Meinvielle, est clairement exprimée par lui dans « *Les Trois peuples bibliques* » (Iris 2010 pp. 107-109).

Mgr Lefebvre rappela avec sagesse qu'il n'est pas d'obéissance qui ne s'accompagne d'esprit critique, puisque l'obéissance est un acte volontaire qui à ce titre — la volonté étant appétit rationnel — requiert l'intervention du jugement de l'intellect, lequel est aussi invité à se juger lui-même, à éprouver sa vérité, ainsi à se faire critique. Les clercs traditionalistes, alors humainement mus, il est vrai, par les sollicitations des laïques (ce que les ecclésiastiques aujourd'hui oublient trop souvent), ont, à l'origine explicite de la crise de l'Église, lors du concile Vatican II, levé l'étendard du « non possumus » face aux abus romains d'autorité, et il faut leur en être

---

lien social qui les a faits et les maintient. Une telle attitude est la plus sûre et la plus salutaire ligne de conduite pour tous les Français dans leurs relations civiles avec la république qui est le gouvernement actuel de leur nation ». On a là comme le paradigme des effets catastrophiques du caporalisme clérical s'ingérant dans les affaires politiques : la République maçonnique à laquelle il fallait prêter allégeance contenait en germe le mondialisme contemporain avec tout son cortège d'ignominies. Le christianisme est de plus en plus attaqué aujourd'hui, au point d'être en passe, à vue d'homme, de disparaître. Les péchés de tous les hommes — laïques autant qu'ecclésiastiques — sont la raison profonde de cette apparente agonie. Cela n'empêche pas de constater que l'impuissance politique des hommes de bonne volonté à rétablir, par la force salutaire, des Etats catholiques libérés de l'esprit démocratique et ploutocratique (vraie nature des démocraties), a pour cause prochaine une erreur de stratégie opérée par les clercs prétendument investis de prérogatives qui sont en fait d'inspiration théocratique. Les laïques souffrent autant que les clercs des effets de la déchristianisation des sociétés ; c'est pourquoi il n'est pas inopportun de rappeler ces choses aux clercs quand l'envie leur prend, aujourd'hui encore, de réenclencher des processus d'apostolat d'inspiration furieusement (quoique sournoisement) théocratique.

extrêmement reconnaissant ; ils ont su éclairer les laïques à propos des nouveautés qu'on leur imposait, ils ont eu l'immense mérite de les libérer, désemparés, d'une fausse conception de l'obéissance, celle qui prescrit une obéissance aveugle, et ils les ont ainsi soustraits à l'influence des modernistes. Ce qui, pour le moins, est fâcheux et difficile à vivre, c'est que ces mêmes clercs traditionalistes en viennent à s'arroger l'autorité de l'Église et adoptent trop souvent à l'égard de leurs ouailles un comportement identique à celui qu'ils dénonçaient dans l'autoritarisme des modernistes : « pay, pray, obey ». Quand un homme invite ses contemporains, même pour des raisons légitimes, à la désobéissance en exacerbant leur esprit critique, il est normal qu'ensuite il ait à subir les requêtes de cet esprit critique, et il est peu recevable qu'il prétende s'y soustraire en s'arrogeant une autorité démesurée fondée sur une infaillibilité controuvée, et au vrai usurpée.

§ 95. Une rencontre non pleinement sereine.

Invité à rencontrer certains d'entre ces ecclésiastiques, l'auteur s'est prêté de bonne grâce à ce pénible effort de justification de ses écrits, ou de ceux d'entre eux que les censeurs sourcilleux avaient lus et surtout avaient cru comprendre. C'est à l'occasion d'une de ces rencontres que l'idée lui vint d'écrire ce livre, qui répond non seulement aux participants de cette dernière, mais à tous ceux qui, au cours de contacts plus ou moins informels, ont entendu signifier leur hostilité ou leurs réticences à l'égard de nos supposées « audaces ». Il est résulté, de ces contacts divers, autant de dialogues de sourds desquels il ressortait, du point de vue des membres de ces « tribunaux » — car c'est bien selon la disposition physique et morale d'un tribunal qu'ils s'étaient réunis pour nous accueillir —, diverses conclusions non négociables pour eux. Les voici, quelque peu radicalisées pour en mieux faire ressortir l'esprit :

Saint Thomas est imposé aux catholiques par le magistère depuis Léon XIII, et il convient de s'y plier sans condition comme à une vérité révélée, telle une révélation définitive et close ; l'unique intelligence recevable de la foi catholique est la philosophie de saint Thomas. En fait d'intelligence de la foi, saint Thomas a tout dit et toute réponse est dans saint Thomas. Saint Thomas vivant aujourd'hui dirait exactement ce qu'il a dit il y a bientôt huit siècles, parce que ce qu'il avait dit était en toute chose achevé, lumineux et limpide. Les successeurs de saint Thomas, les grands commentateurs, ne s'opposent que sur des points de détail ; il est donc scandaleux d'exacerber ces tensions pour se donner des raisons de relativiser l'enseignement du Maître. Il est à la fois stupide et impie, téméraire et ridicule de laisser entendre qu'il existerait des ambiguïtés et apories dans l'œuvre de l'Aquinate, et ces qualificatifs devraient être utilisés sur un mode superlatif pour caractériser ceux qui auraient l'audace de penser que certaines réponses aux questions que pose saint Thomas pourraient trouver ailleurs qu'en lui la clé de leur résolution. S'écarter de saint Thomas, de quelque façon que ce soit, reviendrait à favoriser le modernisme. De manière générale le laïque s'efforçant à philosopher est en demeure, pour son salut, de se faire le disciple des religieux traditionalistes seuls habilités à expliciter les leçons du Maître, et il doit renoncer à toute initiative intellectuelle propre. Le laïque étant au clerc ce que le Goï est au Juif, le laïque est sommé de servir le clerc et de limiter ses initiatives à celle consistant à diffuser la bonne parole du clerc, aussi bien en philosophie qu'en théologie, mais aussi — pourquoi s'arrêter en chemin ? — en politique et dans la vie domestique. La seule latitude qui soit laissée au laïque, généreusement concédée à lui par les religieux, c'est le choix d'une activité professionnelle lucrative habilitant la piétaille laïque à nourrir le religieux, de sorte que sur ce plan les censeurs si prompts à la condamnation morale observent, quand s'imposent à eux des nécessités très prosaïques, une très humaine tendance à s'amuïr.

Il n'est pas très agréable d'être mis en demeure de dresser de tels constats, qui ne doivent en aucun cas faire oublier le devoir de reconnaissance respectueuse que tout laïque se doit normalement de manifester à ses prêtres. La crise de l'Église engendre presque inévitablement un climat de suspicion à l'égard des faiseurs de « nouveautés » intellectuelles (qui bien souvent sont des erreurs fort anciennes), quand on sait la manière dont opèrent les modernistes infiltrés dans la hiérarchie, les séminaires, les couvents et les universités catholiques. Il est humain, quand tout vacille, d'aspirer à conserver, à préserver et à transmettre, en se gardant de rien changer à ce qui avait fait ses preuves pendant longtemps, quand bien même on sait que tout n'était pas parfait « avant ». Néanmoins, quand se fait jour l'idée selon laquelle les idées subversives ne poussent, telles des plantes vénéneuses, que dans des terrains propices, et que les cultivateurs de ces terres n'étaient autres que les dépositaires de la « bonne doctrine », force est d'en déduire, pour qui entend ne pas reproduire — en croyant combattre le mal — les conditions ayant présidé à son émergence, que cette « bonne doctrine » souffrait d'une carence dont il faut bien tenter de cerner les contours dans l'intérêt même de la poursuite du « bon combat ».

§ 96 Suite du § précédent.

Nous eussions éprouvé de la reconnaissance pour des lecteurs de nos travaux disposés à nous indiquer les failles de ces derniers, afin de nous aider à nous rapprocher de la vérité, et qui eussent commencé par partager le même intérêt que le nôtre pour les problèmes que nous entendions traiter. Mais il ne fut pas question de cela. Nous avons été tancé sans nuance par un aréopage hostile qui n'avait aucun mandat pour se prononcer tant sur notre orthodoxie religieuse que sur notre connaissance du thomisme, et qui partait du principe suivant : le thomisme ne contient aucune aporie, il est impie de supposer le contraire, et l'on ne peut qu'induire ses lecteurs en erreur aussitôt qu'on s'essaie à définir ces apories afin de tenter de les dissiper.

N'étaient les intention désobligeantes de certains de ses interlocuteurs (d'autres manifestèrent une courtoisie dont nous tenons aujourd'hui, avec plaisir, à faire mémoire), et les dangers dont ces intentions risquent d'être porteuses — dénigrements, calomnies, condamnations morales —, nous eussions plutôt été disposé à sourire devant une telle outrecuidance, une suffisance génératrice de jugements à l'emporte-pièce induits par le faux raisonnement suivant : « ce que vous nous dites n'est pas ce à quoi nous sommes habitués, cela sent donc le fagot ; en effet, les armes conceptuelles que nous ont transmises nos maîtres ont été forgées pour combattre les erreurs et forlancer les hérésies ; aussi, tout ce qui ne s'incline pas devant la menace de telles armes, mais aussi tout ce qui, pour combattre le mal, ne les fait pas siennes sans en rien changer, relève de l'hérésie ». Soit : « nos fusils sont faits pour abattre les chiens enragés, et ils ont fait leurs preuves ; donc tout individu que nos fusils ne convainquent pas parce qu'il les trouve défectueux tant pour exposer la vérité que pour confondre l'erreur est un chien enragé ».

Mais nous sommes affligé de l'esprit de l'escalier, et de cet esprit même doublé d'une pusillanime bonne volonté entretenue, non sans crainte révérencielle, par le respect que la soutane ou la bure doivent inspirer au croyant. Ces travers nous font, sur le moment, accepter des attitudes et des propos que nous n'aurions pas dû supporter, et qui appellent de fermes mises au point.

Ces mises au point, rédigées dans le calme, passé la vague d'indignation rétrospective que suscita en nous la formulation des griefs qui nous furent adressés, font la trame de ce livre. Il n'est probablement rien, dans ce dernier, que nous n'ayons déjà exposé ailleurs, dans les mêmes termes ou autrement ; ce qui fait sa nouveauté par rapport à eux, c'est que, nous adressant à un public restreint et dans un but bien circonscrit, nous nous en tenons à des considérations presque complètement détachées de toute préoccupation directement politique, en rassemblant en un noyau spéculatif des thèses qui sont éparpillées dans le reste de nos travaux.

Les pages qui précèdent ne mériteraient pas d'accéder à publication si elles se contentaient de répondre à un souci relevant du règlement de compte personnel. Mais le différend qui a suscité leur rédaction n'est que l'effet tout anecdotique d'un malaise général qu'éprouvent maints observateurs attachés au catholicisme de Tradition et hostiles à la révolution de Vatican II ; ce malaise — le surnaturalisme —, qui touche aux domaines de la politique et de la pédagogie, mais aussi de l'intelligence de la foi et de la morale, s'origine dans une certaine philosophie, à savoir un certain thomisme canonisé mais par là stérilisé. Et c'est de cette philosophie qu'il fut question ici, afin d'inviter nos lecteurs à ne pas reproduire dans le domaine religieux ce travers jadis dénoncé par Talleyrand dans les termes suivants : « ils n'ont rien appris, ni rien oublié ».

Le réactionnaire qui n'est pas en même temps révolutionnaire — incapable de se rendre à l'évidence que le passé qu'il sacralise était gravide, par ses insuffisances, de la modernité qu'il abomine — est l'allié objectif du révolutionnaire qui entend faire du passé table rase.

Nous ne sommes pas, nous ne serons jamais les émigrés de Coblence de la Tradition catholique.

§ 97 Un aveu en forme d'inversion accusatoire.

Un ouvrage récent vient de nous parvenir : « *Nature et grâce chez saint Thomas d'Aquin* », de Marie de l'Assomption O. P. (Emilie d'Arvieu), préfacé par le cardinal Marc Ouellet (Parole et Silence 2020, Bibliothèque de la Revue thomiste). Nous n'en avons lu, au moment de remettre le présent texte à l'imprimeur, que la préface, mais les quelques observations et citations qui suivent, inspirées par elle ou extraites d'elle, nous ont paru mériter de figurer ici, qui corroborent, nous semble-t-il, le bien-fondé de notre démarche :

« (…) le concile Vatican II (…) avait avalisé indirectement la thèse du 'Surnaturel' d'Henri de Lubac ».

« Saint Thomas ne pratique pas une philosophie séparée et indépendante, même si les concepts et distinctions qu'il introduit sont de nature rationnelle ; il réfléchit en théologien qui va au bout de son intelligence, conscient et persuadé que celle-ci n'a pas d'autre fin ultime que la vision de l'essence divine, en d'autres termes que sa nature intellectuelle ne trouve son achèvement que par la grâce. L'auteur de la thèse <d'Emilie d'Arvieu> confirme du coup la justesse de l'interprétation lubacienne quant à la nature 'paradoxale' de l'homme, douée d'une seule finalité ultime surnaturelle mais incapable de l'atteindre par ses propres moyens ».

Ouellet cite Jean-Yves Lacoste (*Histoire de la théologie*, Paris Seuil 2009 p. 307) :

« Sitôt que l'hypothèse (de la nature pure) est formée, une anthropologie et une théologie nouvelles de la grâce apparaissent : cette anthropologie dissocie situation naturelle et surnaturelle de l'homme tandis que la théologie de la grâce considère qu'une nature humaine est pensable qui ne participe pas à l'ordre surnaturel, de sorte que le surnaturel reçoit le statut d'un ajout ».

Ouellet continue :

« Sans entrer dans le vif du sujet, j'estime que cette perspective abstraite <celle que résume Lacoste> s'est imposée à cause d'une certaine dérive essentialiste de la métaphysique qui n'a plus saisi le caractère existentiel irréductible de l'« esse » thomasien, et qui l'a conceptualisé à la manière de l'« essentia », perdant ainsi la richesse de l'acte premier du réel qui distingue l'être du néant, et aussi l'être de l'étant ».

« En effet, la différence ontologique <entre l'« esse » reçu dans une essence, et l'Esse subsistant> suppose le don par lequel l'étant fini est constitué par le Créateur et mû de l'intérieur, grâce au dynamisme de l'«esse», vers la plénitude de *l'Ipsum Esse subsistens* ».

Et Cajetan aurait infléchi, selon le préfacier, le thomisme vers une position rationaliste.

Si l'essence, en tout étant, est réduite au statut de principe de limitation de cet exister qui, étoffe de l'essence divine, est par soi doté d'un dynamisme illimité propre à une puissance active infinie, alors, nécessairement, il en résulte deux choses. D'abord, l'exister considéré en plénitude est l'essence même de la surnature qui, par définition, fait la nature de Dieu. D'autre part, *la présence de cet exister contracté, dans les créatures, est déjà, d'une certain façon, la présence du surnaturel en elles, à tout le moins la présence d'une incoercible aspiration au surnaturel qui sera consubstantielle au créé en tant que créé, puisque ce qu'il y a d'essentiel dans la créature, ne jouissant d'autre office que celui de limiter l'exister, sera privé de dignité intrinsèque ; être une créature, ce sera être une tension à la déformation et, puisque rien en elle ne la constituera en propre en dehors de cette tension, exister sera le processus même de sa déformation : tout homme sera sauvé par là qu'il est homme existant.* Et c'est bien ce que, au fond, déclare Vatican II. Tel est l'effet d'une dépréciation de l'essence, tenue pour un sujet qui reçoit l'acte d'exister en le limitant (ou plus précisément qui est constituée en sujet limitateur par l'acte de recevoir l'exister), mais dont le pouvoir de principe déterminateur de l'exister serait tenu pour étranger à la nature divine elle-même, à Celui dont l'essence est d'être, ainsi à Celui dont l'identité entre essence et exister serait tenue pour ablative de leur différence : tout négatif serait la marque d'une imperfection.

Aussi y a-t-il quelque chose de véritablement spécieux dans la déclaration suivante du cardinal Ouellet, catholique conciliaire, ainsi moderniste, qui présente dans la forme d'un plaidoyer pour le respect de la souveraineté divine sur ses créatures ce qui, quant au contenu et donc en vérité, n'est que l'expression d'une revendication humaine dressée contre la toute-puissance divine tenue pour mise en demeure de créer les esprits avec le don de la grâce, à peine de rendre leur création impossible : « Toute vision d'« en-bas » <celle des thomistes jugés rationalistes> qui prétend dicter à Dieu les conditions de la gratuité du surnaturel est du rationalisme, une mainmise indue de la raison humaine sur la liberté divine, une sortie du contexte de l'Alliance, pour s'arroger le droit de penser de façon autonome le cadre du rapport à Dieu ».

Ce procédé relève de l'inversion accusatoire. Hans Urs von Balthasar, cité par le préfacier qui assume les propos du premier, va jusqu'à enseigner que le propre de la personne humaine, en tant que personne, relèverait de la grâce qui seule porterait à son achèvement naturel l'individu humain : **« Là où Dieu révèle à un sujet spirituel qu'il est pour Lui, le Dieu éternel et véritable, là où il lui dit du même trait pour quoi il existe ─ et lui attribue ainsi dans la foi sa mission venant de Dieu ─ là, on peut dire d'un sujet spirituel qu'il est une personne »** (*La Dramatique divine*, II 2, Lethielleux, 1988 p. 165). L'homme n'est une personne que par la grâce, la nature humaine n'est achevée que par la grâce ainsi rendue *exigée* par la nature elle-même.

Nous voudrions, par cette brève évocation, faire constater qu'il existe en effet une solidarité objective entre le souci ─ qui suppose, selon nous, l'idée de nature pure ─ de préserver la gratuité de la grâce d'une part, et d'autre part l'élaboration d'une philosophie réaliste séparée de la théologie, et pénétrée d'un rationalisme nécessaire qui n'est au fond qu'en puissance dans l'œuvre de l'Aquinate, mais qui seul rend compatibles les diverses propositions strictement philosophiques du corpus thomiste. De même, il existe une solidarité objective entre la réduction du thomisme au thomisme de l'acte d'être, et la négation de l'existence d'une finalité ultime naturelle possible pour la condition humaine.

Si nos préférences philosophiques et religieuses sont aux antipodes de celles du cardinal Ouellet, nous tenons à saluer ici la cohérence des affinités qu'il établit entre les termes constitutifs des solidarités que nous venons d'évoquer. C'est précisément cette cohérence que les catholiques traditionalistes, auxquels nous nous adressons plus volontiers ici, ne veulent pas reconnaître.

INDEX DES NOMS

BIBLIOGRAPHIE

(Le nombre entre parenthèses renvoie aux pages du présent ouvrage)

Anselme, (St). *Proslogion.* (p76)

Aristote,
   Métaphysique, IX 8 (p32) - XII 7 (p171) - A 2, 983 a12. (p229)
   Éthique à Nicomaque, livre VII. (p84) – livre III (p229)
   Éthique à Eudème, VII 12. (p136)

Avicenne. *Commentaire du Coran*, sourate CXII. (p32)

Balthasar, Hans Urs von. *La Dramatique divine*, II 2, Lethielleux, 1988. (p273)

Bernard, (St). *de Deo eligendo.* (note p49)

Bonaventure, (St). *Entretiens sur la métaphysique*, II 5. (p255)

Broglie, RP Georges de. *La Place du Surnaturel dans la philosophie de saint Thomas d'Aquin*, in *Recherches des sciences religieuses*, 1924. (p225)

Brunschvicg, Léon. *Pensées* § 553 (note p49)

Cajetan. [Cité par Garrigou-Lagrange, RP Réginald. *Le Sens du mystère chez Cajetan*, Angelicum, année XII, fascic. I.]
In Primam, q. 13 a.5 n VII (p108) - *In Primam*, qu. 13 a. 4 (p108) – *In Primam* IIae q. 3 a. 8 (p221) - *In Primam* q. 12 a. 1 (p221) -

Capreolus. *Defensiones theologiae*, t. I, 143 a (p20)

Code de Droit Canonique. 1917. (p12, 30)

Collectif, *Lettre à nos frères prêtres*, FSSPX. (p24)

Congrégation des Études (Mattiussi Guido). « *Les vingt-quatre thèses thomistes* », *Acta Apostolicae Sedis*, 6, 1914. (p30)

Cornelio Fabro. *Participation et causalité selon saint Thomas d'Aquin*, Louvain-Nauwelaerts 1961. (note p35, note p38)

Daniel-Rops. *L'Église des révolutions, un combat pour Dieu*, 1870-1945. (note p265)

Dietrich de Freiberg et Thomas d'Aquin. *L'Être et l'essence, le vocabulaire médiéval de l'ontologie, deux traités de ente et essentia*, traduction et présentation des textes par Alain de Libera et Cyrille Michon, Seuil, 1996. (p32)

Finance, Joseph de (sj). *Être et agir dans la philosophie de saint Thomas*, 1945. (p232)

Frost, Mgr Francis. *L'Église se trompe-t-elle depuis Vatican II ?*, préfacé par Mgr Bernard, éd. Salvator, Paris 2007. (p24)

Garrigou-Lagrange, RP Réginald.
Le Sens du mystère chez Cajetan, revue *Angelicum*, année XII, fascic. I. (p108, 170)
Le Sens du mystère, chapitres 1 et 2. (p225)
Le Réalisme du principe de finalité, II chapitre 5. (p225)

Le Sens commun, la philosophie de l'être et les formules dogmatiques, Desclée-De Brouwer, 1922. (p226)

Gilson, Etienne.
Constantes philosophiques de l'être, Paris Vrin 1983. (p19)
Le Thomisme, 6ème édition, 3ème tirage, Vrin 1979. (p39, 47, 94, 107, 139)
L'Être et l'essence. (p150)
Archives d'histoire littéraire du Moyen Age, XXXI, 1964 (p224)

Grenet, Paul-Bernard. *Ontologie*, Beauchesne, 18ème édition 1959. (p74, 140, 172, 180)

Hegel, Georges Wilhelm Friedrich.
Logique de l'Être. (p41)
Logique de l'Essence (p88)

Heidegger, Martin. *Introduction à la métaphysique*. (p150)

Jean de Saint-Thomas. *Cursus theologicus, In Prima Partem D. Thomae commentarii*, t. II d. 16 a. 2, éd. de Solesmes, 1934. (p148)

Jolivet, Régis. *Traité de philosophie*, tome III, Vitte, Lyon 1966. (p257)

Koninck, Charles de. *Le Scandale de la Médiation*, NEL, 1962. (p246)

Lacoste, Jean-Yves. *Histoire de la théologie*, Paris Seuil 2009. (p271)

Léon XIII.
Aeterni Patris. 1879 (p12)
Inter Sollicitudines. 1892. (note p266)

Marie de l'Assomption O. P. (Emilie d'Arvieu), *Nature et grâce chez saint Thomas d'Aquin*, préface du cardinal Marc Ouellet Parole et Silence 2020, Bibliothèque de la Revue thomiste. (p271)

Maritain, Jacques.
  Le Philosophe dans la Cité. Alsatia Paris, 1960. (p16)
  Antimoderne (Revue des Jeunes, Paris 1922. (p28)
  Distinguer pour unir ou Les degrés du savoir, 5ème édition, Paris, DDB, 1946 (p56)

Meinvielle, abbé Julio. *Les Trois peuples bibliques*, Iris 2010. (p266)

Mérel, Joseph.
  Comme un agneau muet, chapitre VII § 86. 2, Reconquista Press 2021. (p264)
  Nihilisme, subjectivisme et décadence, Samizdat, 2009. (p24)
  Présentation de l'institut Charlemagne, DMM, 2016. (p230)

Paul, (St).
  Épître aux Ephésiens 3, 14. (p19)
  Épître aux Romains, 1, 20. (p62)
  Épître aux Romains, 1, 6. (p102)

Pie X. *Pascendi.* 1907. (p12, 30)

Pie IX, *Dimittantur,* décret du 15 juillet 1854. (p257)

Pie XII. *Humani Generis,* 1950. (p55, 56, 71, 204)

Platon. *Phédon.* (p160)

Prouvost, Géry. *Thomas d'Aquin et les thomismes, Essai sur l'histoire des thomismes*. Cerf 1996. (p15, 52, 58)

Renault, Laurence. *Dieu et les créatures selon Thomas d'Aquin,* PUF 1995. (p106, 109)

Ricœur, Paul. *Herméneutique de l'idée de Révélation, dans La Révélation*, Louvain, Publications des facultés universitaires Saint-Louis, 1977. (p17)

Scot, Duns.
Opus Oxoniense., d. 3, q. 2, a. 2, n. 1 (p20) - l, 4, d. 13, q. 1 (p158)
Ordinatio, I, d. 3, p. 1, q. 1-2, n. 2, n. 26 q (p21, 158)

Sertillanges, RP Antonin-Gilbert.
Les grandes thèses de la philosophie thomiste, Libraire Bloud § Gay, 1933. (note p17, note p57)
Renseignements techniques suivant sa traduction du traité de Dieu de la Somme théologique, tome II. (p56)
Saint Thomas d'Aquin, tome II, 4ème édition, 1925. (p118)

Thomas d'Aquin, (St). (détail p285)
Somme Théologique. (65 occurences)
Somme contre les gentils, Cerf 1993. (22)
Commentaire des Sentences. (7)
de Malo. (2)
I Ethic. (1)
De potentia. (6)
Quodlibet (1)
De Veritate (8)
de Virtutibus in communi (1)
De Anima. (4)
Compendium theologiae (2)
de Substantiis separatis,(2)
de natura angelorum, opusc.(1)
In Boeth. de Trinitate (3)
In Boethii de Hebdomadibus.(1)
In lib. De Causis, (2)

Verneaux, Roger. *Introduction générale et logique*, Beauchesne, 1964. (note p16)

RÉFÉRENCES À L'ŒUVRE DE SAINT THOMAS D'AQUIN

§ 2. Saint Thomas : théologien ou philosophe ?
Somme Théologique, – Ia IIae q. 90 a. 3 (p11) – Ia IIae q. 105 a.
1 (p11) - Supplém. Qu. 75 a. 3 (p11) – Ia q. 46 a.2 (p13)
Somme contre les gentils, Cerf 1993. – IV 79 (p11)

§ 3. Thomisme et magistère.
Commentaire des Sentences – II D1 q. 1 a.5. (p13)
De Aeternitate mundi. – (p13)

§ 4. Diversité des thomismes.
Somme Théologique. – Ia q. 13 a. 1 (p17) – Ia q. 13 a. 6 resp. ; 2
resp (p19)
Somme contre les gentils, Cerf 1993. – I 30 (p17)

§ 5. Le thomisme à l'épreuve du scotisme.
De Veritate – q. 2 article 1 ad 13 (p23)

§ 7. « Fidélité » thomasienne : trahison du thomisme.
Somme Théologique. – Ia IIae q. 111 a. 3 (p27)

§ 10. Les enjeux du statut de l'essence dans le thomisme.
Commentaire des Sentences - I dist. 19 q. 5 a. 1 ad 7um (p39)

§ 13. Savoir ce que c'est pour savoir que cela est.
De Veritate – q. 5, a. 3 ad 8 (p47)
Somme Théologique. – Ia qu. 2 a. 1 ad 1 (note p48) - Ia IIae q.
109 a. 3 (note p48) – Ia q. 2 a. 2 (p50).
In Boeth. de Trinitate – q. 6 a. 3 (p47)

§ 17. Dieu « désessencié ».
Somme contre les gentils, Cerf 1993. – II 4 (p55)
Compendium theologiae – (p55)

§ 18. La tendance rationaliste du thomisme s'est levée pour préserver la gratuité du surnaturel.

Somme Théologique. – Ia q. 46 a. 2 (p58)

Somme contre les gentils, Cerf 1993. – IV 52 (p60)

Commentaire des Sentences – I, Sent. q. 1 a. 2 (p58)

§ 24. Dieu cause de soi et preuve ontologique.

Somme Théologique. – Ia q. 2 a. 3 (p72)

De Potentia – (p72)

§ 27. L'acte pur est puissance active.

De Potentia. – Q. 1 a. 1 (p80)

§ 28. Dieu agit, Dieu est son agir.

Somme Théologique. – Ia q. 25 a. 1 ad 2 (p81)

§ 36. L'essence comme manque dont s'affecte l'« esse » par autonégation.

Somme Théologique. – Ia q. 5 a. 3 resp (p94)

Somme contre les gentils, Cerf 1993. – II 54 (p93-94)

§ 38. L'« esse intensif » contre toute raison d'être.

In lib. De Causis – lect. III (p98)

§ 39. La notion d'« esse intensif » enveloppe, qu'on le veuille ou non, celle de quiddité de l'exister en tant qu'exister.

De Veritate – q. 29 a. 3 (p100)

Somme contre les gentils, Cerf 1993. – I 49 (p102)

§ 40. Les trois raisons, en Dieu, d'essence, de sujet subsistant et d'existence.

Somme contre les gentils, Cerf 1993. – IV 11 (p103)

§ 41. L'« esse » est autre que l'étant, tout en étant plus étant que tout étant.

Commentaire du' de Causis' – I, VI, 175 (p106)

De Anima, – III, 4, 429 b 10. (p106)

Somme Théologique. – Ia q. 11 a. 4 resp. (p106)

§ 42. L'acte d'être n'est pas, seul l'étant est.

Somme Théologique. – Ia q. 6 a. 1 ad 2 (p106) - Ia q. 14 a. 6 resp. (p107)

De Hebdomanibus. – Lect. II Léonine n° 271 (p107)

§ 43. Double composition de matière et de forme, d'essence et d'exister.

De Subst. separatis – cap. VI (p109)

§ 44. Acte d'être et individuation.
De Anima. – I ad 2 (p111)
In Boeth. de Trinitate. – q. 4, 1 (p112)

§ 45. Causalité réciproque de la matière et de la forme, de l'essence et de l'« esse ».
Somme Théologique. – Ia q. 7 a. 1 ad 3um (p115)

§ 46. L'exister est-il éprouvé par le sens et oblitéré par l'intellect ?
Somme Théologique. – Ia, q. 8, 1, ad 4um (p117) - Ia q. 4, a. 1 ad 3um (p118)

§ 47. L'essence est puissance active de l'« esse ».
Somme contre les gentils, Cerf 1993. – II 50 (p120)
Commentaire des Sentences – IV Sent. D. 49, q. 3, a. 5 sol. 2 (p119)

§ 50. Concept et jugement.
Commentaire des Sentences – In I Sent. Lib. 1, dict. 19, q. 5 a. 1 ad 7um (p127)
Comm. Metaph. – VI 4, n° 1236 (p128)

§ 51. L'intellect en puissance, puissance à être de l'intellect.
Somme contre les gentils, Cerf 1993. – II 50 (p132)
De Principiis natur. – II (p130)

§ 55. Suite du § précédent.
In IV Metaph., – lect. 2, n. 558 (p141)

§ 57. Ce dont l'essence est d'exister : ce dont l'essence pose son exister par réflexion.
De Potentia. – q. 3 a. 5 ad 2 (145)

§ 60. Mode de signifier et chose signifiée.
Somme Théologique. – Ia q. 13 a. 4 resp. (p153) - Ia q. 13 a. 6 resp. (p154)

§ 63. Une haeccéité thomiste.
Somme Théologique. – Ia q. 45 a.1 (p166) – Ia q. 45 resp. ad. 3 (p166)

§ 64. Evolution, contradiction ou ambiguïté ?
Somme Théologique. – Ia q. 13 a. 5 (p167)
De Veritate – q. 2 a. 11 (p167) - q. 2 a. 1 ad 9 (p167)
In Boeth. de Trinitate – q. 1, 2, c (p167)

§ 65. La causalité comme communication d'actualité. Une aporie.

Somme contre les gentils, Cerf 1993. – III 69 (p170)

§ 66. Suite du § précédent.

Somme Théologique. – Ia q. 115 a. 1 c (p174) – Ia q. 105, 5 (p175)

De Substantiis separatis, – 7, 49 (p173)

§ 67. La causalité comme libération de négativité dans le mû.

Somme contre les gentils, Cerf 1993. – II 15 (p177)

In Boethii de Hebdomadibus. – 2 (p177)

De potentia. – I, 2 c (p121, 177)

§ 68. Un dynamisme sui generis de la matière.

De potentia. – q. 2, 1 (p178)

§ 69. Causalité et communication de l'exister.

Somme Théologique. – Ia q. 105 a.5 (p180) – Ia q. 45 a. 1 (p182)

Somme contre les gentils, Cerf 1993. – II 68 (p183)

De Anima. – IX ad 17um (p181)

§ 70. Le thomisme est ouvert au concept de réflexion ontologique.

Somme Théologique. – Ia q. 3 a. 1 ad 3um (p185) – Ia q. 115 a. 1 (p185) – Ia q. 46, a. 1 ad 3um (p186) – Ia q. 50 a. 2 (p186) – Ia q. 15 a. 3, 3 (p186) – Ia q. 7 a. 2 ad 3um (p187) – Ia q. 14 a. 9 ad 2um (p188) – Ia q. 14 a. 11 ad 3um (p188)

De natura angelorum, opusc. – XXXIII c. VIII (p186)

§ 71. L'intelligibilité de la matière.

Somme Théologique. – Ia q. 57 a.1, resp. (p188) – Ia q. 14 a. 6 resp. (p189) – Ia q. 46 a. 1 ad 3um (p189)

Somme contre les gentils, Cerf 1993. – II 68 (p190)

§ 72. Il existe une vie dans l'être en tant qu'il est être.

Somme contre les gentils, Cerf 1993. – II 57 (p194)

§ 75. Un état de pure nature eût-il été possible pour saint Thomas ?

Somme contre les gentils, Cerf 1993. – IV 52 (p199)

§ 80. Désir naturel de Dieu et principe de raison d'être.

Somme Théologique. – Ia q. 60 a. 5 (p216)

Somme contre les gentils, Cerf 1993. – II 45 (p218)

Compendium theologiae, – 104 (p213)

§ 81. Désir naturel de Dieu chez saint Thomas.
Somme Théologique. – Ia IIae, q. 5 a. 5 (p220) – Ia q. 12 a. 1
(p220) – Ia IIae q. 2 a. 8 (p220)
Somme contre les gentils, Cerf 1993. – 57, 4 (p219)

§ 82. Désir de Dieu et puissance obédientielle.
De Veritate – 8, 4, ad 13 (p221)

§ 83. Réflexion critique.
Somme Théologique. – IIa IIae q. 10 a. 1 (p222) – Ia IIae q.113
a. 10 (p223) – IIIa q. 11 a. 1 (p223)
Somme contre les gentils, Cerf 1993. – III 54 resp. 1a (p223)
De Veritate. – 8, 4 ad 13 (p223)
De Anima. – a. 15 ad 9um (p222)

§ 84. Doctrine du désir-velléité.
Somme Théologique. – Ia IIae q. 62, a. 1 (p225) – Ia IIae q. 2 a.
7 (p226)
Commentaire des Sentences – 2 d 33 q. 2 a. 2 ad 2 (p225)
De Veritate – 14, 2, c (p225)

§ 85. La réponse de saint Thomas.
Somme Théologique. – Ia IIae q. 3 a. 8 resp. (p228)
De Anima. – III 6, 430 b 27 (p228)

§ 86. Ce que nous pouvons par nos amis…
Somme Théologique. – Ia IIae q. 5 a. 5 ad 1 (p229) –- Ia IIae q.
5 a. 5 ad 2). (p230) – Ia IIae q. 13 a. 4 (p232) – Ia q. 60 a. 1 ad
3 (p232)
Somme contre les gentils, Cerf 1993. – III, 148 Praeterea (p231)
De Malo. – q. 16 a. 5 resp. (p231) – q. 3, a. 3, c (p231)
Ethic. – I, lect. 2 n 21 (p232)

§ 87. Résolution proposée.
Somme Théologique. – Ia q. 62, a. 1 resp.) (p233) – Ia q. 54 a. 2
resp. (p234) – IIIa q. 11 a. 1 (p234) – Ia IIae q. 109, a. 3 (note
p234) – IIa IIae q. 2 a. 3 (note p234)
De Veritate – q. 29 a. 3 ad 3 (p234)
De Virtutibus in communi – a. 10 ad 13 (p234)

§ 88. Âme séparée contre nature ?
Somme Théologique. – Ia q. 89 a. 1 à 3 (p239-240)
Somme contre les gentils, Cerf 1993. – IV 79 (note p239, note
p240)

§ 89. Appréhension de la quiddité de l'exister qui n'est pas, sous tous les rapports, « extra genus notitiae » (échappant à l'ordre du concept).

Somme Théologique. – Ia q. 12 a. 5 resp. (p245) – Ia IIae q. 3 a. 8 (p247)

§ 90. Une connaissance du fini peut faire accéder à celle de l'infini tel qu'il est en lui-même.

Somme Théologique. – Ia q. 27 a. 1 (p250)

Somme contre les gentils, Cerf 1993. – IV, 11 (p250)

De potentia. – q. 9 a. 5 (p249)

§ 91. Pourquoi tout acte d'intellection engendre un verbe.

Somme Théologique. – Ia q. 54 a. 2 (p253)

§ 93. L'être absolument être est l'être qui a ce qu'il est.

Somme contre les gentils, Cerf 1993 – I 28 (p263)

Quodlibet – VII art. 7 ad 1 (p260)

TABLE DES MATIÈRES

CHAPITRE III

Le concept de cause de soi est-il absolument irrecevable ?

CHAPITRE V

L'hylémorphisme ne contient-il rien de problématique ?

CHAPITRE VI

Analogie et causalité

Lightning Source UK Ltd.
Milton Keynes UK
UKHW020650290622
405123UK00009B/652